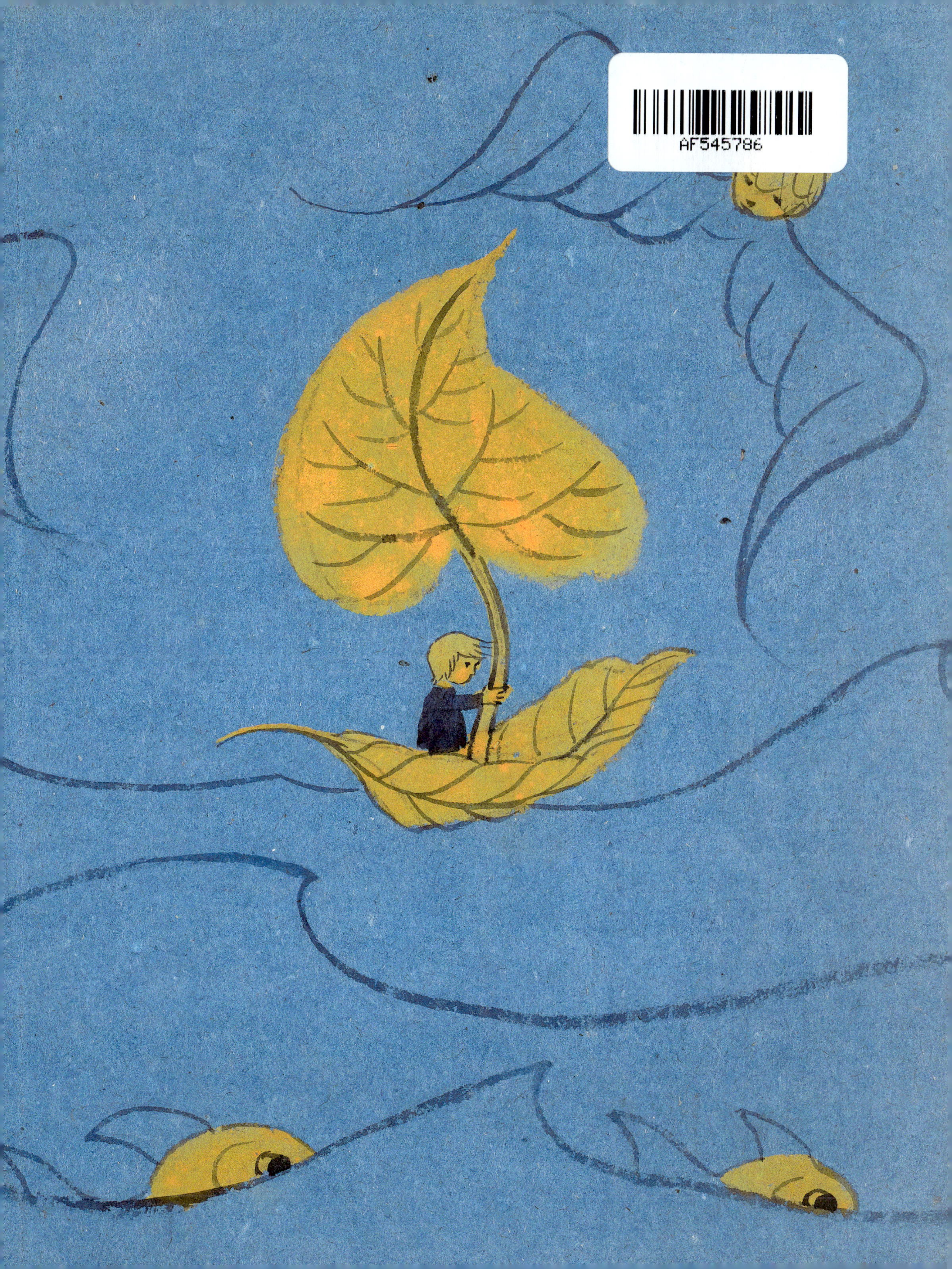

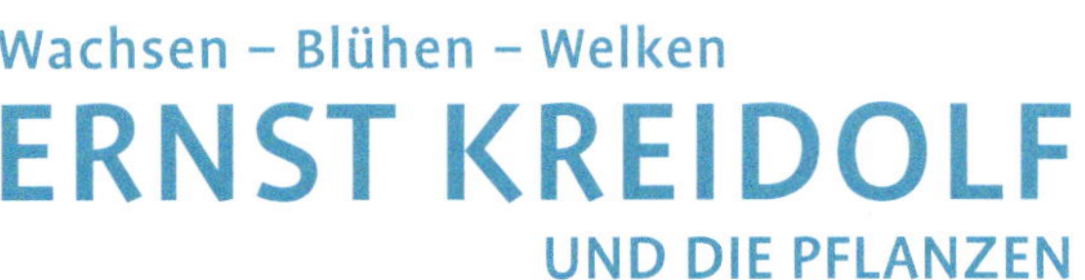
Wachsen – Blühen – Welken
ERNST KREIDOLF
UND DIE PFLANZEN

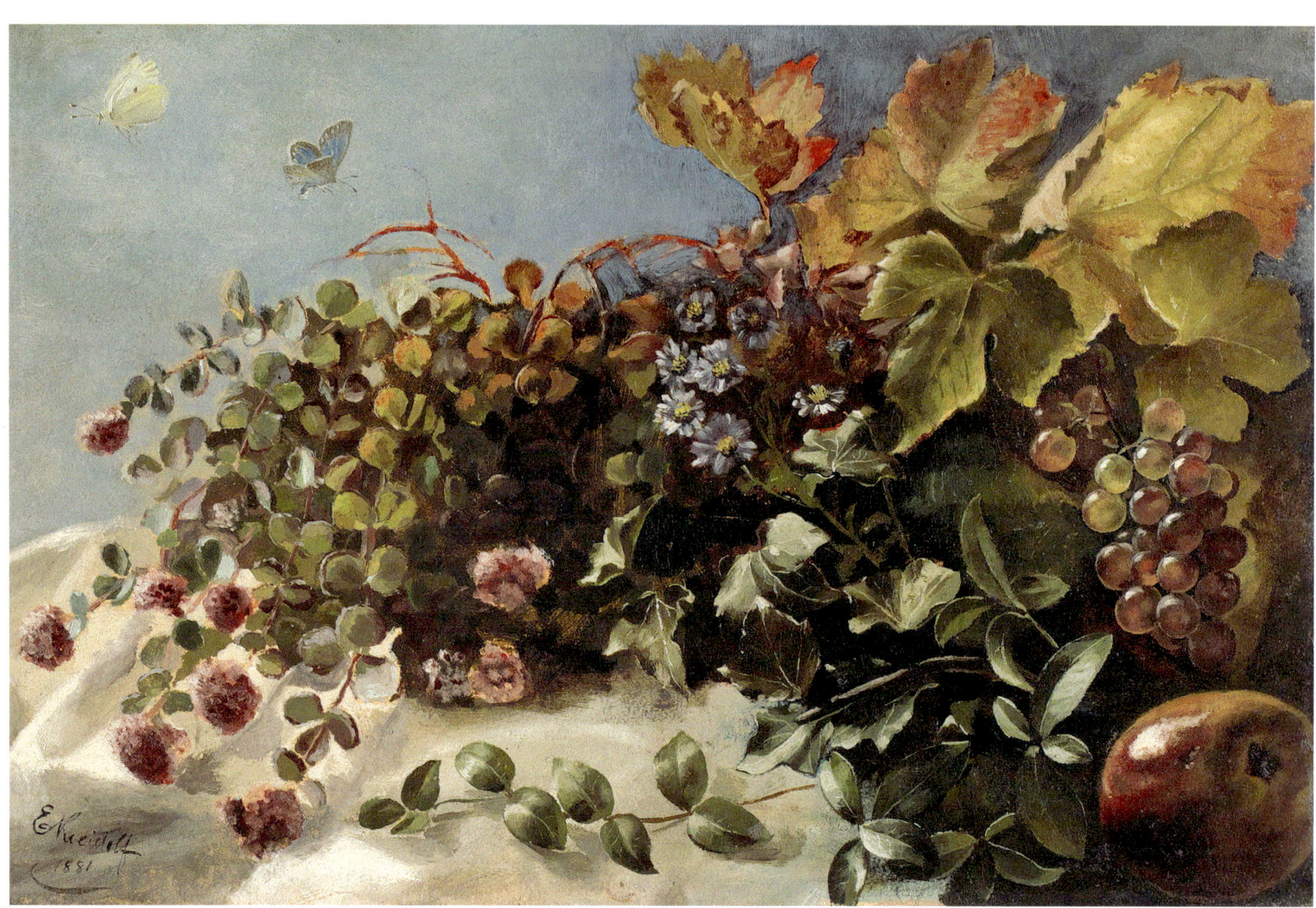

Ernst Kreidolf: Stillleben; 1881
Öl auf Karton; 29,1 x 42,2 cm

Wachsen – Blühen – Welken

ERNST KREIDOLF

UND DIE PFLANZEN

Herausgegeben vom Verein Ernst Kreidolf

Kunstmuseum Bern
Städtische Wessenberg-Galerie Konstanz

MICHAEL IMHOF VERLAG

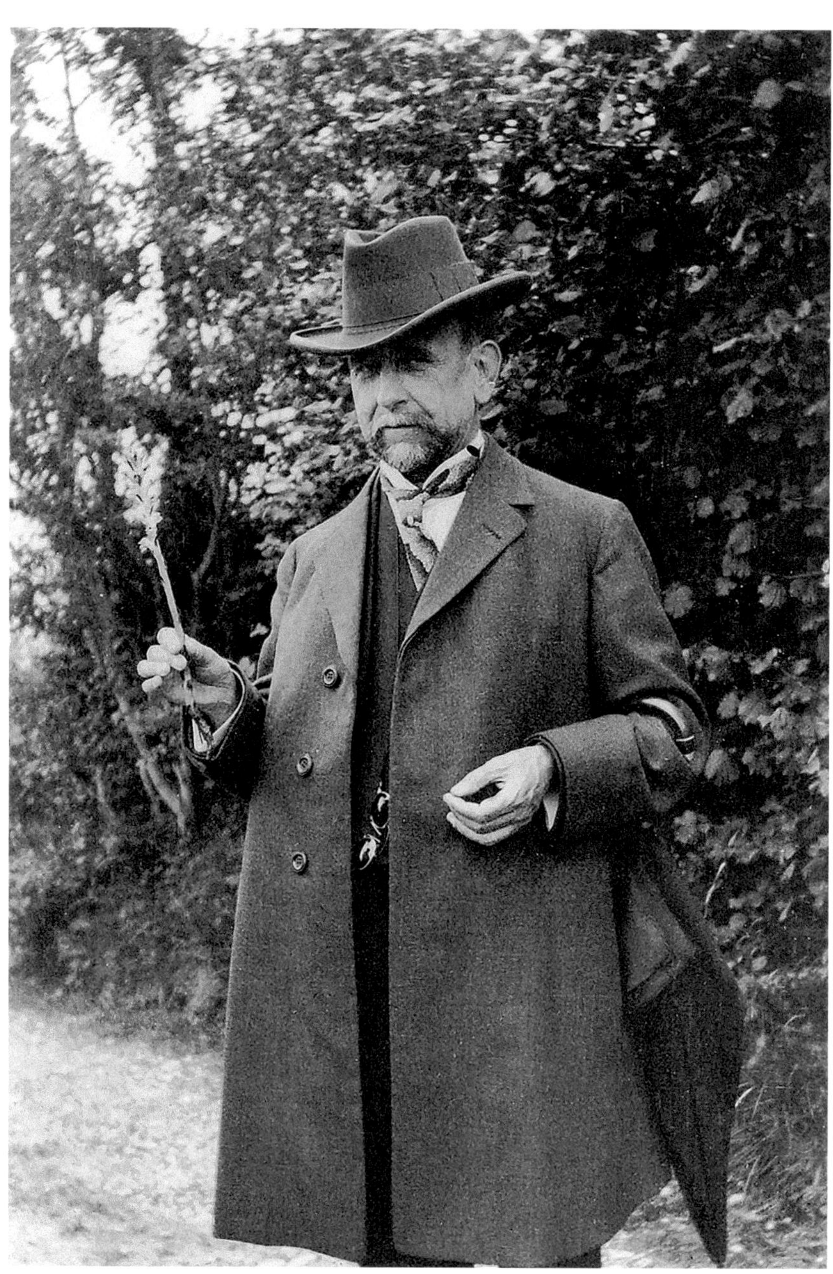

Ernst Kreidolf mit Blume in der Hand; um 1923

INHALT

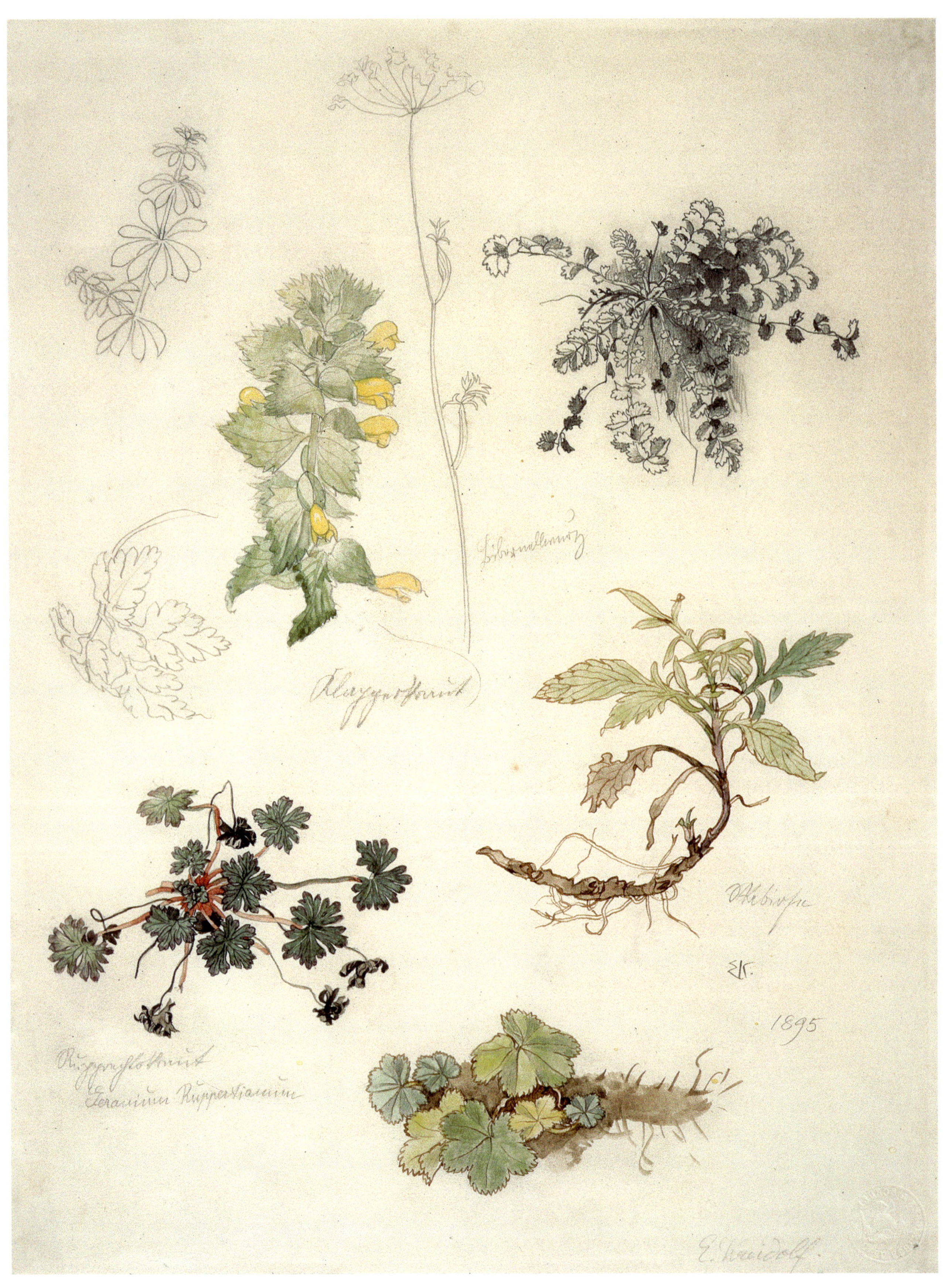

Ernst Kreidolf: Pflanzenstudien; 1895
Bleistift, braune Tinte, Aquarell auf Papier; 34 x 25 cm

VORWORT

Ernst Kreidolf gilt als einer der bekanntesten Maler, Bilderbuchillustratoren und -autoren der Schweiz, dessen Kunst um 1900 wegweisende Akzente in der deutschsprachigen Bilderbuchgestaltung setzte. Seit 1966 befindet sich Kreidolfs künstlerischer Nachlass als Depositum des Vereins Ernst Kreidolf im Kunstmuseum Bern. Die Kollektion umfasst 73 Gemälde und rund 2500 Arbeiten auf Papier – ein reicher Fundus, der viele Ansätze zur Auseinandersetzung mit dem Kosmos des Kreidolf'schen Schaffens bietet.

Das Kunstmuseum Bern und die Städtische Wessenberg-Galerie Konstanz haben den Künstler seit 2006 in drei Ausstellungen gewürdigt, denn beide Städte, Bern und Konstanz, sind eng mit Kreidolfs Biographie verbunden. Diese bewährte Zusammenarbeit setzen wir mit diesem Projekt fort. Unter dem Titel „Wachsen – Blühen – Welken. Ernst Kreidolf und die Pflanzen" rücken wir einen wichtigen, wenn nicht den zentralen Teil der Kunst des Malerpoeten in den Mittelpunkt. Der Bogen der Darstellung spannt sich von den frühen Blumenzeichnungen des Lithographenlehrlings über seine Bilderbücher, darunter die berühmten *Blumen-Märchen*, Illustrationen zu Werken anderer Autoren bis hin zu den seit den 1920er-Jahren entstandenen arkadischen Landschaftsgemälden und Blumenstudien.

Die Ausstellung wurde von Anna Lehninger, Barbara Stark und Sibylle Walther, Vorstände des Vereins Ernst Kreidolf, in Zusammenarbeit mit Marianne Wackernagel, Leiterin der Graphischen Sammlung des Kunstmuseums Bern, konzipiert. Sie haben, neben Marisa Fadoni-Strik, Gabriella Rouf und Roland Stark, lesenswerte Beiträge für diesen Katalog verfasst. Wir danken ihnen für ihr Engagement. Danken möchten wir auch den Fachleuten, die bei der Annäherung an das komplexe Thema sachkundige Hilfestellungen leisteten; auch wenn sie nicht alle namentlich genannt werden können, möge sich doch jeder von ihnen herzlich angesprochen fühlen. Auch private Leihgeber haben unsere Ausstellung bereichert. Zudem ist es gelungen, mehrere von Kreidolfs Kunst inspirierte Blumenkostüme zu zeigen. Sie entstanden in den 1930/40er-Jahren im Atelier „Couture Raimonde" in Zürich und zeugen von der damaligen Popularität der Kreidolf'schen Blumenwelten. Den Leihgebern sagen wir Dank für ihre vertrauensvolle Unterstützung.

Dass Ausstellung und Katalog sich in dieser gelungenen Form präsentieren können, wäre ohne die Gönner und Sponsoren unseres Projekts nicht möglich gewesen; unser aufrichtiger Dank geht an unseren Subventionsgeber, den Kanton Bern, sowie unseren langjährigen Partner, die Credit Suisse. Auch der Gesellschaft zu Ober-Gerwern, der Susann Häusler-Stiftung und der Ruth & Arthur Scherbarth-Stiftung danken wir für ihre Unterstützung.

Und wie stets gilt es den Mitarbeiterinnen und Mitarbeitern unserer Häuser ein großes Merci für ihren Einsatz auszusprechen – jeder von ihnen hatte seinen unverwechselbaren Anteil am Zustandekommen der Ausstellungen.

Wir leben in einer Zeit des Umbruchs, und das Wissen um den sich vollziehenden Klimawandel und dessen gravierende Folgen erfüllt die Menschen mit großer Sorge. Die Vorstellung, dass die Natur uns untertan ist und hemmungslos ausgebeutet werden kann, ist der Erkenntnis gewichen, dass auch wir Teil der Natur sind und somit alles, was wir tun, letztlich auf uns zurückfällt. Wir sind aufgerufen, ein grundlegend neues Verhältnis zur Schöpfung und ihrer Seele zu entwickeln. Ernst Kreidolfs Kunst kann uns hierzu den Weg weisen.

Dr. Nina Zimmer
Direktorin Kunstmuseum Bern – Zentrum Paul Klee

Dr. Barbara Stark
Präsidentin Verein Ernst Kreidolf
Leiterin der Städtischen Wessenberg-Galerie Konstanz

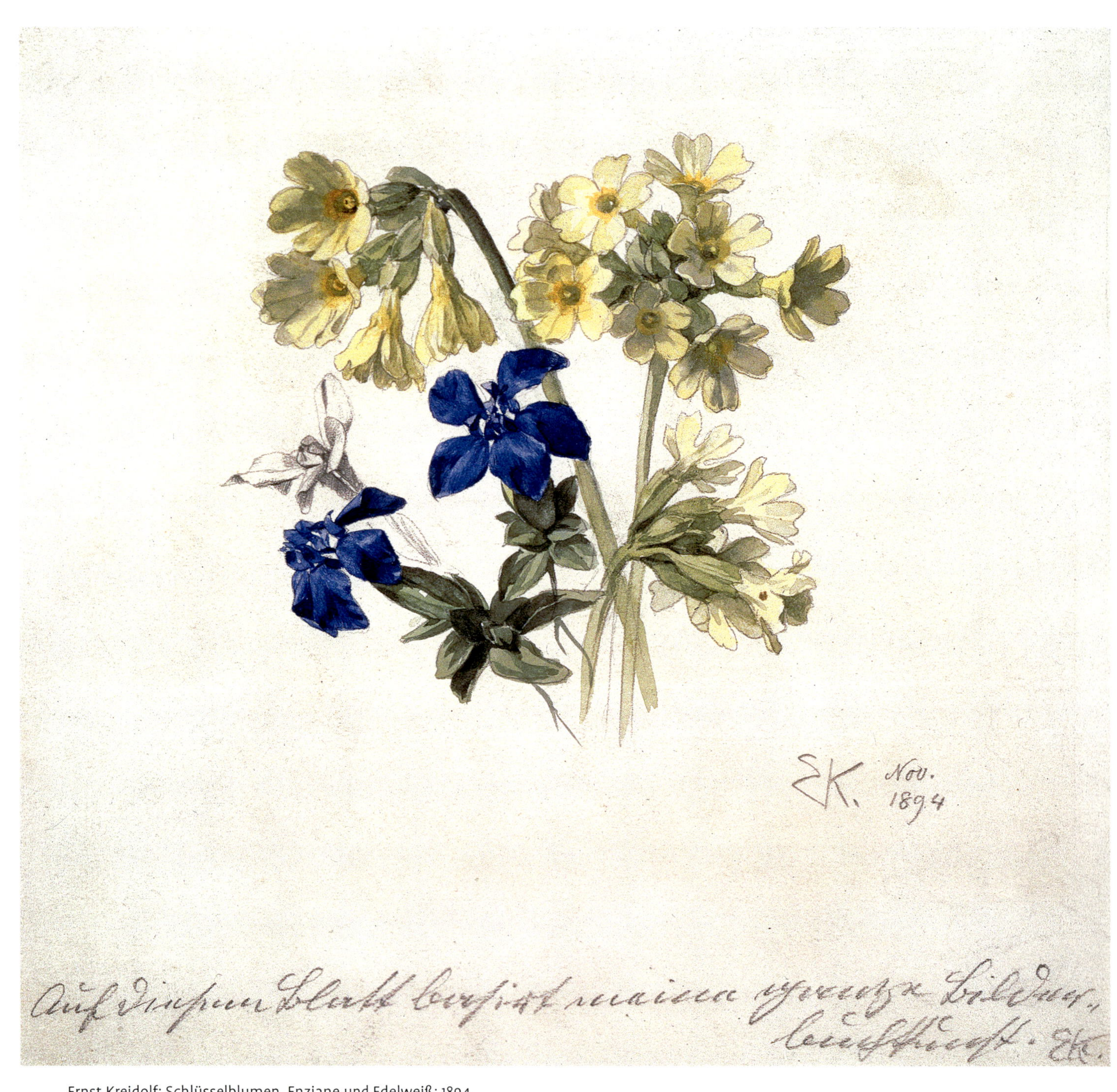

Ernst Kreidolf: Schlüsselblumen, Enziane und Edelweiß; 1894
Bleistift, Aquarell auf Papier; 15,3 x 15,9 cm

Barbara Stark

WACHSEN – BLÜHEN – WELKEN. ERNST KREIDOLF UND DIE PFLANZEN

„In einem Garten ging die Welt verloren und in einem Garten wurde sie erlöst." Dieser prägnante Gedanke findet sich in den „Pensées" des französischen Philosophen und Theologen Blaise Pascal.[1] Pascal bezieht sich darin auf den Paradiesgarten, aus dem Adam und Eva einst vertrieben wurden, sowie auf den Garten, in dem sich das Höhlengrab befand, aus dem Jesus am Ostermorgen auferstand. Nicht nur im Christentum wird der Garten als ein Stück Himmel auf Erden betrachtet, auch in vielen anderen Religionen gilt er als Gefilde der Seligen. Der Gärtner ist der Schöpfer des Gartens; in dessen Mitte befinden sich der lebenspendende Baum, die Frucht oder die Blume des Lebens.

Pflanzen spielen in vielen Urzeitmythen eine zentrale Rolle, Pflanzenmotive zählen demzufolge zu den ältesten Gestaltungsthemen der Menschheit und sind in allen Epochen anzutreffen. Abbildungen der Lotusblüte schmückten die Gräber der ägyptischen Pharaonen, Weinreben rankten auf antiken griechischen Vasen, bemalte Wände lockten in pompejanischen Villen ihre Bewohner in einen imaginären Garten. Mittelalterliche Andachtsbücher waren mit vegetabilen Zierleisten versehen, von wo die oft symbolisch aufgeladenen Pflanzen ihren Weg ins sakrale Tafelbild nahmen, darunter Darstellungen des hortus conclusus, des abgeschlossenen Paradiesgartens, in dem Maria mit dem Kind inmitten des blühenden Grüns sitzt. Albrecht Dürer schuf mit seinem Aquarell „Das große Rasenstück" eine der ersten Naturstudien der abendländischen Kunst. Blumen aus unterschiedlichen Klimazonen und Blüteperioden vereinen sich in den üppigen holländischen Stillleben des 17. und frühen 18. Jahrhunderts; sie bilden nicht nur ein Stück Kolonialgeschichte ab, sondern die frischen und welkenden Blüten stehen auch sinnbildlich für den Aspekt der Vergänglichkeit. Das Zeitalter der Romantik ist für seine Suche nach der „blauen Blume" bekannt, die für Sehnsucht, Liebe und das metaphysische Streben nach dem Unendlichen steht. Philipp Otto Runge hat ihr in seinem Gemälde „Der Morgen"[2] ein Denkmal gesetzt. In der Malerei des Biedermeier erblühten prächtige Blumenarrangements, denn im beginnenden industriellen Zeitalter standen exotische Sträuße und üppige Bouquets für Reichtum und Luxus. Der Historismus, vor allem aber der Jugendstil, verhalfen der Pflanzendarstellung zu einem letzten großen Auftritt. Ernst Haeckel veröffentlichte zwischen 1899 und 1904 sein vielbeachtetes mehrbändiges Werk „Kunstformen der Natur". Blumen und Blüten prangten jetzt nicht nur auf Bildern, sondern ergriffen und überzogen mit ihrer Pracht – dem Ideal des Gesamtkunstwerks folgend – alle Künste und Gegenstände des täglichen Lebens. Inmitten der Hochzeit dieser poetisch-erregten Blumenkunst schuf Ernst Kreidolf sein erstes Bilderbuch, die *Blumen-Märchen*.

Im Kontakt mit der Natur

Ernst Kreidolf hat in seinen *Lebenserinnerungen* beschrieben, wie er als Kind am Bodensee auf dem Bauernhof der Großeltern in engem Kontakt mit der Natur aufwuchs. „Damals fing ich an zu botanisieren, Pflanzen zu pressen oder sie auch ins Botanikheft zu malen."[3] Hier wurden die Grundlagen für sein Beobachtungsvermögen und sein Wissen von der Physiognomik und dem Charakter der Pflanzenwelt gelegt. Bereits der Zwölfjährige übte sich im exakten Erfassen, sein Tägerwiler Skizzenbuch versammelt rund ein Dutzend genauer Darstellungen, darunter eine Blütengirlande (Abb. 1). Als angehender Lithograph perfektionierte Kreidolf seine Zeichenkünste in der Druckerei J. A. Pecht in Konstanz, wo er, noch ganz im Stil des Historismus, Geschäftskarten, Verlobungsanzeigen und andere Akzidenzdrucke zu entwerfen hatte.[4] Zugleich begann

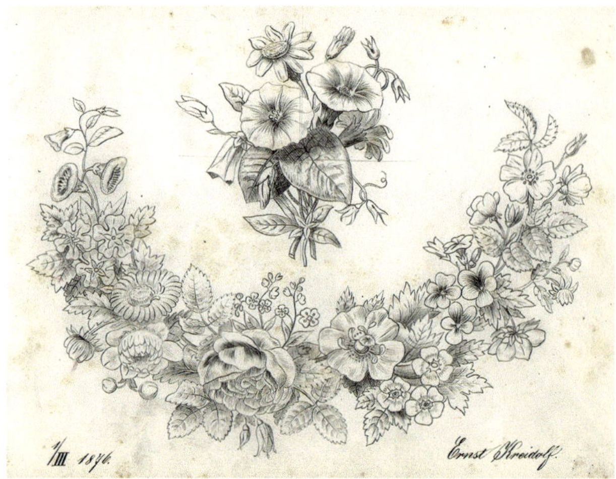

Abb. 1 Ernst Kreidolf: Seite aus dem Tägerwiler Skizzenbuch; 1876
Bleistift, schwarze Tuschfeder auf Papier; 21 x 29,7 cm

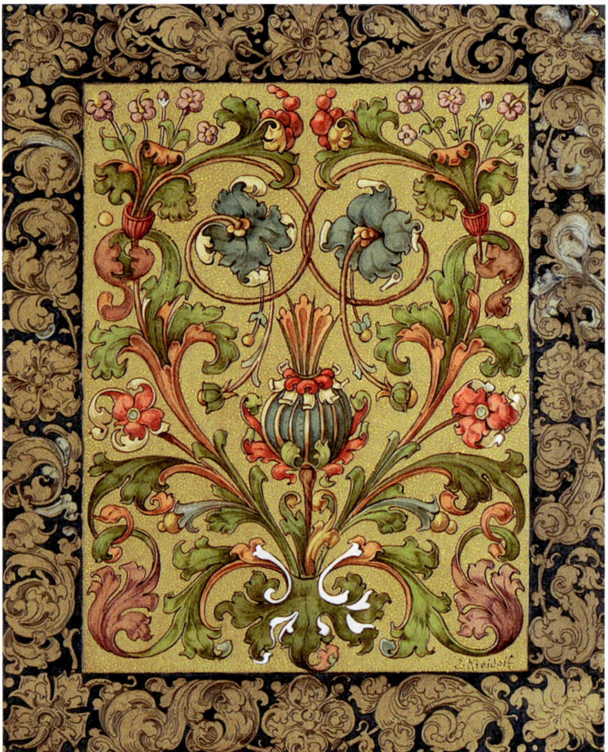

Abb. 2 Ernst Kreidolf: Schmuckblatt; um 1885
Mischtechnik auf Papier; 24 x 19,5 cm

der 18-Jährige mit der Ölmalerei zu experimentieren. 1881 entstanden ein Kürbis-Stillleben sowie ein dekoratives Arrangement von Obst und Blumen (Abb. S. 11, 2). „Als sorgfältige Naturstudie malte ich einen Sedumstock auf einem Tischtuch, oben Rebenblätter mit einer Traube, die ich recht täuschend, wie Apelles, malen wollte und nicht so übel herausbrachte. Auch den glänzenden Apfel, die Efeu- und Immergrünblätter und einige kleine Astern als Beigabe. [...] Die besondere Lust, in Öl zu malen, überkam mich immer im Herbst, wenn das Laub gelb und rot wurde und die Wälder in allen Farben leuchteten. Auch die vielen Früchte, die um diese Zeit in unserer fruchtbaren Gegend reif wurden, lockten mich dazu [...].“[5]

1883 zog Kreidolf nach München, wo er sich an der Kunstgewerbeschule zur Vorbereitung für ein künftiges Akademiestudium einschrieb. Er belegte die Fächer Pflanzen-, Tier- und Ornamentzeichnen, aber auch Architektur und Perspektive (Abb. 2). Um sich weiter fortzubilden, besuchte er zudem die private Kunstschule von Paul Nauen. Henriette Mentha hat darauf hingewiesen, dass das an beiden Institutionen geübte ornamentale Zeichnen vor allem nach vegetabilen Vorlagen für Kreidolfs späteren Anthropomorphismus bedeutsam werden sollte.[6]

Im Oktober 1886 begann Ernst Kreidolf schließlich ein Studium an der Münchner Kunstakademie. Bereits zwei Jahre später musste er die Ausbildung jedoch aus gesundheitlichen Gründen unterbrechen und zog sich zur Erholung in das ländliche Partenkirchen zurück. Aus dem als kurze Auszeit gedachten Aufenthalt wurden sechs Jahre, die Kreidolf in engem Kontakt mit der Natur verbrachte, die er in Gemälden, Aquarellen und Zeichnungen festhielt. Unter anderem entstanden einige möglicherweise für die touristische Vermarktung gedachte Veduten, in denen ein Landschaftsausschnitt mit einer Pflanzendarstellung verbunden wird (Abb. 3).

Ein Spaziergang an einem sonnigen Nachmittag Ende November 1894 sollte zum Ausgangspunkt für die Entstehung von Ernst Kreidolfs erstem, berühmten Bilderbuch werden. In seinen *Lebenserinnerungen* hat er dieses für seine Kunst zentrale Erlebnis ausführlich geschildert. „In einer windgeschützten Schlucht fand ich an einem der Sonne zugekehrten Hang einige Schlüsselblumen und tiefblaue Frühlingsenziane [...]. Welch ein Wunder in der späten Jahreszeit, wo alles ebensogut mit Eis und Schnee hätte bedeckt sein können!

In der Freude und dem Bedürfnis, die Blumen auch anderen zu zeigen, pflückte ich sie und nahm sie mit nach Haus. Unterwegs aber bereute ich das bereits, indem ich mir sagte: auf ihrem stillen Wiesenplätzchen waren sie viel schöner. Es war

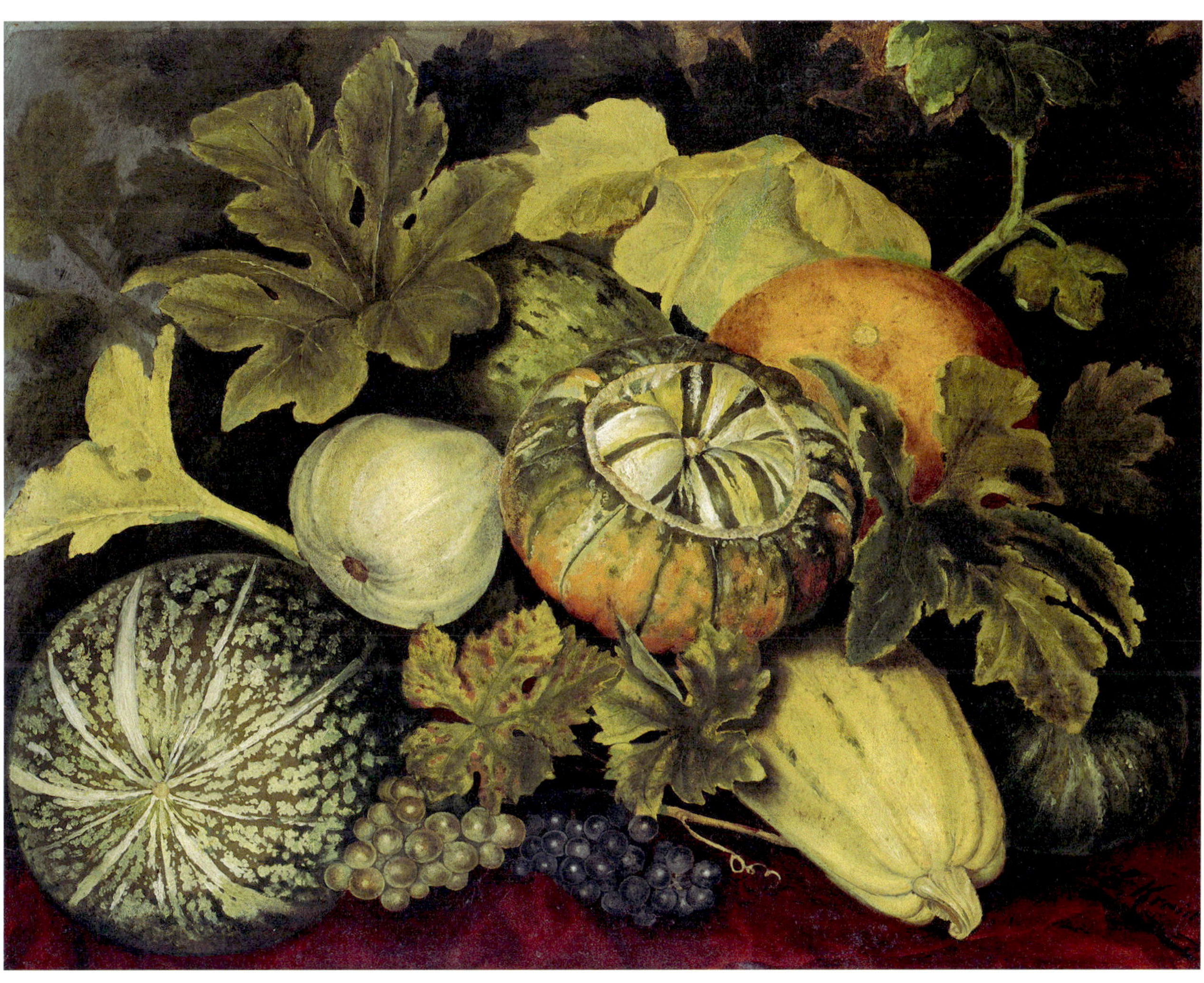

Ernst Kreidolf: Kürbisstillleben; 1881
Öl auf Leinwand; 51,3 x 65 cm

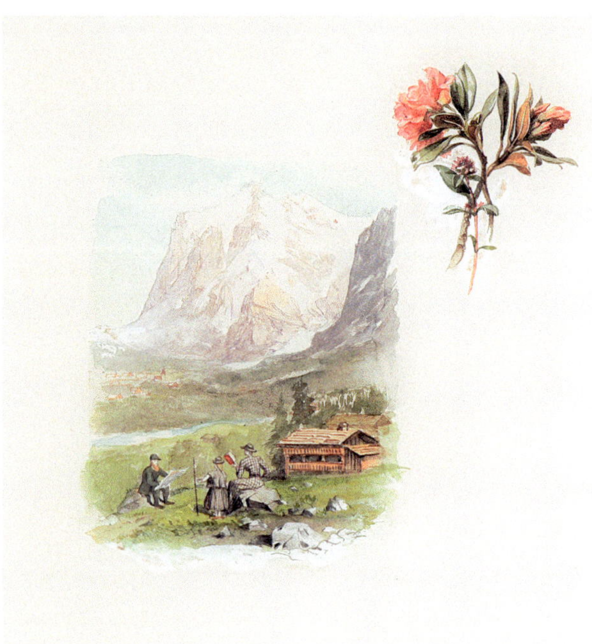

Abb. 3 Ernst Kreidolf: Vedute Grindelwald mit Alpenrose; um 1887
Aquarell auf Papier; 28,5 x 20,5 cm

aber geschehen. Um es einigermaßen gut zu machen, malte ich die Blümchen ab. So verlängerte ich ihre Dauer wenigstens im Bilde. Während des Malens fiel mir das Bild ‚Der Schlüsselblumengarten' ein, das ich nachher ausführte (Abb. S. 8, 27). Manche fanden es etwas absonderlich, Blumen als Menschen darzustellen. Aber einigen Freunden gefiel es so gut, daß sie mich ermunterten, mehr solcher Blätter zu malen. [...] Da entstand der Gänseblümchentee, der Besuch Auroras beim Schneeglöckchen, Butterblumes Ausfahrt und so weiter, bis ein ganzes Buch, die ‚Blumenmärchen', beisammen war."[7]

Phantastische Pflanzenwelten

Unsere Vorfahren kannten die Pflanzen, die in ihrem Lebensraum wuchsen. Pflanzen haben daher zahlreich Eingang gefunden in Redensarten und Sprichwörter: Das ist eine Binsenweisheit, kein Blatt vor den Mund nehmen, nicht die Bohne wert sein, jemandem ein Dorn im Auge sein, über den grünen Klee loben, sich in die Nesseln setzen usw. Früher wusste man um das Aussehen und die Eigenschaften der Pflanzen und versah sie mit phantasievollen Namen – meist Frauennamen –, an die sich oftmals viele Geschichten knüpfen. Mit der Herausbildung der wissenschaftlichen Botanik seit der Mitte des 16. Jahrhunderts entstanden die offiziellen lateinischen Pflanzenbezeichnungen, die seit der von Carl von Linné erstellten Nomenklatur und seinem 1753 erschienenen zweibändigen Werk „Species Plantarum" fortan einen internationalen Austausch ermöglichten.

Im 19. Jahrhundert wurde die Blumensprache wiederentdeckt, die es bereits im alten China und im Orient gegeben hatte. Sie wurde im prüden viktorianischen Europa rasch modern, denn vor allem junge Liebende durften ihre Zu- und Abneigung damals nicht offen zeigen. Vor diesem Hintergrund avancierte das „Sag's durch die Blume" zu einem wichtigen Mittel der nonverbalen Kommunikation, wobei der Symbolgehalt der Blumen nicht immer eindeutig belegt war.[8]

All das zeigt, dass das Pflanzenwissen zu Ernst Kreidolfs Zeiten dominant präsent war. Andreas Bode[9] und Grete Lexow-Hahn[10] haben die Hintergründe für die Entstehung und die Entwicklungsgeschichte der vermenschlichten, beseelten Blumenwelt kenntnisreich aufgearbeitet. Beeinflusst von Goethes Gestaltlehre nahm sie ihren Anfang Ende des 18. Jahrhunderts in mit Pflanzenmetarmorphosen illustrierten ABC-Büchern und setzte sich in Theobald Kerners 1853 erschienenem Bilderbuch „Prinzessin Klatschrose" fort. Bald kamen die Eindrücke von Grandvilles 1847 in Frankreich gedruckten „Les fleurs animées" hinzu, die vier Jahre später in Deutschland unter dem Titel „Pilgerfahrt der Blumengeister" veröffentlicht wurden. 1873 stellte Franz von Pocci seine von den gängigen Blumenmetarmorphosen abweichenden Darstellungen aus. Diese Karikaturen von Mitgliedern der bürgerlichen Gesellschaft tragen allesamt Stiefmütterchengesichter – lateinisch: viola tricolor. 1884 hatte Kreidolfs Lehrer Paul Nauen unter anderem in der „Illustrirte[n] Frauen-Zeitung" seine Serie der „Blumenkinder" veröffentlicht, (Abb. 4) und 1889 erschien in England Walter Cranes wegweisendes Bilderbuch „Floras' Feast. A Masque of Flowers". Mit Blumenattributen verkleidete Erwachsene tummelten sich nun allerorten auf Maskenbällen – die Zeitschrift „Die Modenwelt" publizierte 1893 Kostümvorschläge, während im Pariser Salon 1894 das großformatige, durch Richard Wagners „Parzival" inspirierte Gemälde „Der Ritter und die Blumenmädchen" von Georges Rochegrosse Triumphe feierte (Abb. 5).

Das Phänomen der vermenschlichten Blumen war also keineswegs neu, als 1898 Kreidolfs *Blumen-Märchen* erschien und dem an Kunst interessierten Maler wird dies nicht entgangen sein. Neu war jedoch die Art der Gestaltung von Kreidolfs erstem Bilderbuch. In der schwingenden Linienführung ist der verhaltene Einfluss des Jugendstils auszumachen, doch Aufsehen erregte das Werk aufgrund seiner technischen und künstlerischen Andersartigkeit im Vergleich zu herkömmlichen Bilderbüchern. Die Illustrationen bestechen durch Klarheit und Flächenhaftigkeit des Bildaufbaus, eine reiche, aber lichte Farbgebung, hochstehende Druckqualität – der Künstler hatte in einjähriger Arbeit die Bilder selbst lithographiert – und eine überzeugende inhaltliche Qualität (Abb. S. 27–33). „Kreidolf gestaltete den Inhalt seiner Bilder immer eng pflanzen- und tierbezogen. Das heißt, seine Ideen für Gedichte und Bilder leitete er stets von den Namen oder besonderen Eigenschaften der Blume oder Tiere ab. Sie wirkten deshalb so originell, weil sie weitgehend frei von irgendwelchen Traditionen des Kinderbuches seiner Zeit waren. Vor allem waren sie nicht vordergründig pädagogisch angelegt, boten keine ‚Moral', sondern erzogen ästhetisch nur durch ihr Beispiel."[11]

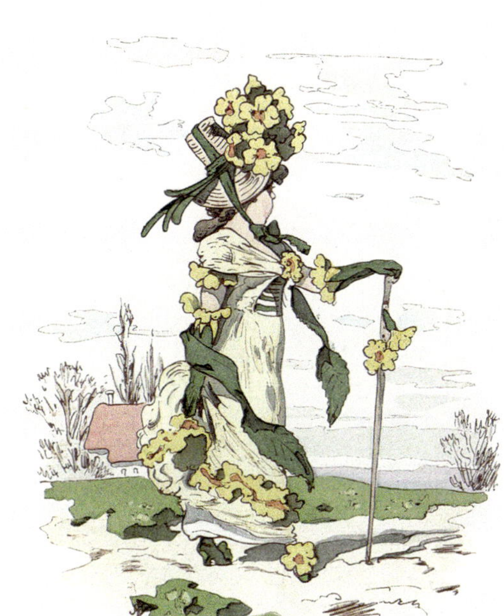

Abb. 4 Paul Nauen: Schlüsselblume – Primula veris
In: *Blumenkinder*. Berlin 1887

Märchenmaler der Blumen

Die *Blumen-Märchen* galten als Durchbruch zu einer neuen, von jeder pädagogischen Absicht befreiten Bilderbuchkunst. Kreidolf sollte alle seine bis zum Ersten Weltkrieg im Kölner Schaf[f]stein-Verlag erscheinenden Bilderbücher – *Die schlafenden Bäume* (1901), *Wiesenzwerge* (1902), *Schwätzchen für Kinder* (1903), *Sommervögel* (1908) und *Der Gartentraum* (1911) – selbst lithographieren. Das garantierte die hohe Qualität der Abbildungen.

In fast allen seinen Werken spielen vermenschlichte Pflanzen, vornehmlich Blumen, eine zentrale Rolle. Ihre Gestalt, die der Künstler in ihrer natürlichen Umgebung belässt, entwickelt sich stets konsequent aus dem Naturvorbild – damit wird er dem Wesen der Pflanze in allen Teilen gerecht. Kreidolfs Darstellungen zeugen von den profunden Kenntnissen des Botanikers, die seine empfindsame Natur sich gleichsam poetisch anverwandelt. Diese harmonische Verbindung des Realen mit dem Lyrischen unterschied Kreidolfs Illustrationen grundlegend von denen anderer Künstler, sowohl jenen seiner Vorgänger und Zeitgenossen als auch jenen der nach 1900 zahlreich auftretenden Nachahmer, mehr noch Nachahmerinnen, anthropomorpher Pflanzendarstellungen.

Mit seiner Rückkehr in die Schweiz 1917 begann eine neue Schaffensphase in Ernst Kreidolfs Werk. Seit 1922 erschienen seine Bilderbücher – *Alpenblumenmärchen* (1922), *Ein Wintermärchen* (1924), *Lenzgesind* (1926), *Das Hundefest* (1928), *Bei den Gnomen und Elfen* (1928), *Kinderzeit* (1930) und *Grashupfer* (1931)

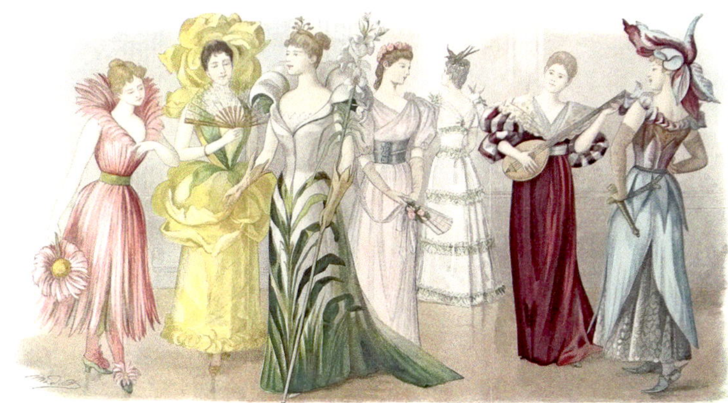

Abb. 5 Unbekannter Künstler: Kostümentwürfe
In: *Die Modenwelt*, 28. Jg., 1. Februar 1893

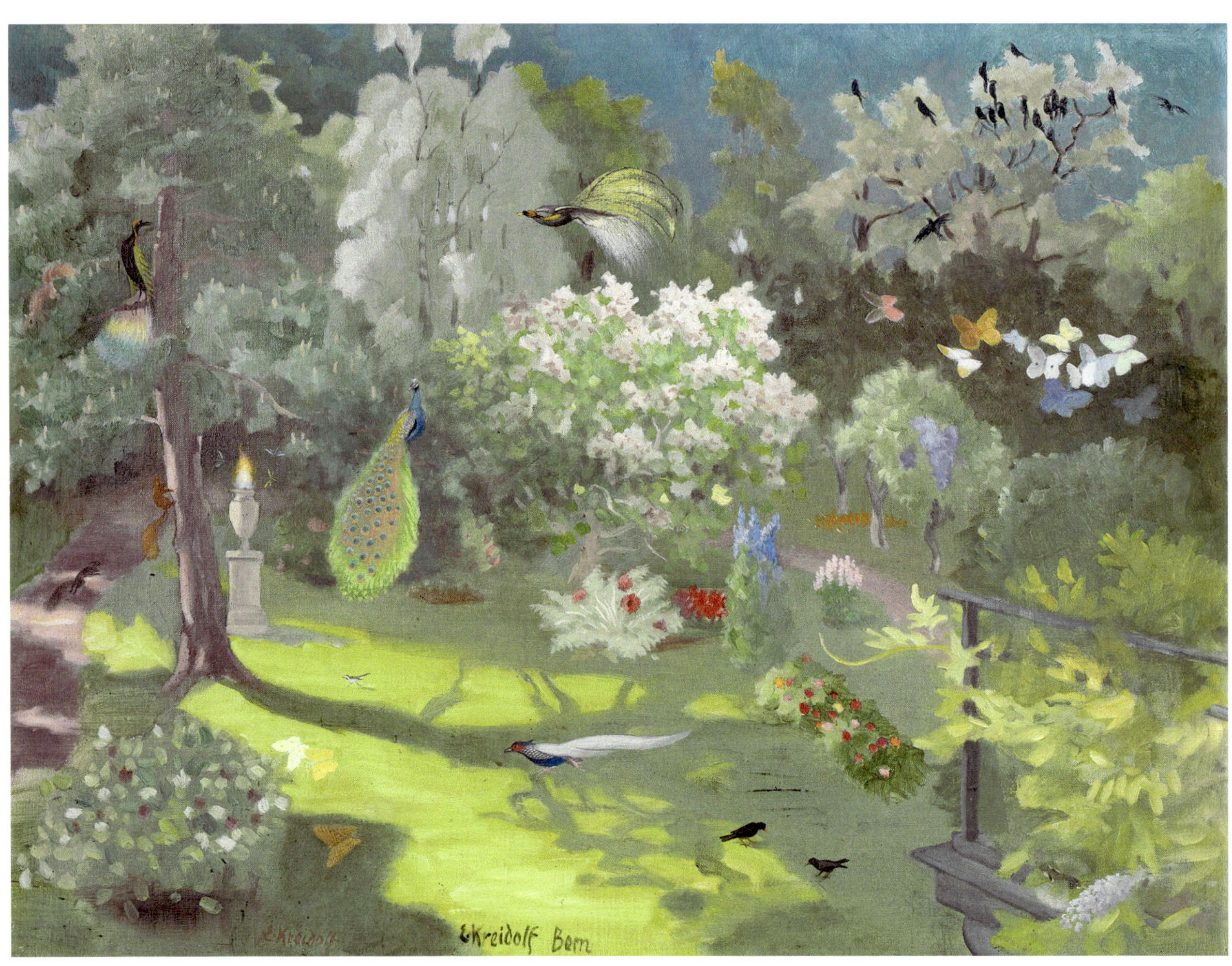

Ernst Kreidolf: Der Zaubergarten; 1934
Öl auf Leinwand; 87 x 106,7 cm

beim Schweizer Rotapfel-Verlag, dessen Inhaber Emil Roniger den Künstler förderte und unterstützte. Kreidolf musste das eigenhändige Lithographieren jedoch aufgeben, diese aufwendige Arbeit war für den mittlerweile 60-Jährigen körperlich zu anstrengend geworden.

Die Pflanzen blieben die zentralen Gestalten in Kreidolfs Werk, und nach wie vor bildete das genaue Naturstudium die Grundlage seiner künstlerischen Tätigkeit. Nach dem Ersten Weltkrieg schuf er bis in seine letzten Lebensjahre auch immer wieder Gemälde, meist arkadische Landschaftsbilder oder Darstellungen einer einzelnen Pflanze, in denen er zumeist eine Topfblume vor monochromen Hintergrund in einer trocken wirkenden Maltechnik darstellte (Abb. S. 14, 17, 19). Einige dieser Bilder stehen der Kunst der „Neuen Sachlichkeit" nah.

Es entstanden aber auch immer wieder Pflanzenstudienblätter in Aquarell, Pastell- oder Ölkreide auf dunklem, meist schwarzem Tonpapier, bisweilen werden alle drei Techniken miteinander in einem Blatt kombiniert (Abb. S. 63). Die Anwendung des jeweiligen Zeichenmittels „soll der sinnlichen Versichtbarung der jeweiligen *Stofflichkeit* der Pflanze dienen. Ob deren Blätter flaumig oder rauh, glatt oder stachelig, feucht oder trocken anzufühlen seien, wird durch die Kombination der drei Manieren so ‚greifbar' in den Bildern abgespiegelt, daß man die Pflanze nicht allein zu *sehen*, sondern zu gleicher Zeit auch zu *ertasten* wähnt."[12] Tatsächlich ist der von diesen Blättern ausgehende haptische Reiz groß, doch Kreidolf gibt hier nicht einfach nur ein „äußeres *Ebenbild* – er gibt das *Bildnis* seiner Pflanze. Er spiegelt in den Formen des Gewächses zugleich ihr inneres Zumutesein und weiß uns dadurch deren Wesensart zu übermitteln [...]. Das aber heißt: Er deutet uns die Pflanze."[13]

Der hohe künstlerische Eigenwert dieser Studienblätter ist offensichtlich und existiert unabhängig von Kreidolfs Märchenbildern. Dennoch ist das eine ohne das andere nicht denkbar, wie zahlreiche Beispiele zeigen (Abb. 6, 7). Auch für die Dichtungen anderer schuf Ernst Kreidolf nun vermehrt Illustrationen. Besonders intensiv setzte er sich mit Adolf Freys Blumengedichten auseinander, für die er ebenfalls hinaus in die Landschaft zog, um die Pflanzen in ihrer natürlichen Umgebung zu beobachten und zu zeichnen. Diese Blumenstudien waren die unverzichtbare Grundlage für seine Kompositionen, an ihnen entzündete sich seine Phantasie

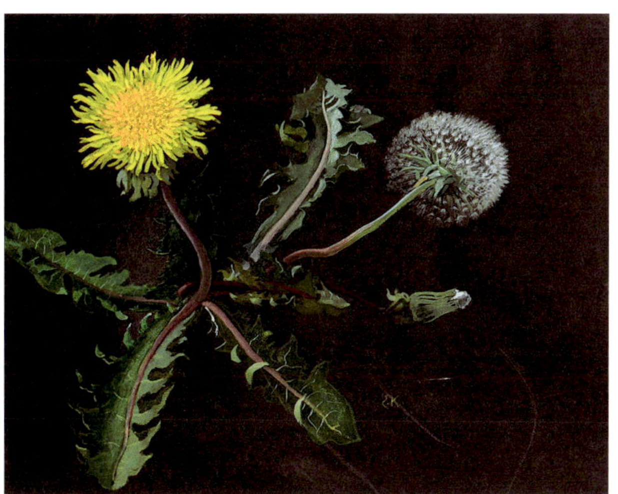

Abb. 6 Ernst Kreidolf: Löwenzahn; 1918
Aquarell, Gouache auf schwarzem Papier; 24,4 x 30 cm

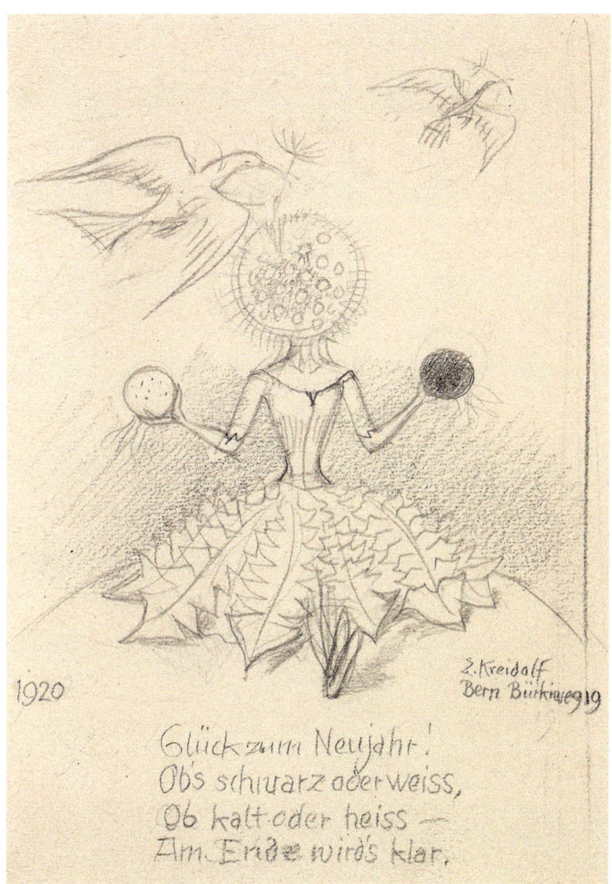

Abb. 7 Ernst Kreidolf: Entwurf für eine Neujahrskarte auf das Jahr 1920
Bleistift auf Papier; 14,5 x 13 cm

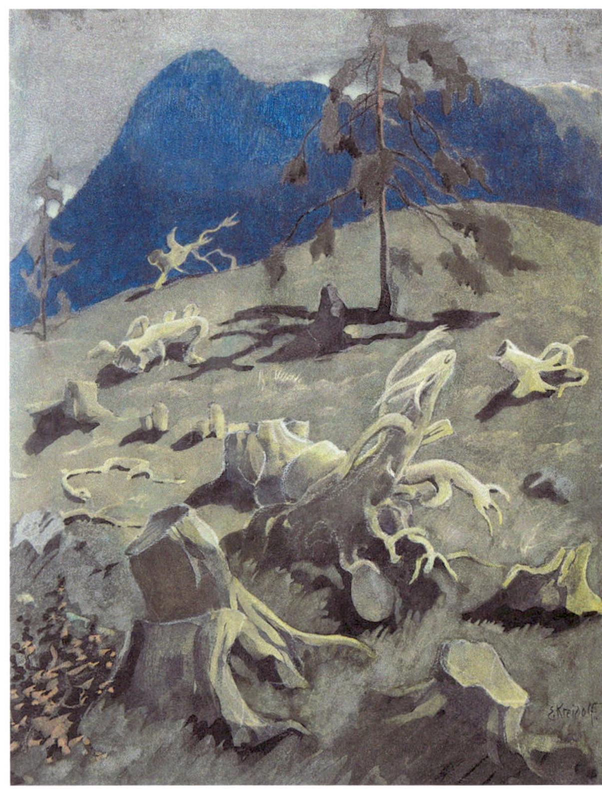

Abb. 8 Ernst Kreidolf: Wurzelspuk. Zu: *Traumgestalten*; um 1922
Aquarell, Gouache auf Papier; 29 x 21,2 cm

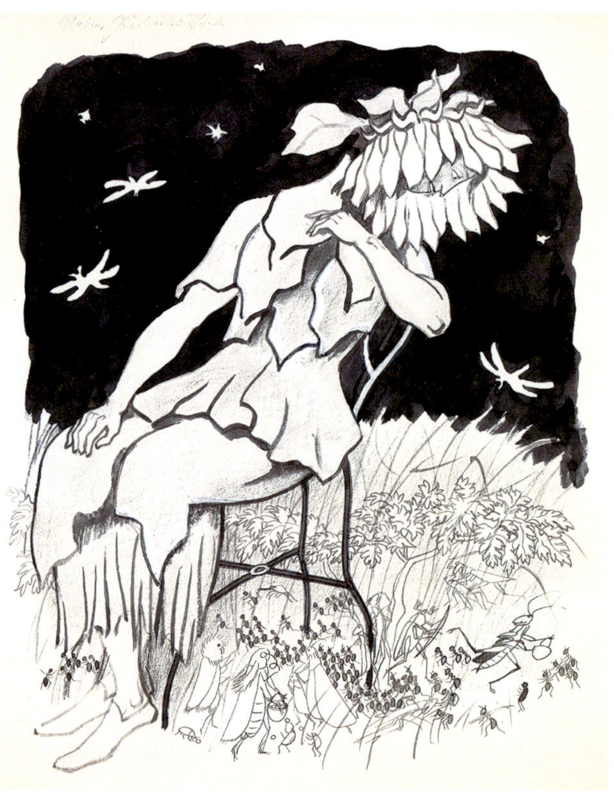

Abb. 9 Ernst Kreidolf: Sonnenblume; ohne Jahr
Bleistift, Tusche, Deckweiß auf Papier; 30,2 x 25,2 cm

und verwandelte sie kraft seiner poetischen Empfindungsgabe in ebenso originelle wie künstlerisch beeindruckende Kompositionen (Abb. S. 52 f.).

Ernst Kreidolf war nicht nur ein genauer Beobachter und exakter Bildner der Natur, sondern er band diese wie selbstverständlich in seine Traumwelten mit ein. Nicht ohne Grund bezeichnete er seine Bücher vielfach als „Märchen", denn sein Empfindungshorizont reicht vielfach über die reine Naturschilderung hinaus, bezieht Mythen und Visionen mit ein und thematisiert auch immer wieder den Aspekt der Vergänglichkeit. Das Blatt *Wurzelspuk* zeigt abgestorbene Bäume, von denen nur noch die kahlen Wurzelstöcke aus dem Erdreich ragen – sie erinnern an bleiche Knochen und den Tod (Abb. 8). In der Zeichnung *Äolsharfe* aus dem nie veröffentlichten, undatierten Zyklus *Andacht und Tanz* formieren sich die Blätter, getrieben vom Herbstwind, zu einem letzten Reigen (Abb. S. 114). Und eine Sonnenblume hat sich, müde geworden von der Last ihres ernteschweren Körpers, auf einem Stuhl niedergelassen und sieht mit geneigtem Haupt dem Ende des Sommers entgegen (Abb. 9).

Nicht nur Werden, Wachsen und Blühen sind Themen von Ernst Kreidolfs Pflanzenbildern, sondern auch das Welken und Vergehen. Diese dunklen Aspekte der heiteren Seite des Lebens waren für ihn eine unumstößliche Tatsache, die es einzubeziehen galt, um der Natur in ihrer Ganzheit und dem Kreislauf des Lebens gerecht zu werden.

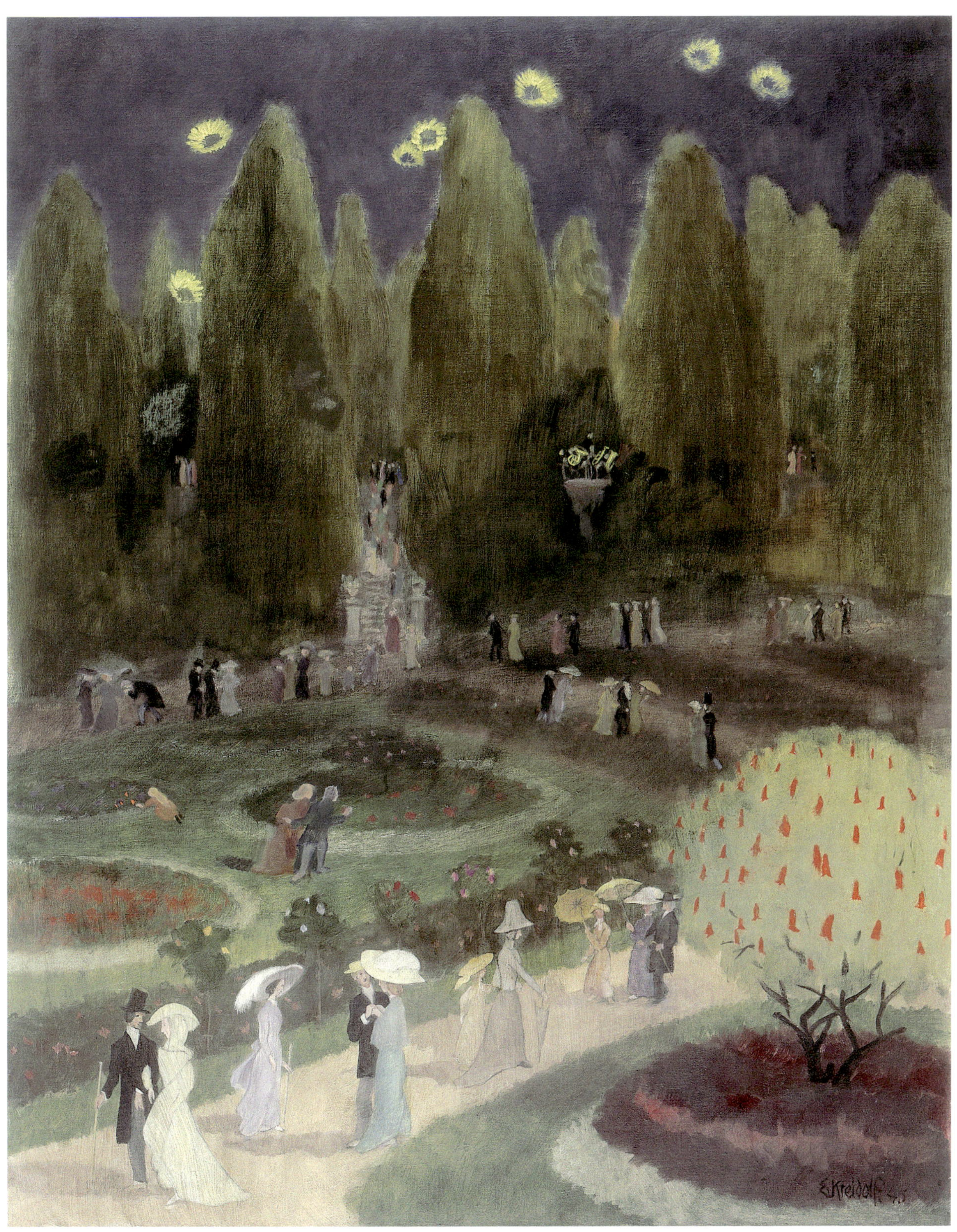

Ernst Kreidolf: Gartenfest; 1945
Öl auf Leinwand; 100 x 80 cm

1 Dieses Zitat wird Pascal zugeschrieben, Fragment 553 der Pensées mit dem Titel „Le mystère de Jésus", 1655. Vgl. dazu Lothar Bluhm, Markus Schiefer Ferrari, Christoph Zuschlag (Hg.), „Ich wandle unter Blumen / Und blühe selber mit." Zur Kultur- und Sozialgeschichte des Gartens. Baden-Baden 2018.

2 Philipp Otto Runge: Der Morgen; 1808. Öl auf Leinwand; 109 x 85,5 cm; Hamburger Kunsthalle.

3 Ernst Kreidolf, *Lebenserinnerungen*. Hg. v. Jakob Otto Kehrli, Zürich 1957, S. 35.

4 Kehrli 1957 (wie Anm. 3), S. 58.

5 Kehrli 1957 (wie Anm. 3), S. 49 f.

6 Henriette Mentha, Pflanzen. In: *Ernst Kreidolf. Das Leben ein Traum.* Ausst.-Kat. Bern (Kunstmuseum Bern) 1996, S. 106.

7 Kehrli 1957, (wie Anm. 3), S. 122 f.

8 Vgl. dazu Andreas Honegger, *Die Blumen der Frauen. Blumensymbolik in Gemälden aus sieben Jahrhunderten*. Berlin 2014, S. 21.

9 Andreas Bode, Ernst Kreidolfs Werk und das neue deutsche Kinderbuch. In: *Ernst Kreidolf. Das Leben ein Traum.* Ausst.-Kat. Bern (Kunstmuseum Bern) 1996, S. 33–49.

10 Grete Lexow-Hahn, Pflanzen-Metamorphosen im 19. Jahrhundert. Ernst Kreidolfs Anthropomorphismus. In: *Zeitschrift für Schweizerische Archäologie und Kunstgeschichte*, Nr. 7, 1990, S. 71–74 sowie dies., Blumenreigen im Kinderbuch. In: *Femme fleur. Anthropomorphe Pflanzendarstellungen in der Graphik vom 15. Jahrhundert bis zur Gegenwart.* Ausst.-Kat. Zürich (Graphische Sammlung der ETH Zürich) 1997, S. 74–80, hier S. 75.

11 Bode 1996 (wie Anm. 9), S. 40.

12 Wilhelm Fraenger, Zu den Bergblumen Ernst Kreidolfs. In: *Ernst Kreidolf. Bergblumen II, Sieben Bilder.* Erlenbach-Zürich, Leipzig/München 1925, S. IV.

13 Fraenger 1925 (wie Anm. 12), S. V.

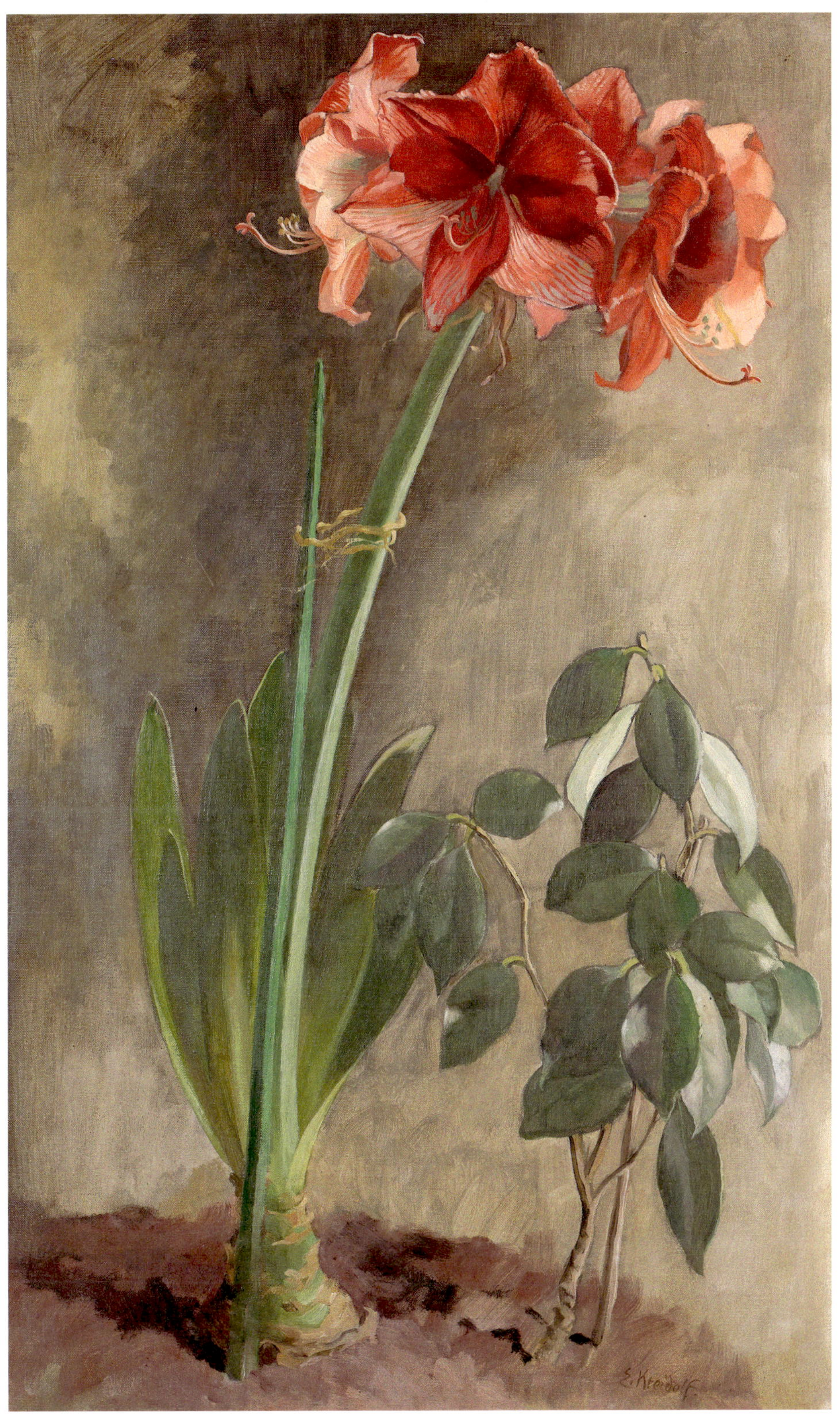

Ernst Kreidolf: Amaryllis; ohne Jahr
Öl auf Leinwand; 89,2 x 52 cm

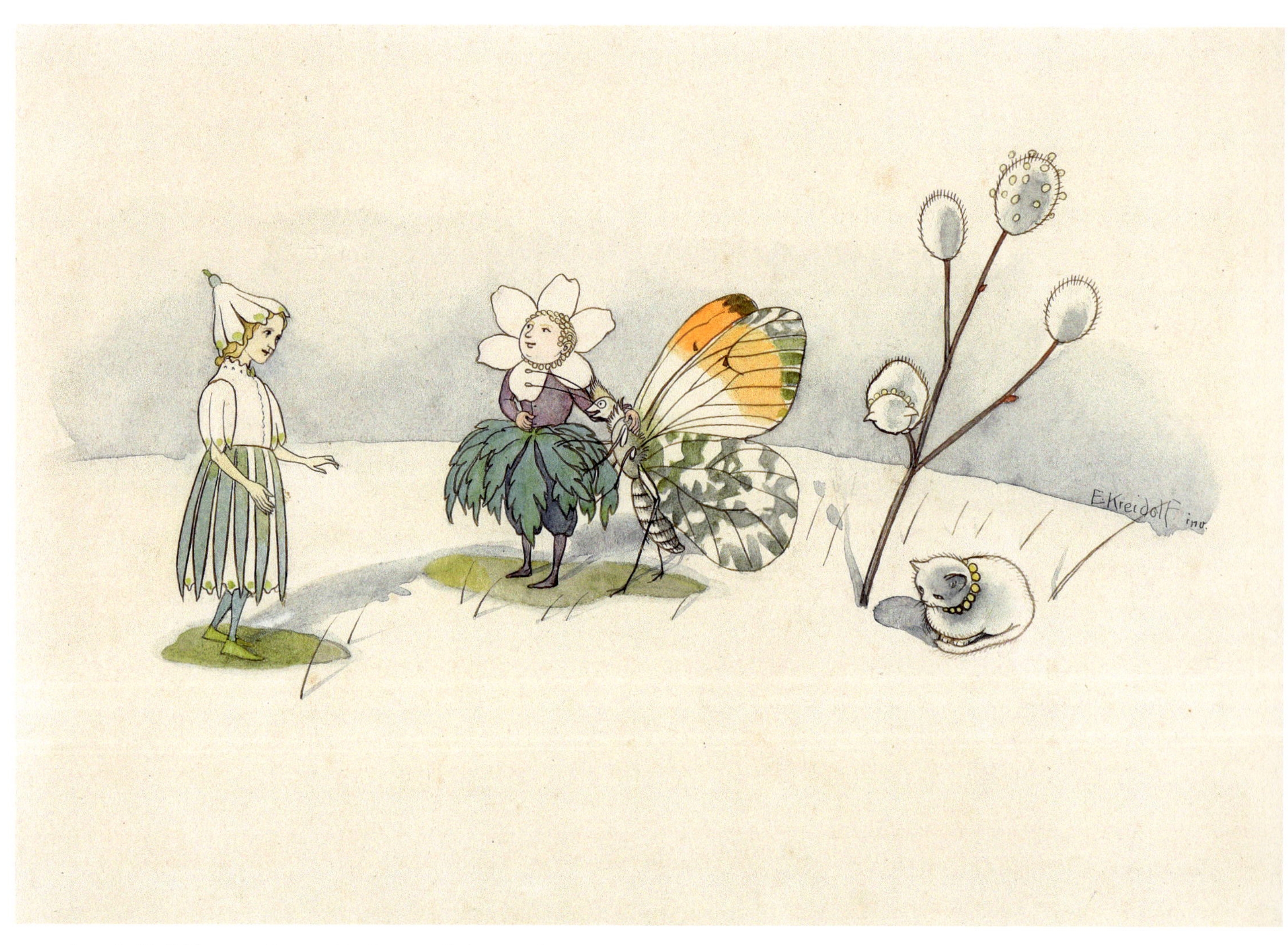

Ernst Kreidolf: Die ersten Blumen. Zu: *Blumen-Märchen*; vor 1898
Tuschfeder, Aquarell auf Papier; 21,6 x 31,2 cm

Roland Stark

ERNST KREIDOLF – SEINE *BLUMEN-MÄRCHEN* UND *DIE SCHLAFENDEN BÄUME*

„Du bist wie eine Blume,
so hold und schön und rein [...]"[1]

Diese Adoration von Heinrich Heine an sein Mädchen ist nicht nur ein literarischer Beweis romantischer Gefühle, sondern auch ein Bekenntnis zu einer alten, engen Verbindung zwischen Mensch und Blume. Die prägenden Adjektive der beiden Verszeilen zeugen davon: „Schön" als Attribut des äußeren Glanzes, „rein" als die Lauterkeit an sich und „hold" – aus diesem von unserer Sprachwelt aufgegebenen Wort klingt der Inbegriff glückseliger Anschauung. Das alles verkörpert aus romantischer Empfindungsfülle die Blume für das menschliche Erleben. Dagegen steht der herrische Anspruch auf Alleinvertretung in Gertrude Steins berühmten Satz „Eine Rose ist eine Rose ist eine Rose ist eine Rose."[2] Das ist absolut formuliert und scheinbar für die Spitzenstellung der Königin der Blumen unantastbar.

Abgesehen von diesen Distanzen in der Gefühlswelt offenbart sich in beiden Aussagen die enge Beziehung des Menschen zur Blumenwelt, und Ernst Kreidolf ist ein völlig eigenständiger Teil dieser besonderen Zusammengehörigkeit. Er, von vielfachen Todesfällen in der Familie seelisch tief getroffen, fand diese Verbindung zwischen Pflanze und Mensch in den bayerischen Bergen in dem bekannten, von ihm selbst geschilderten Erlebnis mit den gepflückten Blumen, deren Hinwelken er damit verursacht hatte. „Um es einigermaßen gut zu machen, malte ich die Blümchen ab. So verlängerte ich ihre Dauer wenigstens im Bilde. Während des Malens fiel mir das Bild ‚Der Schlüsselblumengarten' ein, das ich dann ausführte."[3] (Abb. S. 8, 27). Doch Ernst Kreidolf bewahrt nicht nur das Vergängliche im Bild, er lässt es wie die Dichter in einer neuen Welt entstehen.

Annäherung an das Wesen der Pflanzen

So ist die Metapher das erste Sprungbrett zu einer Loslösung der begrifflichen Gebundenheit an eine scheinbar in sich geschlossene Existenz der Pflanzenwelt. Hinzu kommen andere, differenzierte Näherungen aus unterschiedlichen Betrachtungsperspektiven. Sie sind selbst von diametral gelagerten Polen aus möglich – die Einbettung der Pflanzen in unseren menschlichen Empfindungskreis beispielsweise ist zu ihnen selbst, aber auch zum Menschen und seiner Kreativität hin erfassbar. Robert Walser, dieser ausnehmend sensible Schweizer Dichter, hat dieses Empfindungsspektrum 1926 in seinen „Cézannegedanken" vom Menschen und seiner schöpferischen Fähigkeit auf die Blume bezogen und das Pflanzenwesen in seiner speziellen Identität aus der Kunst empfunden: „Er zauberte Blumen aufs Papier, dass sie mit all ihrem pflanzlichen Schwanken auf demselben zitterten, jubelten, lächelten; es war ihm um das Fleisch der Blumen zu tun, um den Geist des Geheimnisses am Unverstandenen, des besonders Beschaffenen."[4]

Abseits von Metaphern ist also eine Annäherung an das Wesen der Pflanzen sowohl von ihrer Nachbildung als auch von ihrer Grundstruktur her möglich, weil, wie Andreas Weber sagt: „Die unaufhörliche Verwandlung des einen Individuums in das andere ist das große Geheimnis der Natur."[5]

Für Ernst Kreidolf sind die Pflanzen durch ihre Analogie zum Menschen auf eine besondere Weise erkannt und benannt worden. Seine Bilder verbinden Phantasie und Realität als Ausdruck einer eigenen Zwiesprache: Die Pflanze bekommt ein anderes Gesicht, empfindet und handelt zugleich menschenähnlich und erhält damit eine Vieldeutigkeit anstelle der von Walser genannten ureigenen Schöpfung im Kunstwerk. Es entstand so eine andere, eine besondere Nähe – Gleichklang und Gleichrangigkeit unterschiedlicher Annäherungen beherrschen das bildliche Geschehen. Hermann Hesse hat diese Sonderstellung des Malerpoeten Kreidolf in einem Aufsatz bewundernd deutlich gemacht: „Daß Tiere und Pflanzen reden und handeln, ist uralter Märchenbrauch; ich weiß aber keinen einzigen Künstler (Japan und Indien ausgenommen), der diese Poesie der Metamorphose und Belebungen auch nur annähernd so rein und wahrhaft schöpferisch mit Linien und Farben ausgedrückt hätte wie Kreidolf. Mit einer großartigen Mischung von neuestem Wirklichkeitssinn und souveräner Phantastik hat er vor allem die kleine, reiche Welt der Blumen und des Insektenlebens in ungezählten meisterhaften Blättern neu entdeckt und gestaltet."[6]

Zu dieser Sonderpositionierung kommt, dass die Zeit um 1900 die beginnende Eigenständigkeit der Kinderwelt als eine zusätzliche, bemerkenswerte Besonderheit empfand – auch im Kinderbuch. Heinrich Ernst Kromer schrieb beispielsweise zu den *Blumen-Märchen*: „Alle diese Vorgänge wie ihre handelnden Personen sind dem Kinderverständnis ungewöhnlich glücklich und ungezwungen angepaßt; es leuchtet ihm ohne weiteres ein, in einer ‚Margaret' (Marguerite) eine Kindermagd zu sehen, in Weidenkätzchen junge weiße Kätzchen oder in Weiß- und Schwarzdorn spießbewehrte kämpfende Ritter."[7] (Abb. S. 20, 27, 33). Man wies diese Gleichsetzung aus dem Vermögen an Phantasie den Kindern zu – sie waren offenbar die Garanten für ein ursprüngliches Verstehen.

Schon auf der Schulbank bewahrte Ernst Kreidolf mit dem Bleistift in seinen Botanikheften die Pflanzen des Thurgaus – sein Leben lang blieb er ihnen und ihrer Vergänglichkeit verbunden. Sie waren mehr für ihn als das niedrig Wachsende zu seinen Füßen, sie waren eins mit ihm und seinem Verhältnis zur Natur. Kein Wunder, dass er sie über den Alltagsblick erhob, und Henriette Mentha hat diese Beziehung treffend benannt: „Kreidolfs Bewußtwerdung des Mikrokosmos ‚Pflanze' war eine für seinen künstlerischen Werdegang bedeutungsvolle Offenbarung, die den Beginn seiner Laufbahn als Bilderbuchgestalter markierte."[8]

Die Anfänge

Diese Entwicklung begann weit ab von der Schweiz: Zum Jahreswechsel 1896/97 stellte Ernst Kreidolf in Ernst Arnolds Kunstsalon in Dresden Bilder aus, „die uns in eine ganz eigenartige Phantasie-Welt versetzen", wie der Rezensent zu den Exponaten „eines bisher unbekannten Münchener Künstlers" anmerkte, und er kam zu dem Schluss: „und darum empfehlen sich seine Blumenmärchen, zu denen er auch einen prächtigen Text gedichtet hat, namentlich zu Bilderbüchern für Kinder reiferen Alters."[9]

Doch dieser naheliegende, heute selbstverständliche Gedanke ließ sich nicht realisieren. Zwar meldete sich der Verleger Steinkamp aus Duisburg und bat um die Zusendung von Aquarellen für ein Kinderbuch, erhielt die Originale zu *Die schlafenden Bäume*, äußerte sich anfänglich begeistert und sagte schließlich das Projekt doch ab. Es ging nicht um das Honorar, aber er scheute die hohen Kosten für „Lithographie, Steine, Druck, Papier etc." und fürchtete, „daß die Bilder bei der großen Menge nicht verstanden werden."[10]

Eine doppelte Argumentation – der hohe Aufwand aufgrund der Qualitätsansprüche des Künstlers für die Druckversion eines Buches und zudem die Neuartigkeit von Text und Illustration für das breite Lesepublikum. Diese Thesen beherrschten auch die späteren Besprechungen zu den *Blumen-Märchen*, die schon in Dresden viel Zustimmung bei den Rezensenten und Betrachtern gefunden hatten. Doch die Biographen berichten übereinstimmend, Kreidolf habe schon zuvor nach seinem Abschied von Partenkirchen für die 1895/96 entstandenen Bilder zwei Jahre lang vergeblich einen Verleger gesucht und erst dann mit mäzenatischer Unterstützung seiner königlichen Malschülerin, der Erbprinzessin Marie zu Schaumburg-Lippe, begonnen, für einen Kommissionsverlag die Lithographien anzufertigen. Das Buch wurde 1898 dank der Bürgschaften zweier Künstler[11] bei Piloty & Loehle in München publiziert und überwiegend zustimmend bis begeistert aufgenommen. „Ernst Kreidolf ist ein Kinderkünstler von Gottes Gnaden! [...] Wie könnte das auch anders sein, denn die Blumen werden zu Märchen – eine alte, liebe und hier doch so neue, anregende Welt. Wie oft hält das Kind Zwiesprache mit dem Blümlein auf dem Anger, auf dem Feld, wie viel lieber müssen ihm diese werden, wenn sie hier in lebenswahrer Darstellung, im trauten Gedicht ihm vor die Augen treten und zum Herzen sprechen."[12]

Ferdinand Avenarius, der wichtige Förderer von Ernst Kreidolf, hatte es in der Zeitschrift „Der Kunstwart" enthusiastisch schon 1898 formuliert: „[...] wir haben einen Kinderkünstler, einen Bilderbuchmaler, der es mit den berühmten Franzosen und Engländern aufnehmen kann. Dabei ein Zeichnen nicht auf die äußerliche Schönheit der Linie, sondern durchaus auf das Charakteristische hin. Als Stoffe ganz Einfaches: Märchen und Märlein aus der bunten Blumenwelt, ein Geschichtchen wie ein Gewitter kommt und vergeht. [...] Es ist alles der Welt entnommen, in der das Kind mit Aug und Herzen lebt. Aber es ist voll von Poesie, die aus den Dingen selber vom Maler herausgenommen ist."[13]

Blumen-Märchen

Mit diesem Zitat werden die beiden Bilderbücher aufgeführt, die Thema dieses Beitrages sind – zeitlich eng beieinander von Kreidolf gemalt und später mit Texten versehen,[14] aber in verschiedenen Ausdrucks- und Empfindungssphären angesiedelt, doch beide für den Zeitgeschmack als progressiv angesehen und deshalb, abweichend von den bisher aufgeführten Zitaten, auch angefeindet.

Dabei war es keineswegs neu und hatte Vorgänger (wenn auch für Kreidolf, wie er stets versicherte, keine Vorbilder), Blumen zu vermenschlichen und analog zum Menschenleben agieren zu lassen. Anthropomorphismus in der Kunst war um 1900 keine Neuigkeit, aber dieses Ausdrucksmittel bezog sich vor allem auf Tierdarstellungen – Pflanzen sind seltener anzutreffen. Ob das Tier dem Menschen aus vielen Gründen und Verhaltensweisen näher ist als die Pflanze? Wie viel einfacher ist es, einen schlauen Reineke Fuchs als Hans Liederjahn agieren zu lassen als eine Nelke als ein Pendant zur menschlichen Gestalt und ihren Aktionen. Und doch sind allein die Pflanzennamen oft ein Hinweis auf das menschliche Empfinden und Erfinden: Die Glockenblume, der Löwenzahn, die Küchenschelle, die Sonnenblume, die Schafgarbe, die Schlüsselblume, der Aronstab, der Eisenhut – sie alle sind mit ihren Namen menschlichen Analogien und Bewusstseinswelten zugeordnet. Andreas Bode konstatiert deshalb zu Recht zu Kreidolfs Bilderwelt: „[...] seine Ideen für Gedichte und Bilder leitete er stets von den besonderen Eigenschaften der Blumen oder Tiere ab."[15]

Zu dem damaligen Zugang in die vermenschlichte Welt kommt heute das Wissen um „menschenähnliche" Verhaltensweisen der Pflanzen – Anpassungen, Kontakte, Reaktionen –, wir sind in einer neuen, erweiterten Bewusstseinswelt angekommen. Als Vorahnung dieser Empfindungsmöglichkeiten der Pflanzen sind die Bilder von Ernst Kreidolf zu werten. Als hätte Kreidolf, als Bub im ländlichen Tägerwilen auf dem Hof des Großvaters eng der Natur verbunden, schon früh über die Blumen und Gräser auf den Wiesen, über die geliebten Schmetterlinge einen Zugang zu einer Zwiesprache gefunden, die er nun als Künstler in Bilder umsetzte. In Bilder, die Blumen in eine Märchenwelt versetzen sollten – Blumen-*Märchen* hat er seinen Büchererstling betitelt – die Handlungen sind zwar menschen- und geschehensnah, führen aber trotz allem in eine Märchenwelt. Diese Verbindung von Alltag und märchenhaftem Erzählen, von Pflanzen mit menschlichen Attributen zeigen dem Kind ganz bewusst eine bekannte, aber doch überhöht andersartige Welt. Erkennen und Imaginieren sind auf eine Aufnahmeebene transponiert. Es ist nicht nur die übliche Ähnlichkeit, es ist eine besondere Erscheinungssphäre, die das Kind und seine Phantasie mitnehmen soll. Dabei verzichtet der Künstler auf Niedlichkeiten, bleibt zuweilen in der Darstellung bewusst eckig und einfach. Das hat man ihm vorgeworfen – wie weit die Rezensenten doch oft von der Wahrheit eines kindlichen Empfindens entfernt sind. Wissen kann häufig auch verbilden – bei Kreidolf und anderen kindernahen Bilderbuchkünstlern bestätigt es sich oft nur zu deutlich. Doch es ist nicht nur die Darstellungsart in den *Blumen-Märchen* wichtig. Es ist ebenso der Bildaufbau, es ist die Farbigkeit und es ist die Kombination von pflanzlichen und menschlichen Komponenten.

Kreidolf hat bekanntlich die Lithographien in mühsamer Arbeit seinerzeit selbst erstellt. Er wusste, dass Aquarelle nicht eins zu eins in eine Drucktechnik übertragbar sind und hat selbst gesagt: „Aber wir können uns viel erleichtern dadurch, dass wir uns von Anfang an darüber klar werden, was mit unseren Mitteln möglich und was nicht möglich ist."[16] Keine Imitation des Originals also, sondern eine Übersetzung anderer Gegebenheiten. Das bewirkt eine veränderte Farbnuancierung und damit einen anderen Ausdruck des Kolorits. Hans Ries hat es erläutert: „Es zeigt, wie wenig selbstverständlich das neue, auf die Technik bezogene ästhetische Denken damals unter Illustratoren war."[17]

Doch es war auch, wenn auch nicht direkt bewusst, neu für die Augen der Betrachter. Der Sprung von den „schmutzigen" Mehrfarbendrucken zur Lithographie war unübersehbar und bewirkte unter anderem die als neuartig empfundene Gestaltungsweise von Ernst Kreidolf.

Sie kam auch den Motiven und Figuren zugute. Alles wurde lichter, leichter, schwebender, aber auch gedämpfter im Kolorit. Dazu kamen bei vielen Bildern die offenen Horizonte des Bildaufbaus, die Einbindung des gedeckten Weiß des Papiers ins Bild. Nicht immer: Bei *Eine wilde Jagd* (Abb. S. 31) dient ein rechteckiger Rahmen zur Begrenzung des wilden Geschehens. Aber meist dominiert der Papiergrund, verstärkt durch die räumliche Trennung der Verse vom Bild durch ihre Positionierung auf der gegenüberliegenden Seite und noch einmal prägend in den skizzenhaft gezeichneten Zwischenblättern mit kleinen eingeschobenen Szenen ohne Texte.

Zu all dem kommt das Format des Buches: rechteckig im Querformat, in den Abmessungen 35 x 23,5 Zentimeter ungewöhnlich für Kinderhände. Allein diese Dimensionen erfordern die Kooperation mit Erwachsenen – Gemeinsamkeit ist angesagt, um das Buch zu halten, zu betrachten und umzublättern.

Alle Geschichten sind in verständlichen Szenen dargestellt und manchmal mit einem karikierenden oder übertreibenden Akzent versehen: Bei *Ringelreihen* mit dem Röschen in der Mitte des Tanzkreises schlägt das weiße Eichhörnchen Koppheister, und das Hündchen auf einer Blattmatte hebt nachahmend das Pfötchen – Details, die das betrachtende Kind abseits vom zentralen Geschehen gleich erkennt, registriert und benennt (Abb. S. 29).

Demselben Kind wird es auch keine Schwierigkeiten bereiten, dass Blumen Gesichter und Arme haben, sich wie Kinder im Ringelreihen bewegen und – wie im richtigen Alltag – abseits stehen und zuschauen müssen. Die Einheit der Natur ist auch in ihrer Umformung selbstverständlich: Menschen, Tiere und Pflanzen bilden einen gemeinsamen Kosmos.

Die schlafenden Bäume

Wie andersartig ist diese Vermenschlichung der Natur in *Die schlafenden Bäume* dargestellt: Schon die Grundstimmung dieses 1901 im Hermann Schaffstein-Verlag in Köln erschienenen Buches ist völlig anders, so dass die zeitgenössischen Leser beziehungsweise Betrachter etwas Drohendes, Gefährliches in ihm sahen (Abb. S. 25). Die Naturgewalten sind ins Negative verschoben und erschrecken nach den landläufigen Vorstellungen. Eine Rezensentin fragte nach der Durchsicht des Buches erstaunt: „Was ist hierin nun zu hoch und ungeeignet für Kinder? Sturm, Feuer und Regengüsse stellen keine besonderen Anforderungen an ein kindliches Vorstellungsvermögen, die durch sie ausgelösten Empfindungen [...] sind den Kindern nicht fremd, sie gehen da innerlich voll mit, noch dazu, wenn ein Künstler wie Kreidolf, der es selten gut versteht, mit Kinderaugen zu sehen und aus der Kinderseele heraus zu empfinden, die Bilder malt.“[18]

„Ein Märchen in Bildern mit Versen“ war der Untertitel des schmalen Bandes, dessen Innentitel von Eichenblättern und Ästen umfangen ist; auf dem Schmutztitel läuft ein Hirsch mit einem Geweih aus Ästen über einen Blätterteppich und jedes der Gegenbilder zur bebilderten Geschichte auf den jeweils vier rechten Seiten wird von symbolgewandelten Blattvariationen geschmückt.

Die Textseiten mit dem über den Versen stehenden Bildern zeigen vier Bäume vor einer Tallandschaft mit einer Ortschaft – durch Gesichter vermenschlichte Bäume, die leise in die hereinbrechende Nacht flüstern. Dann bricht das Gewitter los, die Baumgesichter sind von Angst verzerrt, und die Verse künden vom nahenden Unheil des Sturms. Ein Brand bricht aus „und entsetzt schreit jeder Baum.“ Doch Gott sendet den Regen „und gelöscht wird alles Übel.“

Der nächtlichen und später gewitterhaften Situation gemäß sind die Bilder (und auch die unteren, quergelegten Tier- und Pflanzenvignetten) in düsteren Farben von einem nächtlichen Dunkelgrau bis zum olivgrellen Gewitterschwarz mit dem Feuerrot des Brandes und abschließend zum Regengrau des erlösenden Himmelsgusses gehalten.

Eine Gutnachtgeschichte mit Schrecken und gutem Ausgang; ein Dank an die Allmacht Gottes, die größer ist als jede Drohung der Natur. Das Kind weiß sich aufgehoben. Unsere Vorfahren sahen das wohl meist anders. Die Selbstheilungskräfte der Natur waren noch verdeckt von der Angst vor dem Übermächtigen der Wettergewalten. Alles Heil lag außerhalb des menschlichen Könnens, man war gemeinsam mit Tieren und Pflanzen ausgeliefert an die Gewalt der Natur und nur aufgehoben im Wirken Gottes.

Die Zentralfiguren der Erzählung sind die im Titel genannten Bäume. Ihre Analogie zum menschlichen Verhalten und Empfinden ist sofort erkennbar. Ihre längliche, schlanke Form ist vergleichbar dem Erscheinungsbild des menschlichen Körpers. Identität ist zumindest nah, was auch durch die Wahl des Baumtyps bestätigt wird: Die Zitterpappel ist mit ihrem Namen in die Empfindungswelt des Menschen gerückt. Die Pflanze ist der Bruder des Menschen. Gemeinsam überstehen sie Not und Nacht, Blitz und Feuer, Sturm und nachtschwarze Regenfluten.

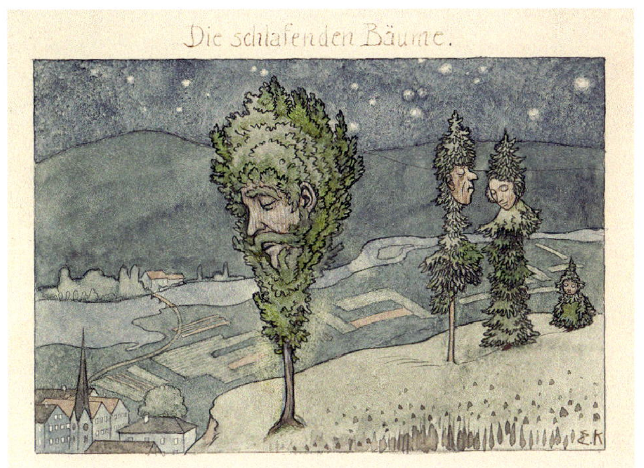

Ernst Kreidolf: Schlaf. Zu: *Die schlafenden Bäume*; vor 1901
Bleistift, Tuschfeder, Aquarell auf Papier; 26,1 x 21,1 cm

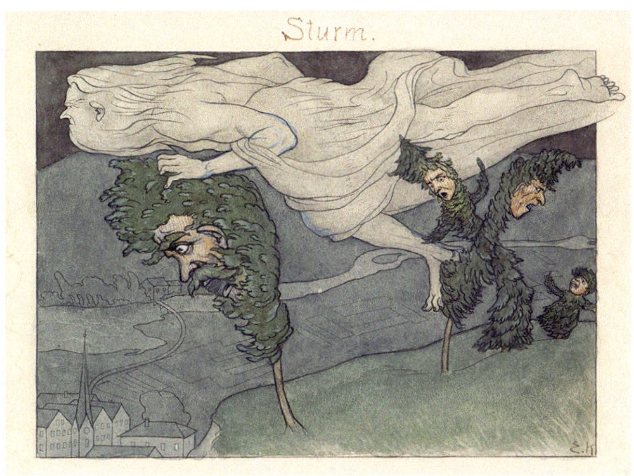

Ernst Kreidolf: Sturm. Zu: *Die schlafenden Bäume*; vor 1901
Bleistift, Tuschfeder, Aquarell auf Papier; 26,1 x 21,1 cm

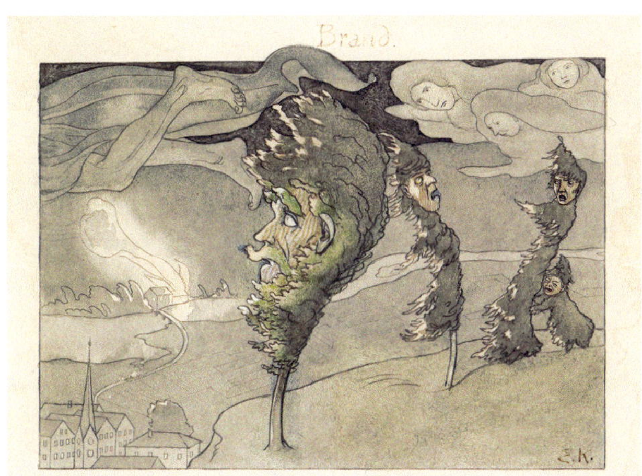

Ernst Kreidolf: Brand. Zu: *Die schlafenden Bäume*; vor 1901
Bleistift, Tuschfeder, Aquarell auf Papier; 26,1 x 21,1 cm

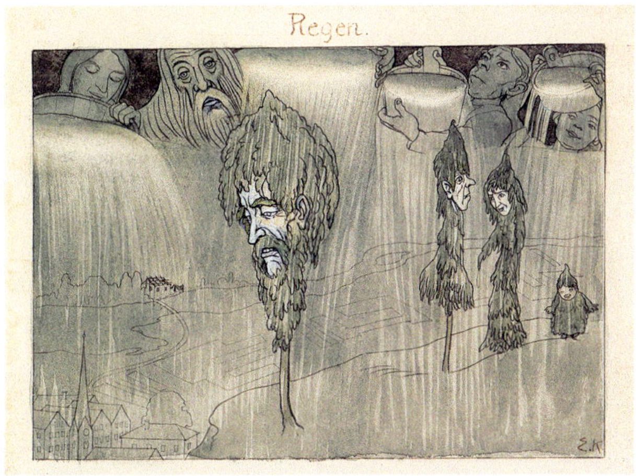

Ernst Kreidolf: Regen. Zu: *Die schlafenden Bäume*; vor 1901
Bleistift, Tuschfeder, Aquarell auf Papier; 26,1 x 21,1 cm

1 Heinrich Heine, Du bist wie eine Blume. In: *Buch der Lieder*, Zyklus „Die Heimkehr", Gedicht 47. Hamburg 1827.

2 Vgl. https://en.wikipedia.org/wiki/Rose_is_a_rose_is_a_rose_is_a_rose (aufgerufen am 21.12.2019).

3 Ernst Kreidolf, *Lebenserinnerungen*. Hg. v. Jakob Otto Kehrli, Zürich 1957, S. 123.

4 Robert Walser, Cézannegedanken. In: *Das Gesamtwerk*, Band VIII, Genf und Hamburg 1967, S. 289.

5 Andreas Weber, Zurück zur beseelten Natur. Plädoyer für einen Perspektivwechsel. In: *SWR2 Wissen: Aula*, 25. November 2018, 8:30 Uhr. Download des Manuskripts, S. 7f.

6 Hermann Hesse, Zum fünfzigsten Geburtstag Ernst Kreidolfs. In: *Münchner Zeitung*, 7. Februar 1913.

7 Heinrich Ernst Kromer, Ein Kindermaler. In: *Über Land und Meer. Allgemeine illustrirte Zeitung*, 50. Jg., Bd. 100, 1908, S. 77f.

8 Henriette Mentha, Pflanzen. In: *Das Leben ein Traum. Ernst Kreidolf*, Ausst.-Kat. Bern (Kunstmuseum Bern) 1996, S. 105.

9 *Sonderabdruck aus dem Dresdner Anzeiger vom 3. Januar 1897*. Wilhelm-Fraenger-Archiv Potsdam SB 265, 99/277.

10 Brief von J. A. Steinkamp an Ernst Kreidolf vom 11. Juli 1897. Zit. n. Roland Stark, *Ernst Kreidolf – der Malerpoet und seine Verleger*. Frauenfeld 2005, S. 145.

11 Die beiden Künstler waren Hermann Obrist (1862–1927) und Franz August Otto Krüger (1868–1938). Siehe dazu Stark 2005 (wie Anm. 10), S. 163f.

12 *Börsenblatt für den deutschen Buchhandel*, 28.10.1903, S. 8618.

13 Dresdner Anzeiger 1897 (wie Anm. 9).

14 Ernst Kreidolf hat bei seinen Bilderbüchern zunächst die Bilder angefertigt und danach zum Bildthema den Text entworfen. Bei *Die schlafenden Bäume* scheint er aber vorher ziemlich deutlich gewusst zu haben, wie die Handlung abläuft. Er hätte sonst die malerischen Komponenten nicht so textgerecht gestalten können.

15 Andreas Bode, Ernst Kreidolfs Werk und das neue deutsche Bilderbuch. In: *Das Leben ein Traum. Ernst Kreidolf*, Ausst.-Kat. Bern (Kunstmuseum Bern) 1996, S. 40.

16 Zit. n. Hans Ries, *Illustration und Illustratoren des Kinder- und Jugendbuchs im deutschsprachigen Raum 1871–1914*. Osnabrück 1992, S. 133.

17 Ries 1992 (wie Anm. 16), S. 133.

18 Ilse von Dorer, Jugendschriften. In: *Eckart. Ein deutsches Literaturblatt*, 2. Jg., 1907/08, S. 676.

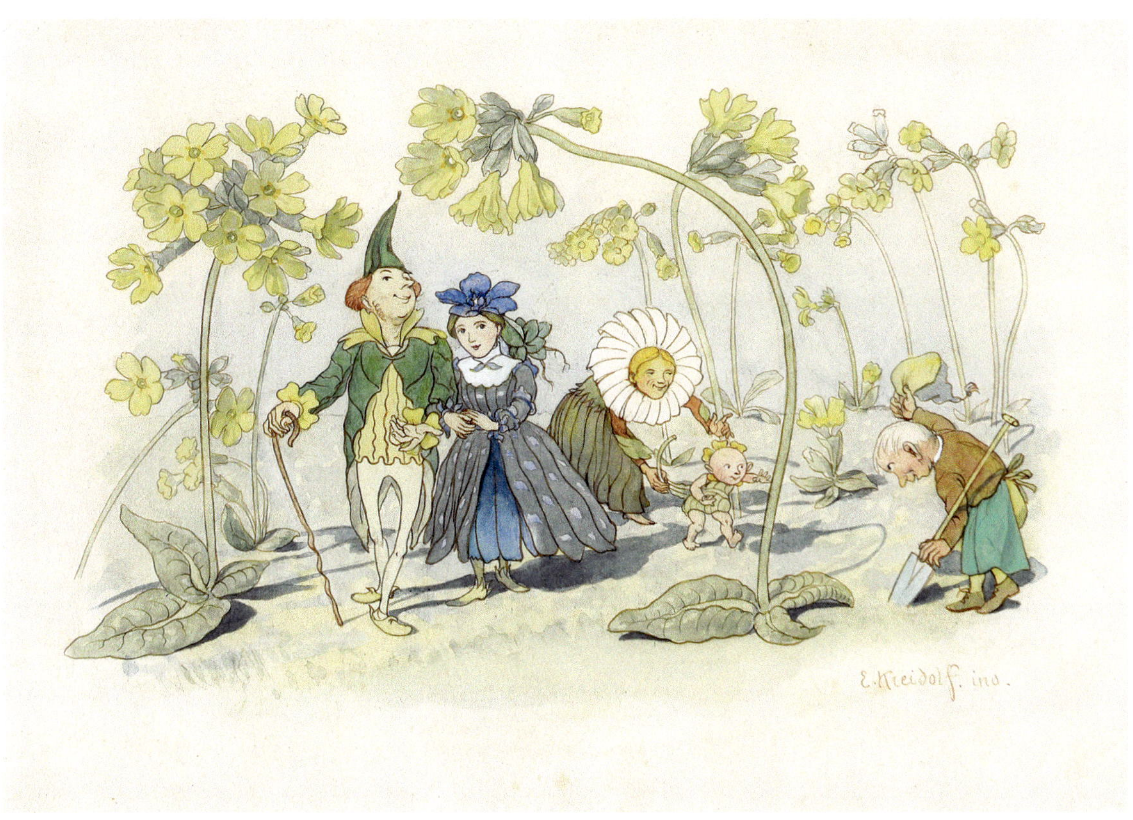

Ernst Kreidolf: Der Schlüsselblumengarten. Zu: *Blumen-Märchen*; vor 1898
Tuschfeder, Aquarell auf Papier; 21,5 x 30,2 cm

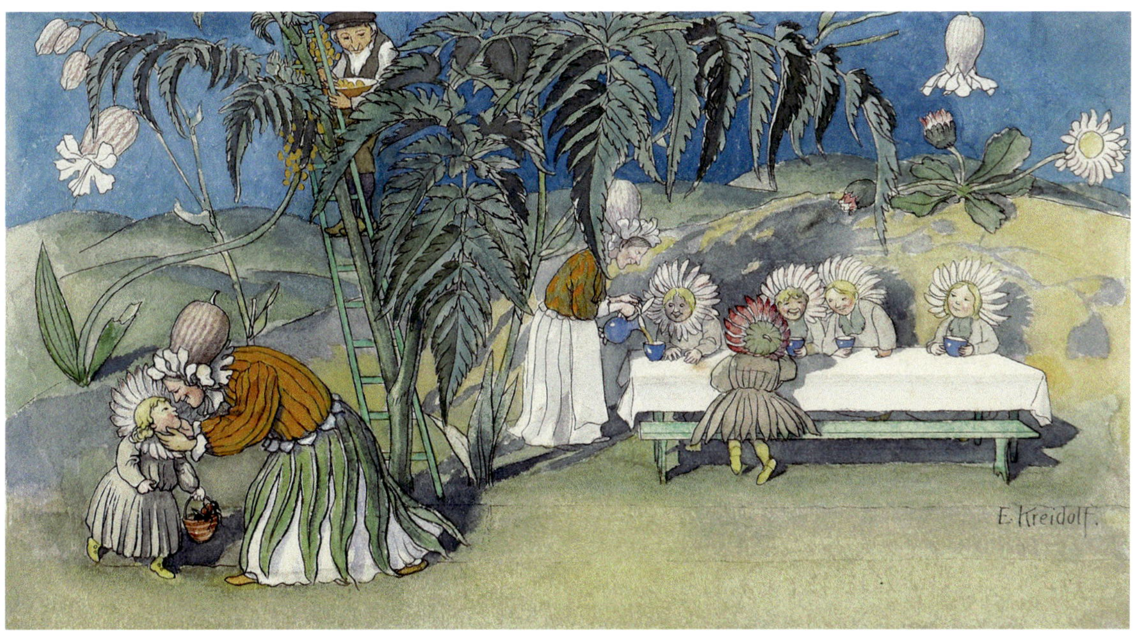

Ernst Kreidolf: Der Gänseblümchentee. Zu: *Blumen-Märchen*; vor 1898
Tuschfeder, Aquarell auf Papier; 21,5 x 30,2 cm

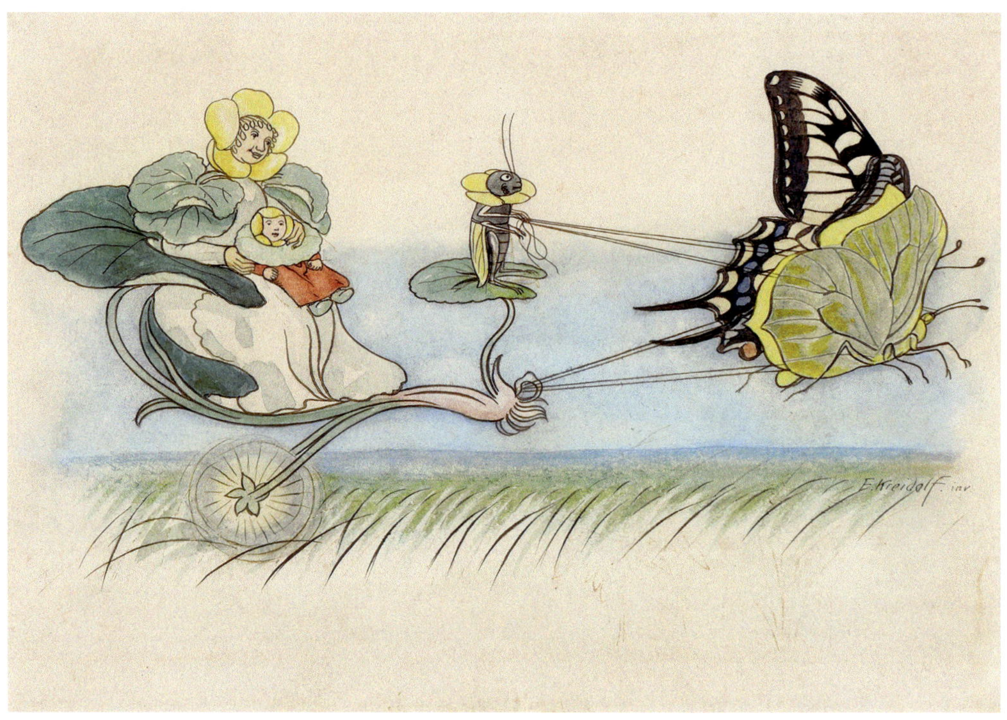

Ernst Kreidolf: Butterblumes Ausfahrt. Zu: *Blumen-Märchen*; vor 1898
Tuschfeder, Aquarell auf Papier; 21,5 x 31 cm

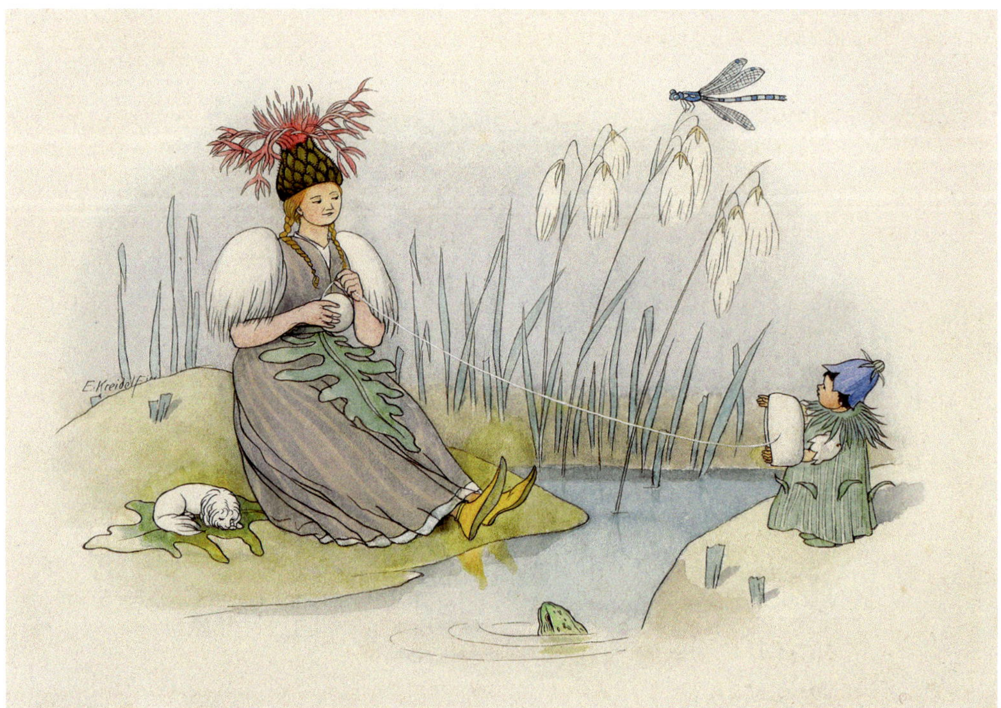

Ernst Kreidolf: Flockenblume und Glöckchen. Zu: *Blumen-Märchen*; vor 1898
Tuschfeder, Aquarell auf Papier; 21,6 x 31 cm

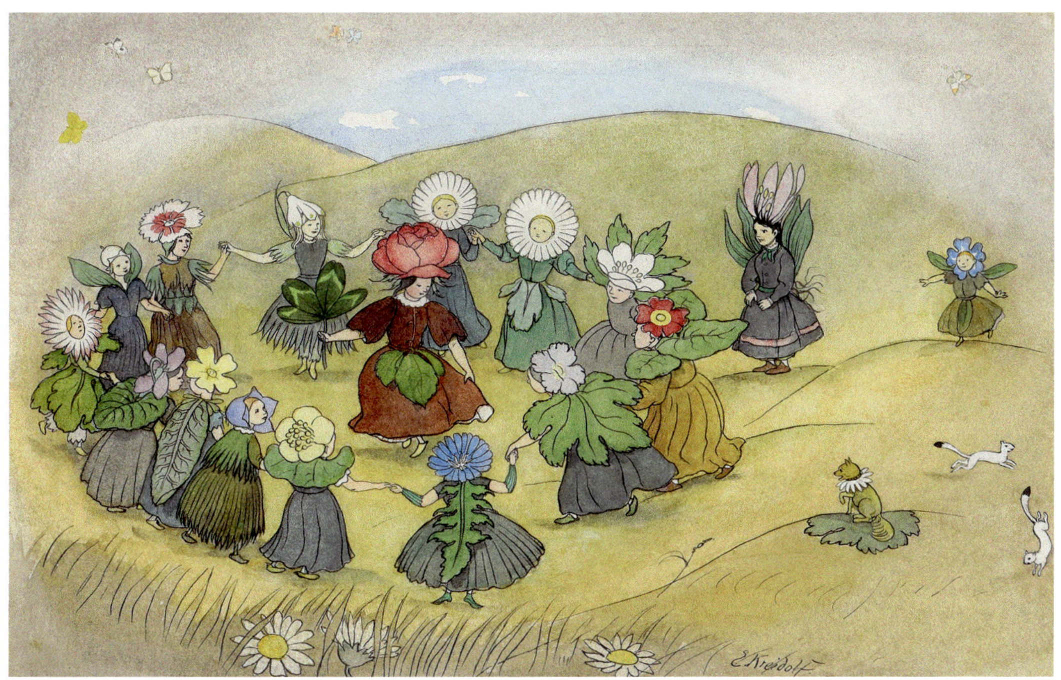

Ernst Kreidolf: Ringelreihen. Zu: *Blumen-Märchen*; vor 1898
Tuschfeder, Aquarell auf Papier; 18,5 x 29 cm

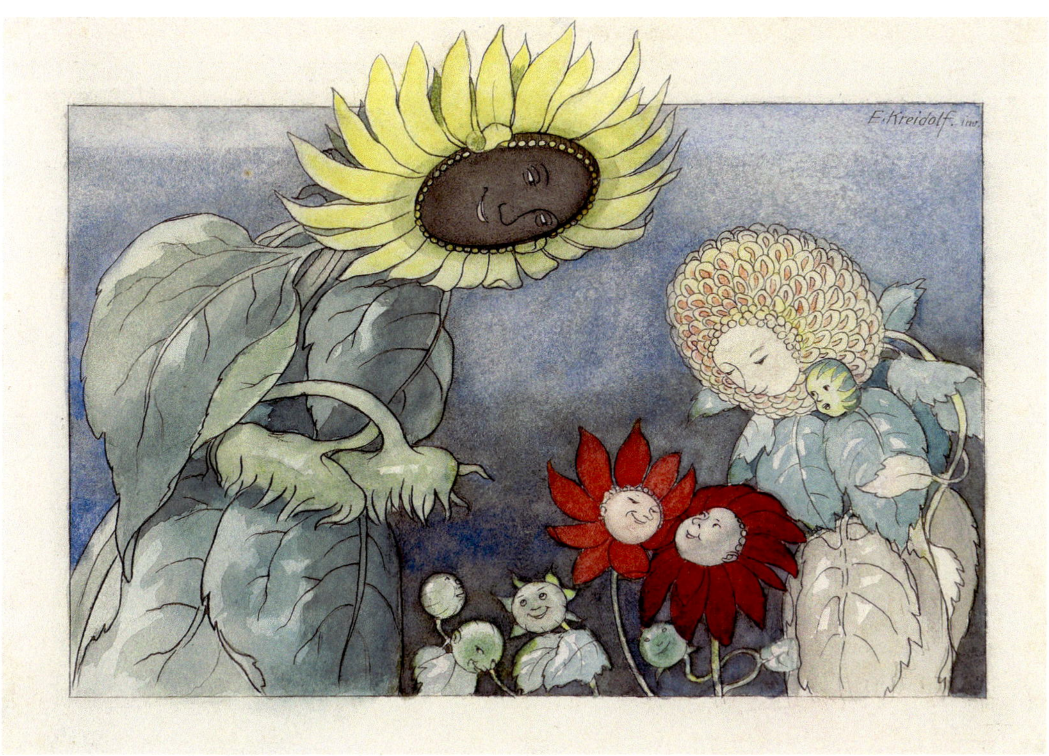

Ernst Kreidolf: Sonnenblume und Georgine. Zu: *Blumen-Märchen*; vor 1898
Tuschfeder, Aquarell auf Papier; 21,8 x 31,2 cm

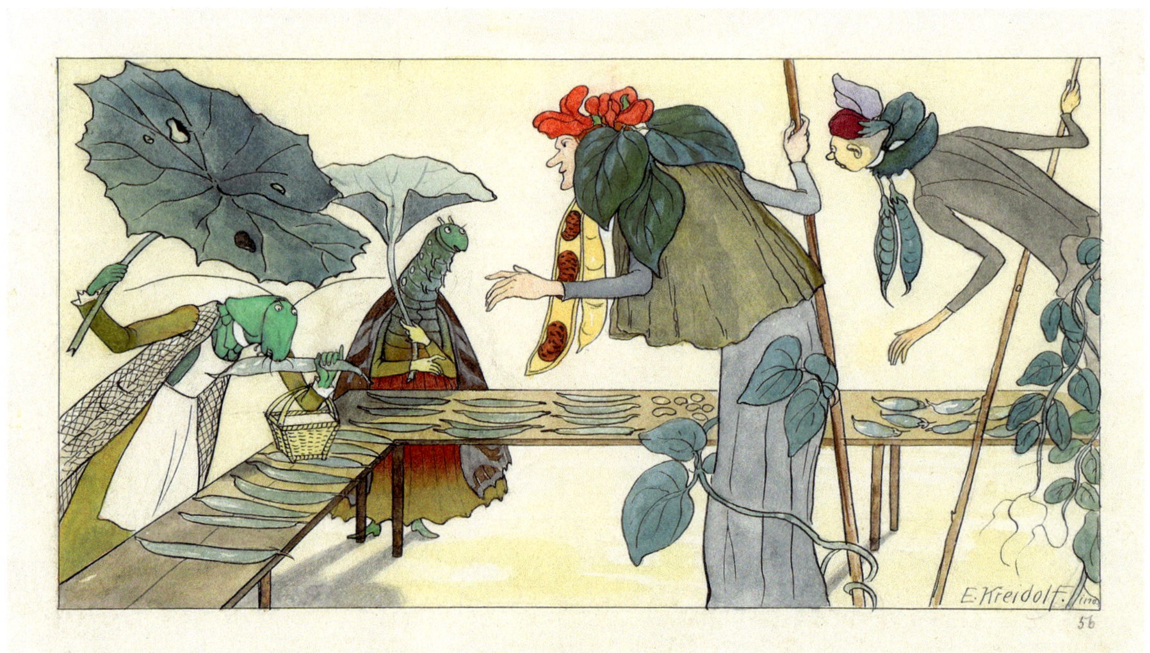

Ernst Kreidolf: Der Gemüsemarkt. Zu: *Blumen-Märchen*; vor 1898
Tuschfeder, Aquarell auf Papier; 21,8 x 31,2 cm

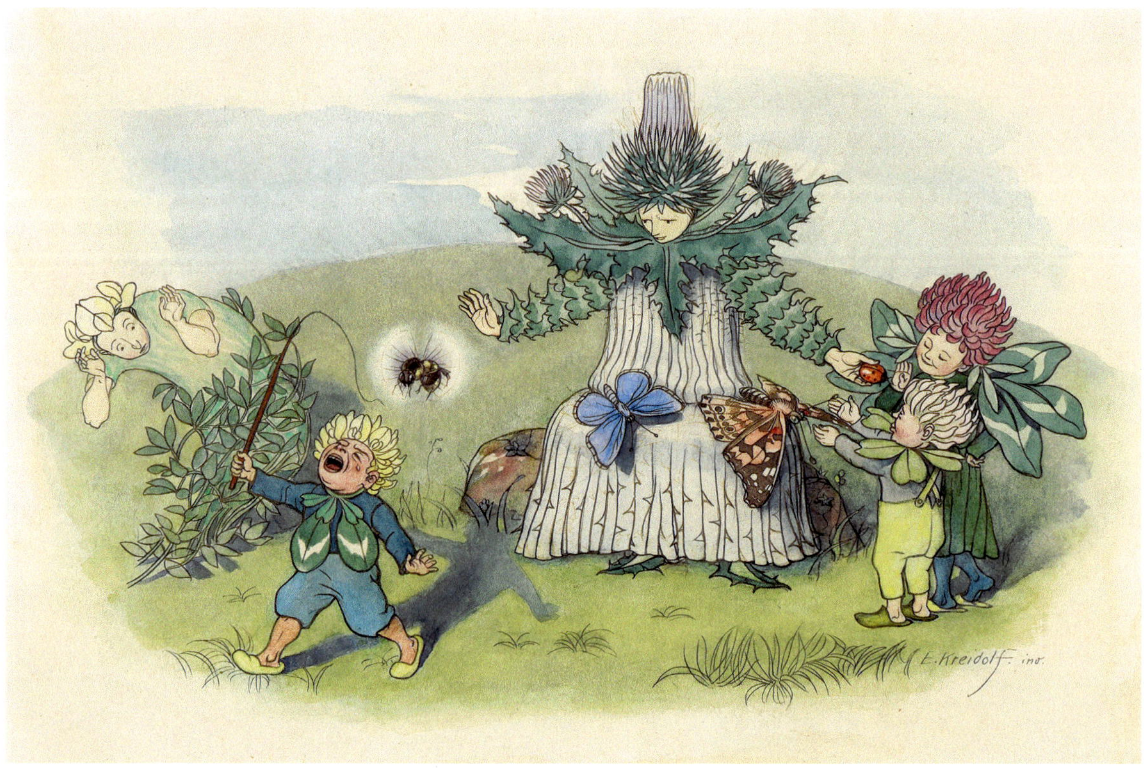

Ernst Kreidolf: Gute und böse Kinder. Zu: *Blumen-Märchen*; vor 1898
Tuschfeder, Aquarell auf Papier; 21,8 x 31,4 cm

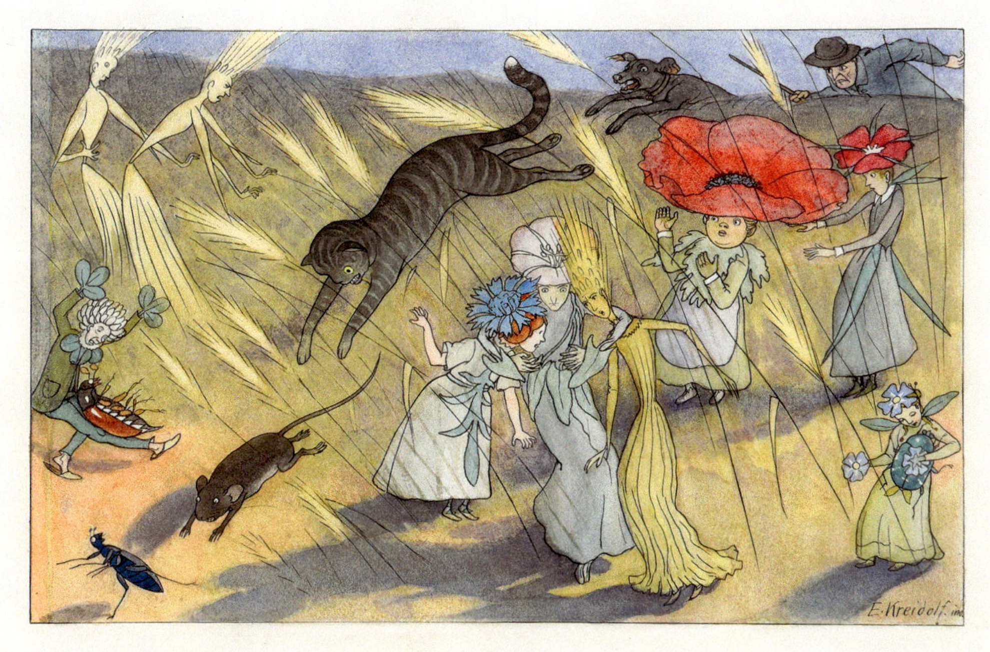

Ernst Kreidolf: Eine wilde Jagd. Zu: *Blumen-Märchen*; vor 1898
Tuschfeder, Aquarell auf Papier; 21,7 x 31 cm

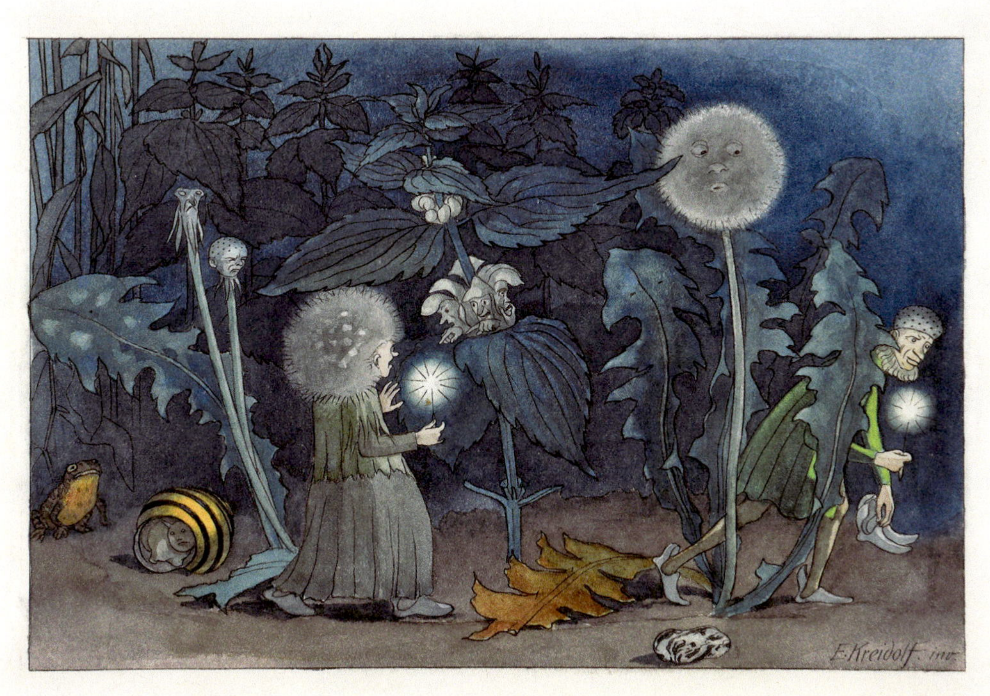

Ernst Kreidolf: Die Diebe. Zu: *Blumen-Märchen*; vor 1898
Tuschfeder, Aquarell auf Papier; 21,7 x 31,1 cm

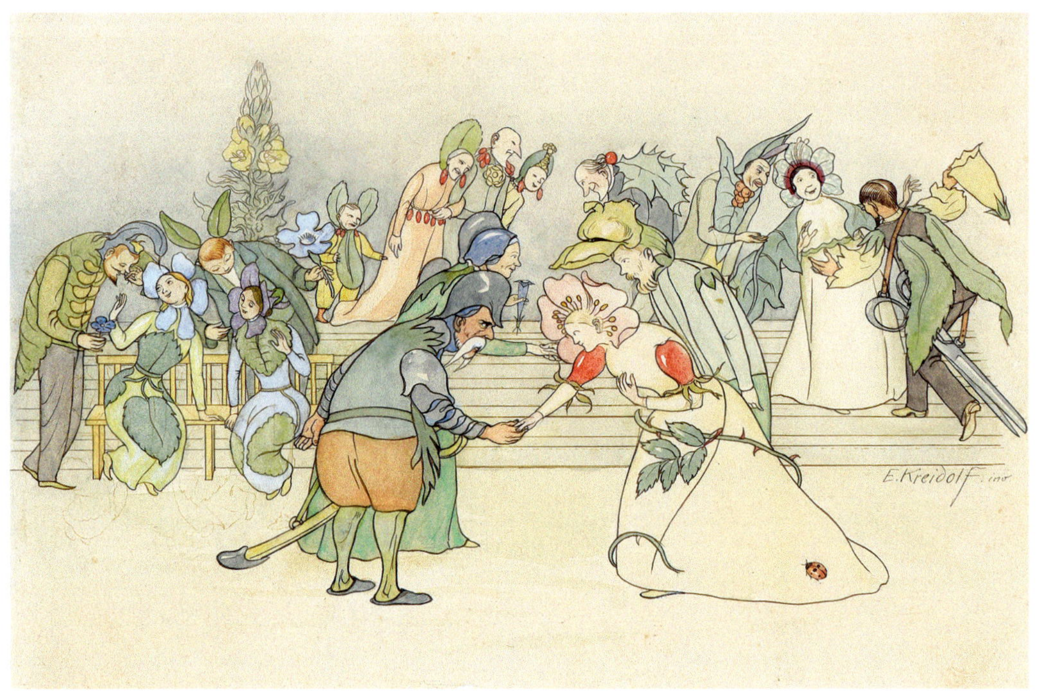

Ernst Kreidolf: Der Empfang der Hochzeitsgäste. Zu: *Blumen-Märchen*; vor 1898
Tuschfeder, Aquarell auf Papier; 21,5 x 31,1 cm

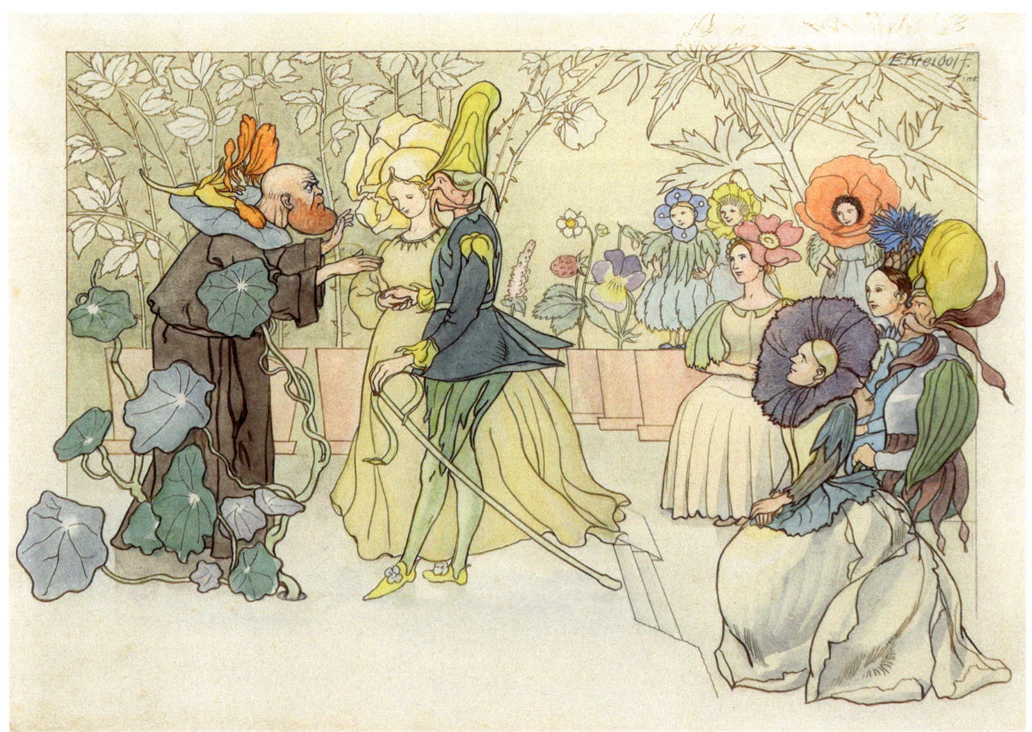

Ernst Kreidolf: Die Hochzeit. Zu: *Blumen-Märchen*; vor 1898
Tuschfeder, Aquarell auf Papier; 21,5 x 31,1 cm

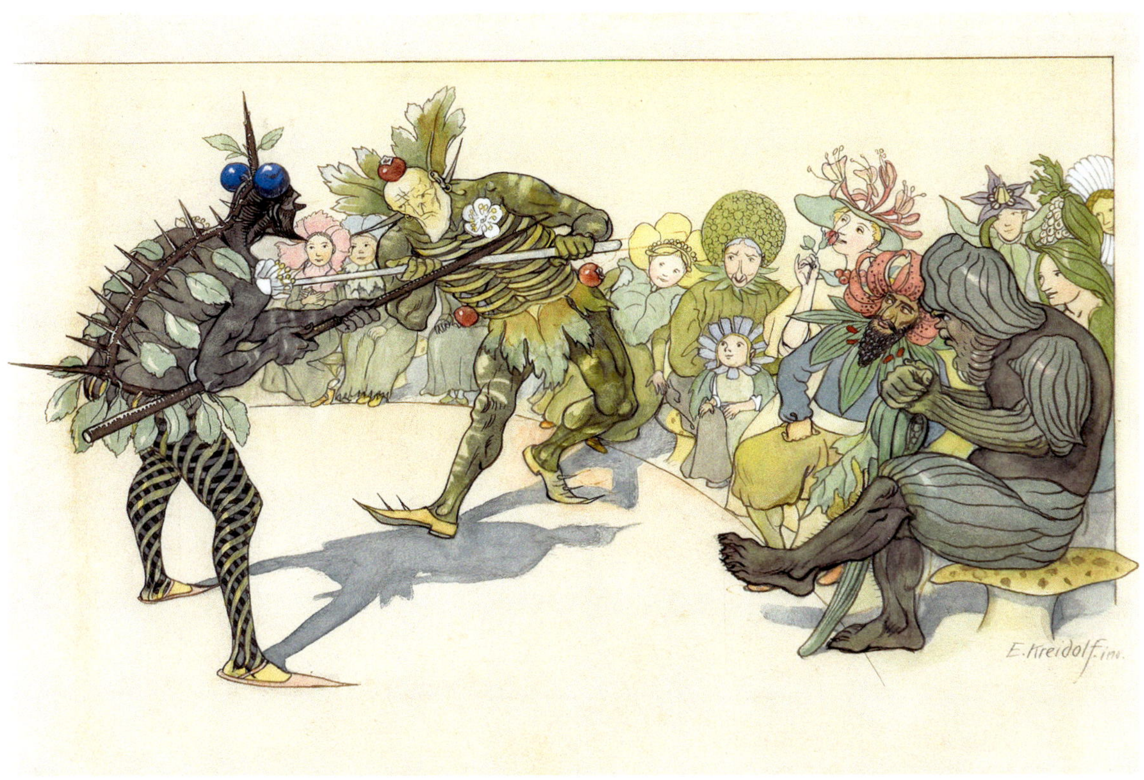

Ernst Kreidolf: Das Kampfspiel. Zu: *Blumen-Märchen*; vor 1898
Tuschfeder, Aquarell auf Papier; 21,7 x 31,3 cm

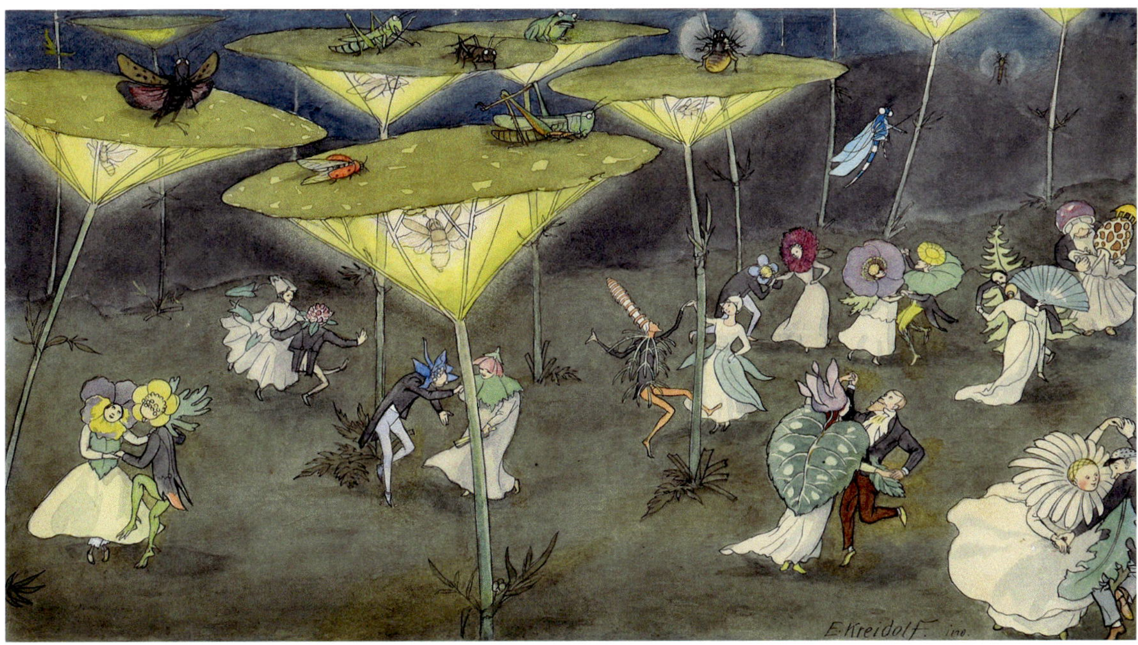

Ernst Kreidolf: Der Ball. Zu: *Blumen-Märchen*; vor 1898
Tuschfeder, Aquarell auf Papier; 14,8 x 26,3 cm

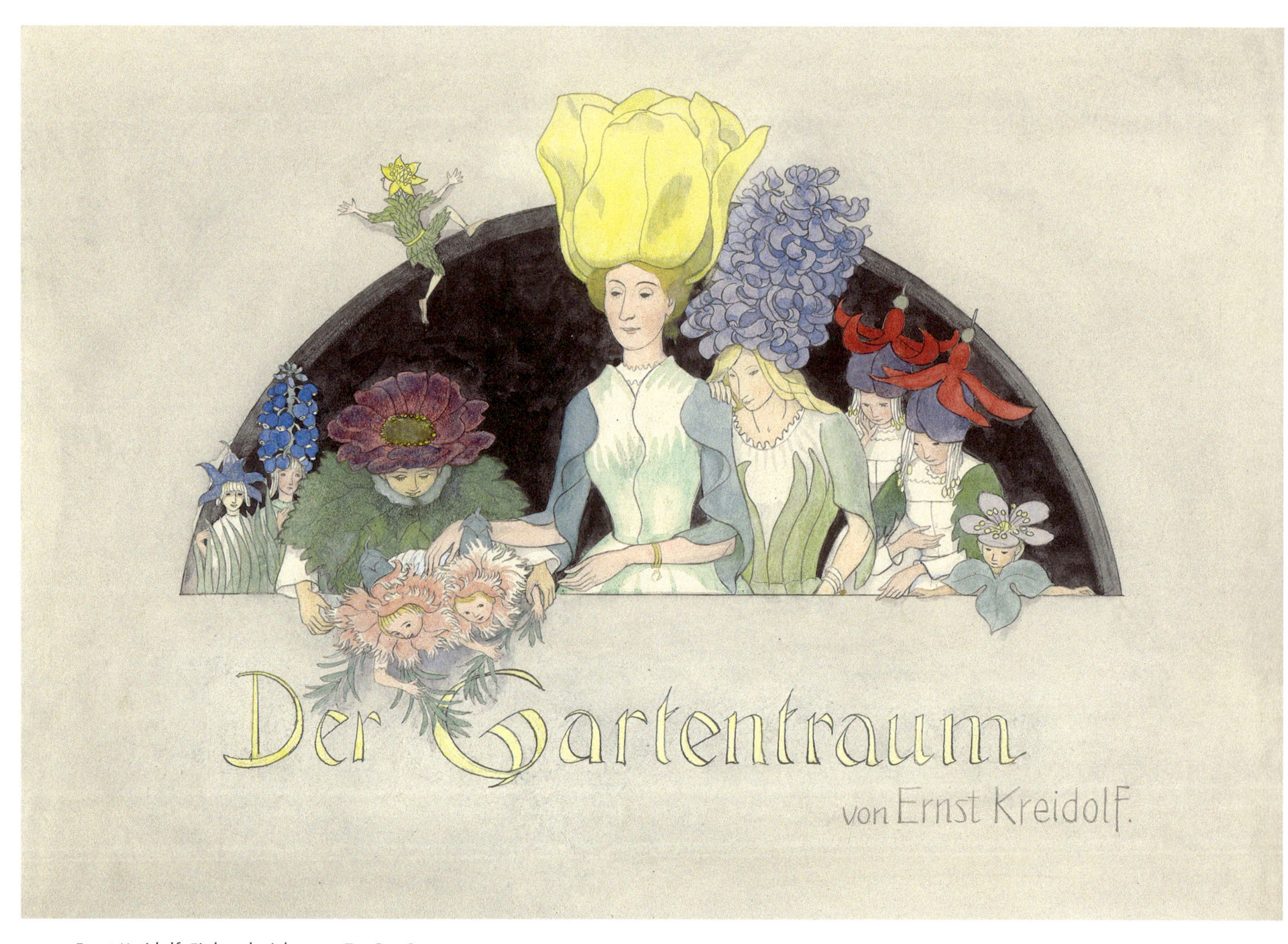

Ernst Kreidolf: Einbandzeichnung. Zu: *Der Gartentraum*; vor 1911
Tuschfeder, Aquarell auf Papier; 25 x 34,3 cm

Marianne Wackernagel

HIRTENTÄSCHCHEN, HAHNENKAMM UND TOLLKIRSCHE. BEOBACHTUNGEN ZU ERNST KREIDOLFS *GARTENTRAUM*

„Obwohl ich mir vorgenommen hatte, keine Blumenmärchen mehr zu machen, musste ich mir doch oft sagen, wenn ich an einem Blumengarten vorbeiging: was sind das für prächtige und für die Vermenschlichung verlockende Gestalten, diese Gartenblumen. Wieder kam der Gedanke, wenn du solch ein Bilderbuch nicht bald machst, so macht's ein anderer und vielleicht nicht so gut, wie du es könntest! In Gott's Namen halt, aber dann nie mehr." So beschreibt Ernst Kreidolf in den *Lebenserinnerungen* die Entstehung des *Gartentraums*, seines sechsten, 1911 publizierten Bilderbuches.[1] Es wurde das letzte, das im Kölner Kinder- und Jugendbuchverlag von Hermann Schaf[f]stein erschien.[2] Wie bei seinen Vorgängern hatte der Künstler die Bilder nicht nur entworfen, sondern auch eigenhändig lithographiert; hier sind die Originalvorlagen abgebildet.[3] Gedruckt wurde bei Wolf & Sohn in München.[4] Die Aquarelle für die späteren Bilderbücher wurden hingegen photomechanisch reproduziert.[5]

Der Gartentraum besteht aus 16 ganzseitigen Bildern, denen Kreidolf jeweils ein selbstverfasstes Gedicht gegenübergestellt hat.[6] Während die nummerierten Textseiten beidseitig bedruckt sind, blieben bei den aufwendigen Farblithographien die Rückseiten frei. Da sich zwei Bilder ein gefaltetes Blatt teilen, kommen die Bilder bald rechts, bald links zu stehen; zwischen den Bild-Text-Paaren finden sich leere Doppelseiten.[7] Ein „Deckelbild" auf dem kartonierten Umschlag (Abb. S. 34), zweifarbig bedrucktes Vorsatzpapier, eine kalligraphisch gestaltete und mit Pflanzenornamenten versehene Titelseite und ein „Verzeichnis der Blumennamen", neben Verlagswerbung im Anhang, vervollständigen das Buch, dessen Format – der Buchblock misst 25,4 x 33,8 cm – einem bis heute sehr beliebten Bilderbuchformat entspricht.

Entgegen Kreidolfs Aussage, die Gartenblumen erwarten lässt, ist die thematische Vielfalt der Bilder groß, wobei sich ihre Anordnung mit dem Frühling beginnend am Jahreslauf orientiert.[8] Meistens sind die personifizierten Blumen als große Einzelfiguren dargestellt, die Orte sparsam, oft nur durch eine Bodenlinie, angedeutet. Die Landschaftsszenerie der *Alpenblumen* (8) und die Apothekenauslage von *Der Gundermann und der kriechende Günsel* (10) sind Ausnahmen (Abb. S. 43, 44). Ob wir in Feld oder Wald sind, verrät in der Regel der Text, wenn nicht unsere Kenntnis der gezeigten Pflanzen. Bildliche Hinweise auf einen Garten als eingefriedetes Stück Kulturland gibt es einzig im Blatt *Clematis* (14) mit seinem Zaun, auf dem sechs musizierende Clematis- und Waldreben-Frauen Platz genommen haben: „Clematis blau, Clematis weiß, / In sommerheller Nacht – / Sie haben in meinem Garten leis / Ein Ständchen mir gebracht" (Abb. S. 46). So wird der Garten im Begleitgedicht dem lyrischen Ich zugewiesen – nur hier kommt es vor, was *Clematis* zusätzlich heraushebt; eingangs wird der Moment der Bildfindung heraufbeschworen: „Es blüht im hohen Laubgewind. / Gestalten sich erheben. / Ich hör' im leichten Abendwind / So süße Töne schweben. Clematis blau, Clematis weiß […]." In der Dämmerung erlebt das Ich, wie die Schlingpflanzen zu agierenden Figuren werden.

Eine Nähe zu privater Häuslichkeit scheint auch in *Petunie, Betonie, Begonie* (6) auf, wo die Begonie das schützende Gewächshaus nicht verlassen will, und in *Winterblumen* (16): „[...] Nur Eisblumen blühen am Fenster, / Wie luftige, bleiche Gespenster. [...] Die Morgensonne am Fenster glüht; / Im Zimmer die rote Christblume blüht. / Es steigt ein lebendiger Reigen / Aus des Winters Tod und Schweigen" (Abb. S. 42, 47). Am Ende des Buches wird die Zimmerpflanze zur Vorbotin neuen Lebens und verweist wieder an den Anfang, auf *Frühlingsflug* (1), wo zwei Küchenschellen-Mädchen die auf Libellen herbeifliegenden exotischen Blumen begrüßen – „Die Osterblumen, / Sie warten so bang; / Auf die Sonne, die warme – / Wie säumt sie so lang!" (Abb. S. 37). Durch die Blume gesagt klingen im Zyklus der Jahreszeiten die Ereignisse des Kirchenjahrs mit Christblume (16), Osterblumen (1) und *Pfingstrose* (4) mit an. Dieser Motivstrang kulminiert in der eindrücklichen *Passiflora* (15), flankiert von Christusdorn und Judaspfennig: „Er verhüllt sein Gesicht mit einem Blatt, / Weil er den Herrn verraten hat." Dabei deuten die zu Füßen der monumentalen Trauerfiguren sich tummelnden Blutströpfchen-Kinder eine versöhnliche, kindgerechte Wendung an – „Blutströpfchen dunkelrot erblüh'n – / Ist alles vergeben, ist alles verzieh'n"[9] (Abb. S. 47). Selbstredend schließt Kreidolf hier an die in den volkstümlichen Namen der Pflanzen angelegten Deutungen an. Auf diese Weise verfährt er auch in *Der Hahnenkampf* (9), wo Blumen, die nach Tieren benannt sind – „Adlerfarn, Natterkopf, Hirschzunge, Gamsbart, Eberwurz, Bocksbart, Bärlapp, Wolfsmilch, Löwenzahn, Fuchsschwanz, Storchschnabel, Katzenpfötchen, Hasenheide", wie im Verzeichnis zu lesen ist –, dem ungleichen Kampf zwischen rotem und gelbem Hahnenkamm beiwohnen (Abb. S. 44). Eine Fabel mit zweifelhafter Moral, wird doch dem Verlierer geraten, die Provokation des Stärkeren zu überhören, statt den Kampf zu suchen: „Er war zu schwach und war zu klein, / Er hätte sollen bescheidener sein!" Ein weiteres Pflanzentier, die Hundszunge, begegnet in *Hirtentäschchen und Schafgarbe* (3), und auch in *Jungfer im Grünen* (5) wird der Name wörtlich genommen, während das Kriechen des leidenden Günsels – es „reißt" ihn „allenthalben" – Anlass gibt, die Welt der Heilpflanzen darzustellen.[10] (Abb. S. 38, 42, 44).

Wenngleich der Garten im *Gartentraum* kaum vorkommt, so doch sein Prinzip, verschiedene Pflanzen miteinander in Beziehung zu setzen. In den 16 Bildern sind es meist zwei, drei Blumen oder Kräuter, die sich gegenüberstehen, manchmal von Nebenfiguren begleitet. Die Art der Begegnung ist dabei höchst unterschiedlich, mal geht es um Verwandtschaft und Nähe, mal um Gegensätzlichkeit; vom Kampf und von der Beziehung zwischen Hilfesuchendem und Helfer war schon die Rede. Nur bei den *Alpenblumen* (8) wird das Miteinander einer Gruppe geschildert, nur hier geht es um eine natürliche Gemeinschaft, ein Biotop (Abb. S. 43). *Hirtentäschchen und Schafgarbe* (3) zeigt zwar ebenfalls Pflanzen, die in der Natur zusammen vorkommen, und bezeichnenderweise ist hier die Umgebung auch weniger abstrakt als auf anderen Blättern, doch im Zentrum steht die Konfrontation einer alten, vordergründig freundlichen, lockenden bis manipulativen Schafgarben-Frau mit einem jungen, ratlos-zögerlichen Hirtentäschchen-Mädchen (Abb. S. 38). Aus morphologischen Eigenheiten der Pflanzen – das Zähe, Sehnige hier, das Feingliedrige, Zittrige da – entwickelt Kreidolf gegensätzliche Charaktere und lässt aus ihrem Aufeinandertreffen eine kleine Szene entstehen. So werden Pflanzen sprechend, erhalten eine Stimme. Einige Gedichte enthalten gar Passagen in direkter Rede (Blatt 3, 6, 9, 10, 13). Ein innerer Monolog findet sich dagegen im Gedicht zu Blatt fünf: „Jungfer im Grünen / Sitzt und lauscht – / Blauer Stern, Ach wie gern / Möcht ich sein / Ein Bräutelein – / Aber mein grünes Haar / Verdeckt mich ganz und gar." Zwei potentielle Kandidaten, der freudlose „Herr Goldlack", „Denkt nur ans Geld", und „Herr Phlox", „Der ist so nett – ja, wer den hätt'!", übersehen das dreifach dargestellte Mädchen im grünen Gestrüpp. Auf den einen reagiert es abwehrend, auf den anderen schmachtend, doch auch dieser wird als zu leicht befunden; nachdenklich-kokett sehen wir es nochmals im Vordergrund: „Bald kommt der Dritte fein, / Das wird der rechte sein" (Abb. S. 42). Spielerisch-leicht kommt das bekannte Märchenmotiv der Gattenwahl hier in Bild und Wort zum Tragen. Eine unheimlich-düstere Variante dieses Motivs stellt *Der Salomonssiegel* (13) dar, wo die drei „Königstöchter" Wiesenraute, Rapunzel und Akelei den „Zaubrer im finstern Wald" zu ihrer Zukunft befragen und von ihm eine „Kette von Gold" erhalten, „Mit der ihr die Freier umschlingen sollt" (Abb. S. 46). Wie der Untertitel des Buches ankündigt, sind im *Gartentraum* „Neue Blumenmärchen" versammelt.[11] „Es war einmal in alter Zeit", beginnt *Schwertlilien* (12), abgebildet sind in Kampfposen erstarrte rivalisierende Lilien (Abb. S. 45). „Es kam einmal zur Sommerszeit / Ein schöner Ritter her", heißt es zu Blatt zwei, *Der Ritter mit dem Wunderstab*, der den Blumen ihr Welken ankündet: „Er schüttelte den Wanderstab / Sacht über jeden hin: / Soviele Sterne fielen ab /

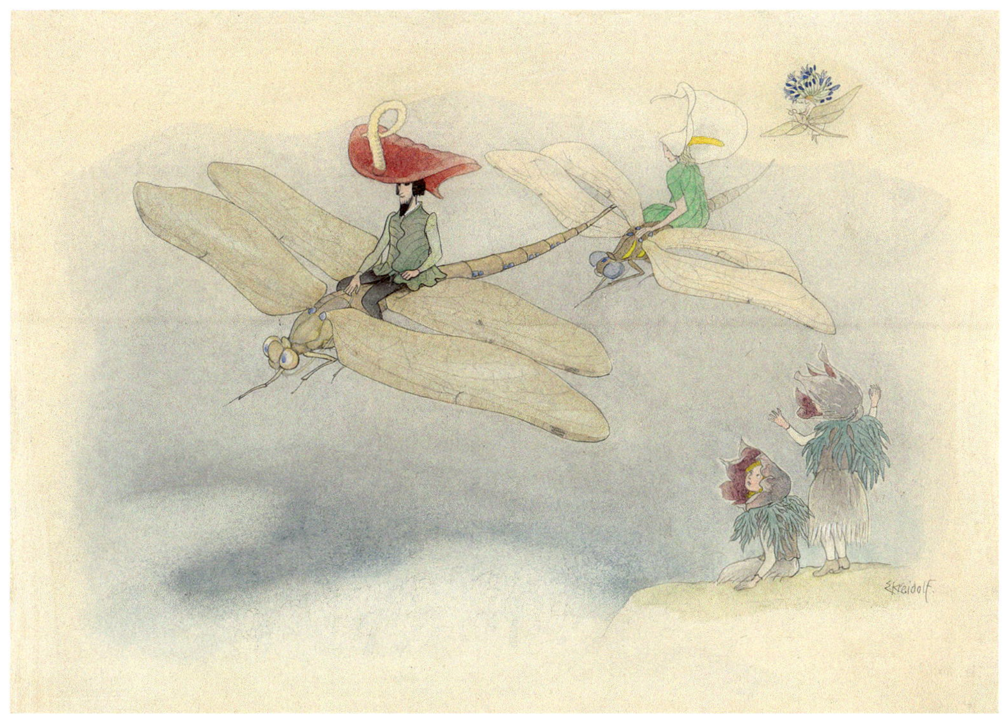

Ernst Kreidolf: Frühlingsflug. Zu: *Der Gartentraum*; vor 1911
Tuschfeder, Aquarell auf Papier; 25 x 34,3 cm

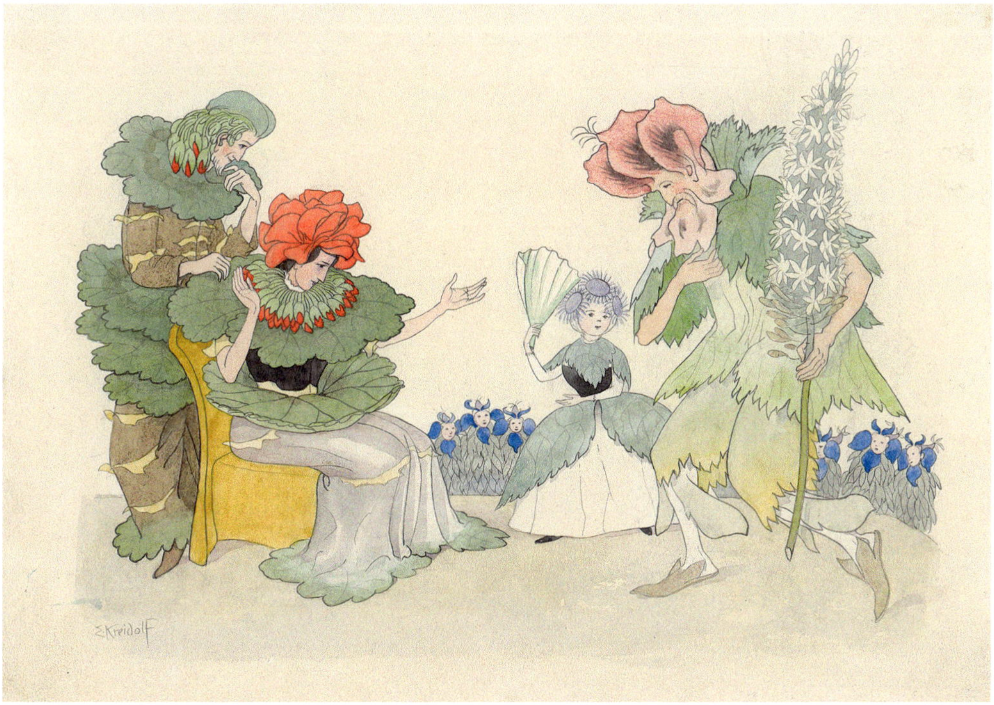

Ernst Kreidolf: Der Ritter mit dem Wunderstab. Zu: *Der Gartentraum*; vor 1911
Tuschfeder, Aquarell auf Papier; 25 x 34,3 cm

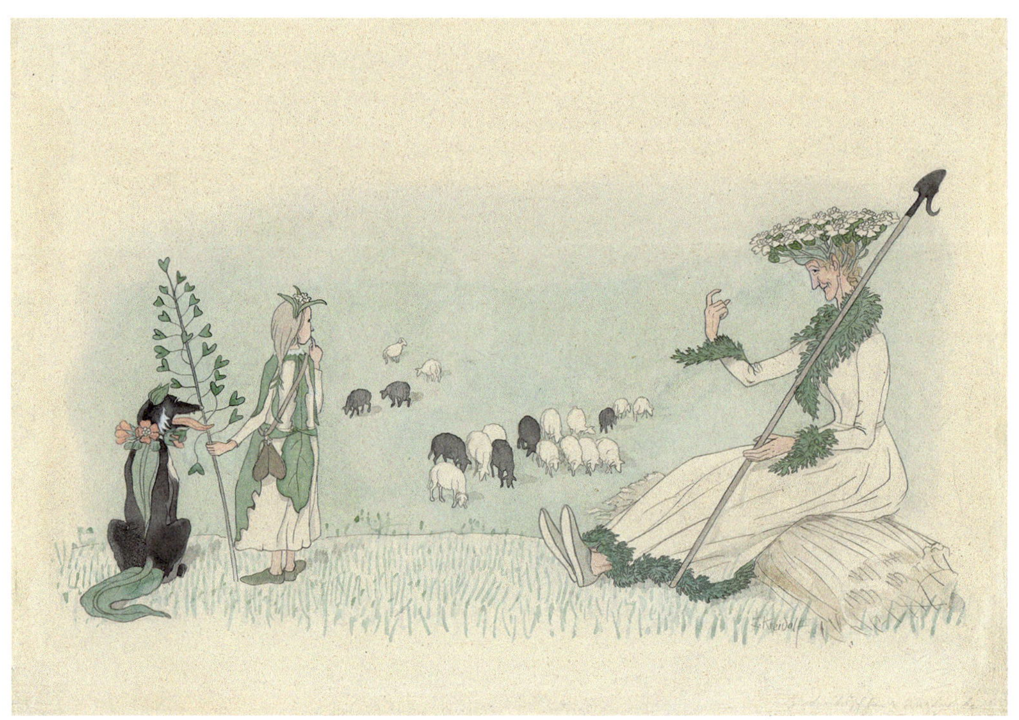

Ernst Kreidolf: Hirtentäschchen und Schafgarbe. Zu: *Der Gartentraum*; vor 1911
Tuschfeder, Aquarell auf Papier; 25 x 34,3 cm

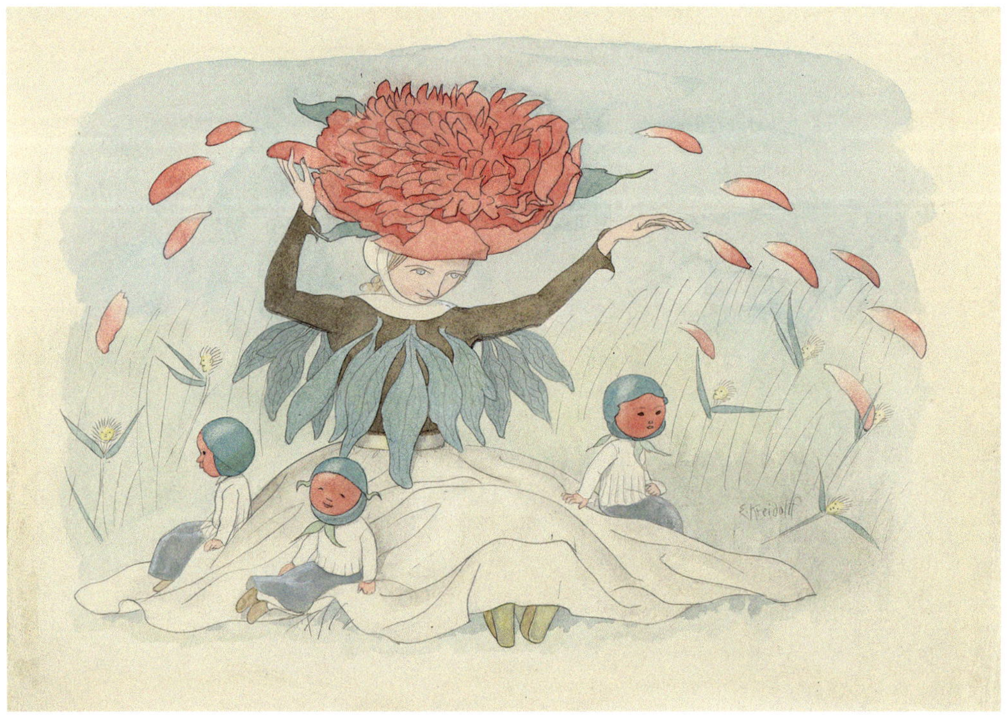

Ernst Kreidolf: Pfingstrose. Zu: *Der Gartentraum*; vor 1911
Tuschfeder, Aquarell auf Papier; 25 x 34,3 cm

Als Tage ihm verlieh'n." Das Bild zeigt eine Szene am Hof, eine typische Märchensituation: der Pelargonium-Ritter, von einer Ageratum-Hofdame geleitet, nähert sich ehrerbietig dem ihn huldvoll erwartenden Geranien-Königspaar (Abb. S. 37).
Märchenmotive, Verweise auf mittelalterliche Ritterromane[12], biblische Anspielungen, eine Tierfabel finden sich im *Gartentraum*, *Am Wasser* (7) schließlich greift den Narziss-Mythos auf. Während sich die selbstverliebte Narzisse über den Wasserspiegel beugt, spazieren im Hintergrund einige prächtige Blumenfrauen vorbei (Abb. S. 43). Diese Damen mit ihren modischen Blumenkostümen sind Grandvilles „Les fleurs animées" (1847) am nächsten.[13] Wer die Schönste sei, bleibt offen, vielleicht ist es der Seerosen-Jüngling, der unverstellt den Blick der Betrachtenden sucht. Sinn für Komik beweist Kreidolf nicht nur mit diesem Blatt. Ein ganz anderer Ton wird dagegen in *Die Brennessel und die Giftpflanzen* (11) angeschlagen (Abb. S. 45): „Was regt sich verdächtig auf kahler Trift? / Giftpflanzen zischen: ‚Gift, Gift, Gift!' / Was naht sich so zornig, was stäubt und rennt? / Die Brennessel zetert: ‚Brennt, brennt, brennt!'" Das Unheimliche und Bedrohliche der Litanei wird noch gesteigert, indem die Lesenden direkt angesprochen werden: „Der Giftschierling hält den tödlichen Trank; / Nachtschatten macht dich elend und krank. / Die Einbeer' mit der Tollkirsche grinst und lacht: / Sie haben den Tod dir zugedacht." Doch wie schon in *Passiflora* endet das Gedicht versöhnlich: „Fort, fort von hier! o Schrecken, o Graus! / Lasst fliehen uns schnell aus dem Walde hinaus!" Zusammen sich zu fürchten, ist am schönsten, Angstlust nicht nur bei Kindern beliebt. Das Bild der Giftpflanzen ist ebenso effektvoll schauerlich. Der haarigen Brennnessel-Alten bläst der Tabak-Pfeifenraucher – volkserzieherisch korrekt auch er eine Giftpflanze – den Rauch ins Gesicht, während der gelbhäutige Stechapfel, der ausgezehrte Schierling, Nachtschatten, Einbeere und Tollkirsche zusehen, letztere beide erscheinen besonders gruselig mit ihren kugeligen, glänzend-schwarzen Beerenköpfen.
Der Gartentraum ist abwechslungsreich in Bild und Text, einen Hauptreiz im Arrangement stellt der Kontrast, der Umschwung der Gefühle dar. Auf ein heiteres Bild-Text-Paar folgt ein unheimliches, auf ein sanftes ein heftiges. Diese jähen Wechsel sind etwas, was Kindern nicht nur gefallen mag, es ist auch typisch für ihr Verhalten – eben noch laut gelacht, wird bald herzzerreißend geschluchzt.[14] Und Kreidolf nimmt beides ernst, das kindliche Interesse an heiteren wie an erschreckenden Geschichten. Darin wird mit ein Grund für den Erfolg seiner Bilderbücher liegen.
Jähe Wendungen sind indessen auch typisch für Träume. *Der Gartentraum* trägt seinen Namen nicht nur deswegen zu Recht. In seiner Konzentration auf das Wesentliche, dem das gewohnte Raumgefüge, die üblichen Größenverhältnisse untergeordnet sind, und in den überraschenden Verwandlungen lassen sich Mechanismen erkennen, wie wir sie aus Träumen kennen.[15]
Mehr als vierzig Jahre nach dem Erscheinen von *Der Gartentraum*, 1955, ein Jahr vor Kreidolfs Tod, brachte der Zürcher Rotapfel-Verlag *Der Traumgarten* heraus. Dieses Bilderbuch enthält 18 Bilder, acht aus den 1908 erschienenen *Sommervögeln* und zehn aus *Der Gartentraum*.[16] Kreidolf erreichte damit offensichtlich eine neue Kindergeneration. Es sind jedoch *Sommervögel* und *Gartentraum*, die zu Bilderbuch-Klassikern wurden.[17]

1 Ernst Kreidolf, *Lebenserinnerungen*. Hg. v. Jakob Otto Kehrli. Zürich 1957, S. 127. Kreidolf schreibt hier fälschlicherweise, *Der Gartentraum* sei 1913 erschienen. Die Erstausgabe, wenngleich im Druck ohne Jahr, datiert indessen 1911. Hier zugrunde liegend das Exemplar der Graphischen Sammlung Kunstmuseum Bern (Inv. S 5665 / B(4) 0/140f). – Zu Kreidolf vgl. v. a. Wilhelm Fraenger, *Ernst Kreidolf. Ein Schweizer Maler und Dichter*. Zürich 1917, Neuauflage Berlin 2015; eine prägnante Kontextualisierung seines Anthropomorphisierens von Pflanzen bei Gerte Lexow-Hahn, Pflanzen-Metamorphosen im 19. Jahrhundert. Ernst Kreidolfs Anthropomorphismus. In: *Zeitschrift für schweizerische Archäologie und Kunstgeschichte*, Bd. 47, 1990, S. 71–74.

2 Seinen Erstling, *Die Blumen-Märchen*, hatte Kreidolf 1898 im Kommissionsverlag Piloty & Loehle in München veröffentlicht; in exklusiver Zusammenarbeit mit dem Schaf[f]stein-Verlag waren *Die schlafenden Bäume* (1901), *Die Wiesenzwerge* (1902), *Schwätzchen für Kinder* (1903) und *Sommervögel* (1908) erschienen. Zum Schaf[f]stein-Verlag vgl. Helga Karrenbrock. In: *Geschichte des deutschen Buchhandels im 19. und 20. Jahrhundert*. Hg. v. Börsenverein des Deutschen Buchhandels/Historische Kommission, Ernst Fischer, Stephan Füssel, Teil 2. Berlin/Boston 2012, S. 201 ff. (mit weiterführender Literatur).

3 Kreidolf hatte in Konstanz eine Lithographenlehre bei der Lithographischen Anstalt J. A. Pecht absolviert, da seine Eltern seinen

Wunsch, Künstler zu werden, als zu kostspielig erachteten. Vgl. Kehrli 1957 (wie Anm. 1), S. 39 ff. Die Originalvorlagen zu *Der Gartentraum* befinden sich heute in der Staatlichen Graphischen Sammlung München.

4 Vgl. Impressum (letzte Seite, unpaginiert): „Bilder, Texte, Lithographie der Umrisse von Ernst Kreidolf. – Farblithographie und Druck von Dr. Wolf & Sohn in München."

5 Kreidolf begrüßte dieses Verfahren, weil es ihm die Arbeit erleichterte, aber auch, weil die Bücher dank der geringeren Herstellungskosten „einem ungleich größeren Kreis zugänglich gemacht werde[n]". Kehrli 1957 (wie Anm. 1), S. 129. *Der Gartentraum* war mit sechs Mark vergleichsweise teuer und verkaufte sich nur schleppend; der Erstauflage von 6000 Exemplaren folgte erst 1923 eine zweite. Vgl. Roland Stark, *Ernst Kreidolf – der Malerpoet und seine Verleger*. Frauenfeld 2005, S. 79 f.

6 Kreidolf verstand die Gedichte als „Begleitung zu den Bildern, nicht als Selbstzweck." „Bei allen meinen Bilderbüchern [...] ist immer das Bild das Primäre, das zuerst Entstandene, der Text immer das Sekundäre, die Begleitung dazu." Kehrli 1957 (wie Anm. 1), S. 124.

7 Jeweils auf einem Blatt Bild 1 und 6, 2 und 5, 3 und 4, 7 und 16, 8 und 15, 9 und 14, 10 und 13 sowie 11 und 12.

8 Klar sind vor allem Beginn und Ende mit *Frühlingsflug* und *Winterblumen* gesetzt, in anderen Fällen, v. a. bei lange blühenden Blumen, hätte die Abfolge auch anders sein können. Die Orientierung an der Blütezeit war offensichtlich nur *ein* Kriterium bei der Festlegung der Reihenfolge.

9 Das macht *Der Gartentraum* nicht zu einem religiösen Buch, sondern zeigt lediglich, wie selbstverständlich zur Zeit seines Erscheinens das Kirchenjahr den Alltag bestimmte, zu Hause und in der Schule – und wie weit entfernt wir heute davon sind. Zur *Passiflora* vgl. Fraenger 2015 (wie Anm. 1), S. 69 f.; Marisa Fadoni-Strik und Gabriella Rouf, Ernst Kreidolf Naturalista. In: *Il Covile*, XVIII, Nr. 457 (997), Mai 2018, S. 1–12, S. 6: „le tre piante sembrano esprimere la sofferenza della natura di fronte ad un mistero profondo che trascende l'uomo stesso."

10 Die aus den Schubladen quellenden Pflanzen und ihre Anwendung werden im zugehörigen Gedicht beschrieben. Vgl. dazu Gerhard Helmstaedter, Apotheker im Gartentraum. In: *Pharmazeutische Zeitung*, 52, 2007, H. 11, S. 52–54; die genannten Anwendungsempfehlungen seien einsichtig und entsprächen „der häufig nur adjuvanten Hausmedizin".

11 Manches in den *Gartentraum*-Bildern und -Gedichten mutet märchenhaft an, aber Märchen im engeren Sinne finden wir darin kaum. Der Untertitel mag gewählt worden sein, weil die Assoziationen, die „Märchen" auslösten, willkommen waren, Assoziationen wie einfach, klar, kindgerecht (zumindest seit Grimms Märchen die deutschen Kinderstuben erobert hatten), erzählerisch, von wundersamen Begebenheiten und phantastischen Figuren handelnd. Mit „Märchen" konnten Bücher kaufende Erwachsene gewonnen werden, und Kinder wurden nicht abgeschreckt; dazu Kreidolf in: Kehrli 1957 (wie Anm. 1), S. 123: „Für ein Blumenmärchen ist ein Kind sofort zu haben. Das hat sich deutlich genug erwiesen, und wenn ein tieferer Sinn drin ist, so werden sie nicht nur erfreuen und unterhalten, sondern erziehen helfen auf die leichte, fröhliche Art, ohne eine Schulplage zu sein."

12 Vgl. Sebastian Schmideler, Märchen-Motive im Werk von Ernst Kreidolf (1863–1956). In: *Märchenspiegel – Zeitschrift für internationale Märchenforschung und Märchenpflege*, 22. Jg., 2011, H. 4, S. 29–37, zu Referenzen auf „mittelalterlich-romantische Ritterpoesie" S. 33 ff. Im Ritter mit dem Wunderstab erkennt Schmideler Züge Lohengrins, der seine Herkunft und Identität verschleiert.

13 Auf die Differenz zwischen den Blumenpersonifikationen von Grandville, die an „Mannequins" erinnern, so Lexow-Hahn 1990 (wie Anm. 1), S. 72, und jenen von Kreidolf wurde schon vielfach hingewiesen. Bereits 1915 schrieb Hermann Hesse: „Und eine Blume bei Kreidolf, mit Armen und Beinen begabt, die in einem Damenkleide daherkommt, ist niemals eine Maskenfigur, sondern enthält in der Freiheit ihrer Umdichtung stets irgendeinen Reiz, ein Geheimnis echter Blumenhaftigkeit. Und in der kühnsten Umdichtung noch erinnert jeder kleine Zug mit rührender Treue an die Natur [...]." Hermann Hesse, Ernst Kreidolf. In: *Das Werk*, Bd. 2, 1915, H. 11, S. 169–172, hier S. 170.

14 Kreidolf zeigt in seinen Kinderdarstellungen denn auch keine bürgerlich gesitteten Kinder, sondern Kinder in ihrer unmittelbaren Emotionalität, vgl. Fraenger 2015 (wie Anm. 1), S. 45–51.

15 Fraenger ordnet Kreidolf jenen zu, „denen die Nacht recht der Schatzbehälter ihrer Tagerlebnisse ist und die Trugwelt des Traumes die wirkliche Gegebenheit des Tages wunderlich durchdringt." Fraenger 2015 (wie Anm. 1), S. 38–44, Zitat S. 38.

16 Keine Aufnahme fanden *Frühlingsflug*, *Am Wasser*, *Die Brennessel und die Giftpflanzen*, *Schwertlilien*, *Passiflora* und *Winterblumen*. 1979 erschien unter dem Titel *Dream Garden* eine Übersetzung ins Englische (The Green Tiger Press, La Jolla/CA).

17 Zum banaleren Titel *Der Traumgarten* passt, dass gerade auf die beiden „extremen" Blätter, *Die Brennessel und die Giftpflanzen* und *Passiflora*, verzichtet wurde.

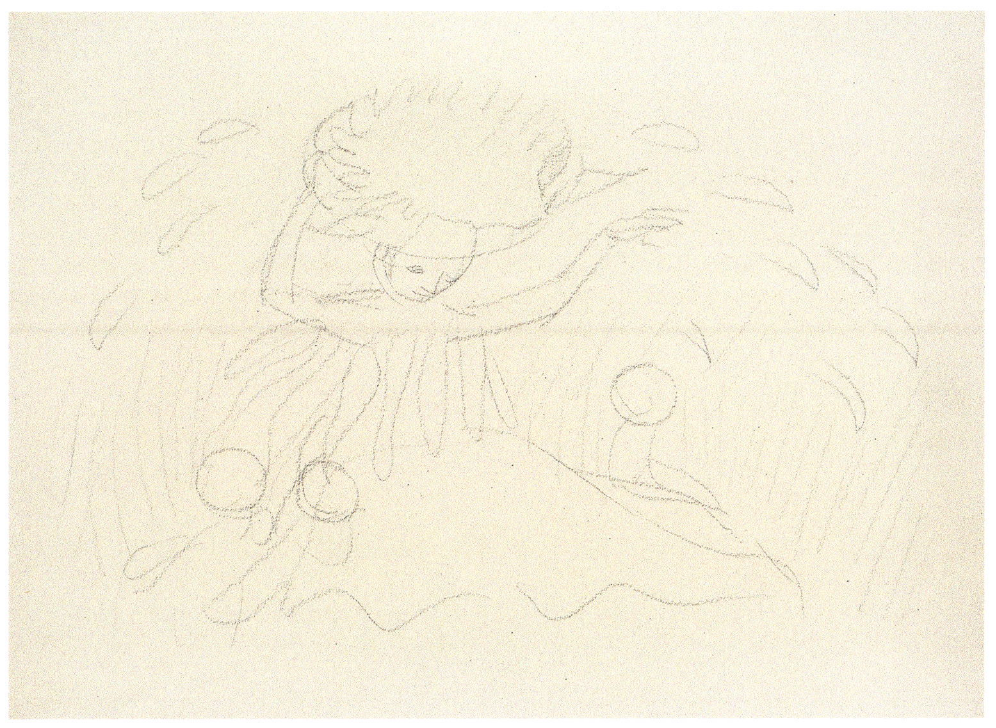

Ernst Kreidolf: Entwurfszeichnung Pfingstrose. Zu: *Der Gartentraum*; ohne Jahr
Bleistift auf Papier; 26 x 34,5 cm

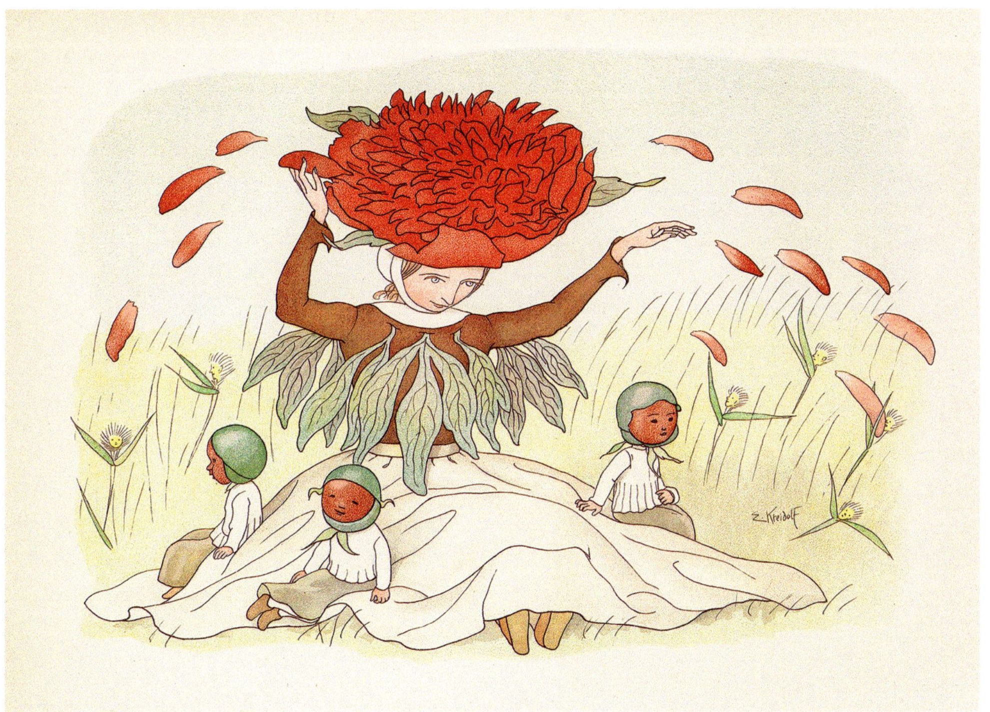

Ernst Kreidolf: *Pfingstrose*; 1911
Farblithographie auf Papier; 25,4 x 33,9 cm

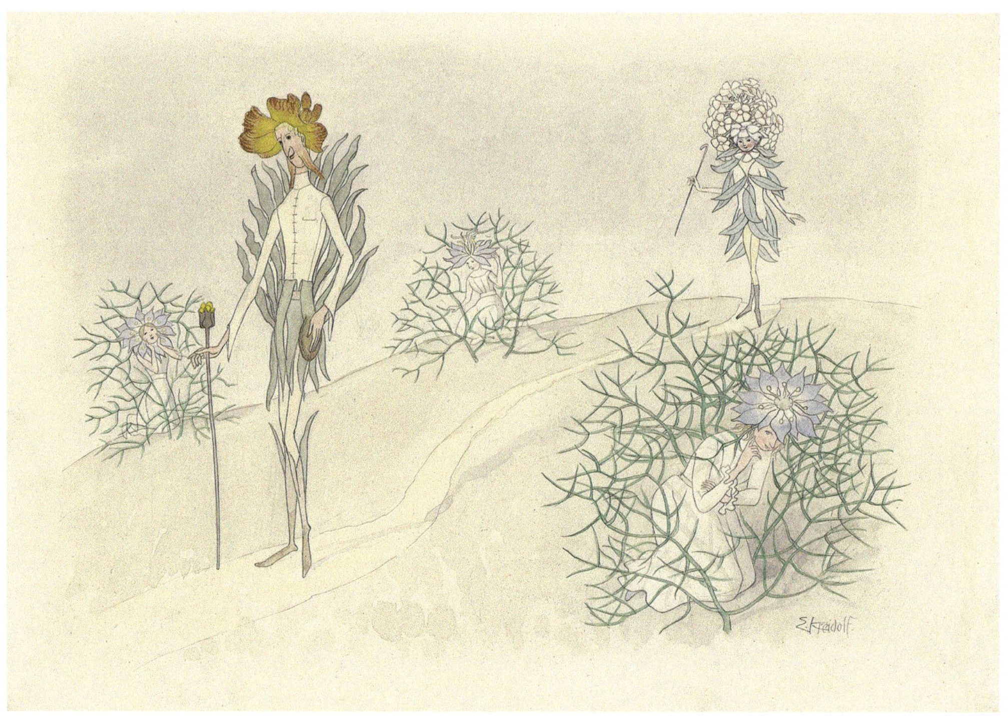

Ernst Kreidolf: Jungfer im Grünen. Zu: *Der Gartentraum*; vor 1911
Tuschfeder, Aquarell auf Papier; 25 x 34,3 cm

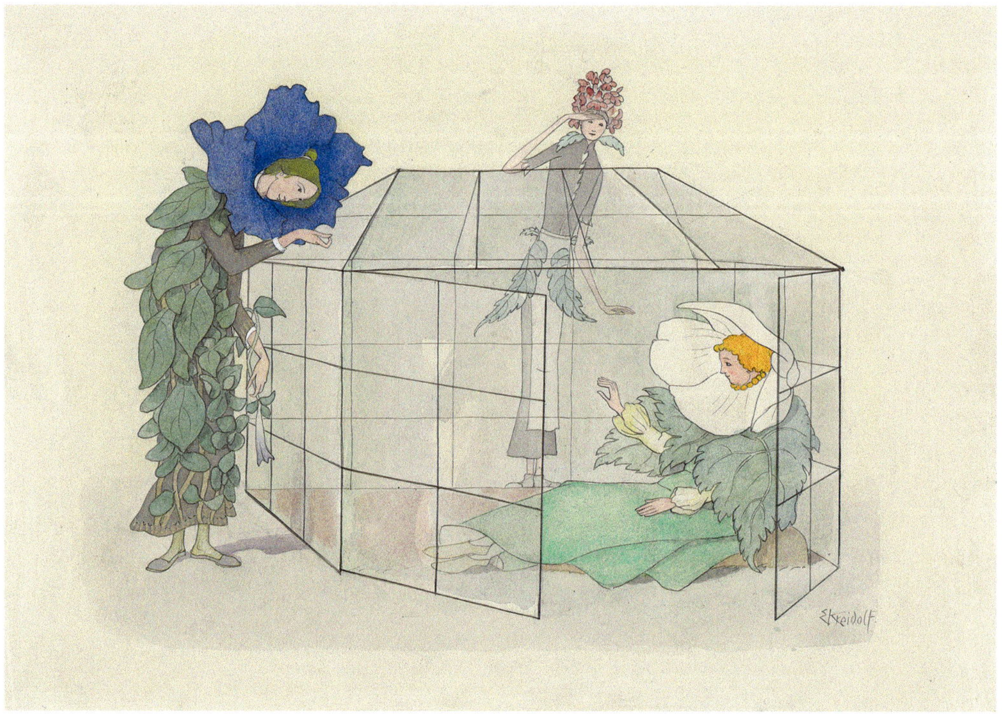

Ernst Kreidolf: Petunie, Betonie, Begonie. Zu: *Der Gartentraum*; vor 1911
Tuschfeder, Aquarell auf Papier; 25 x 34,3 cm

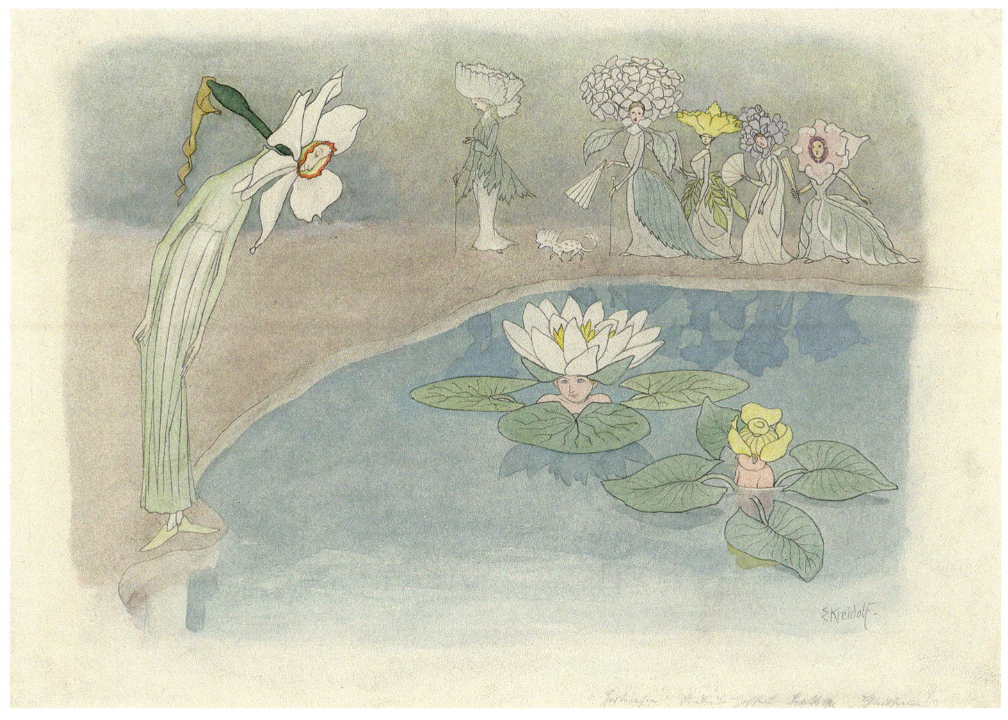

Ernst Kreidolf: Am Wasser. Zu: *Der Gartentraum*; vor 1911
Tuschfeder, Aquarell auf Papier; 25 x 34,3 cm

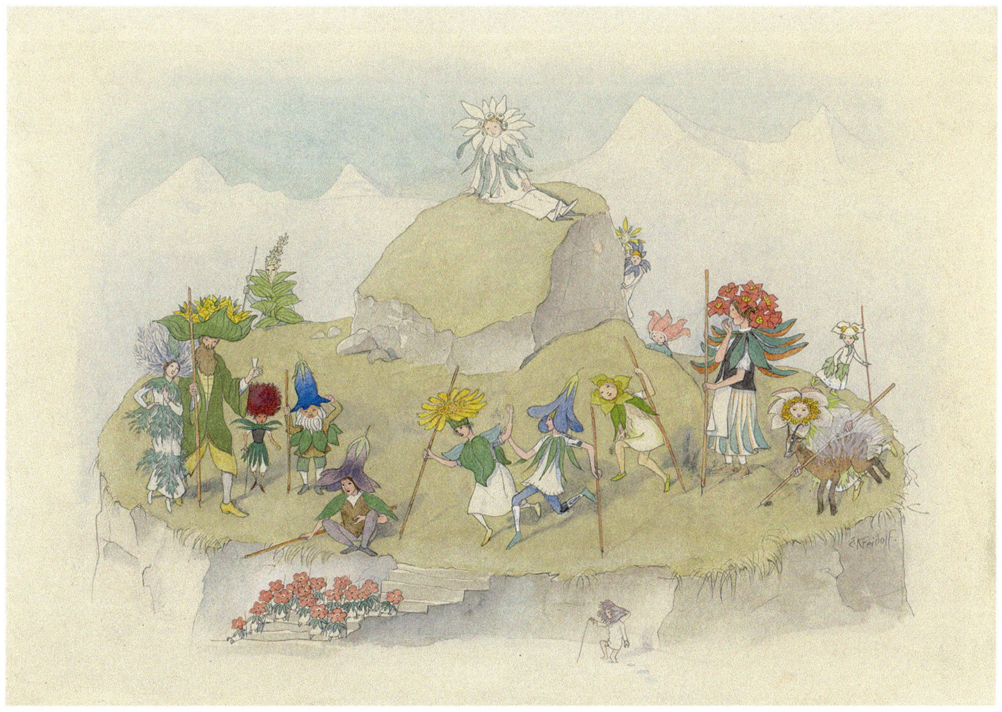

Ernst Kreidolf: Alpenblumen. Zu: *Der Gartentraum*; vor 1911
Tuschfeder, Aquarell auf Papier; 25 x 34,3 cm

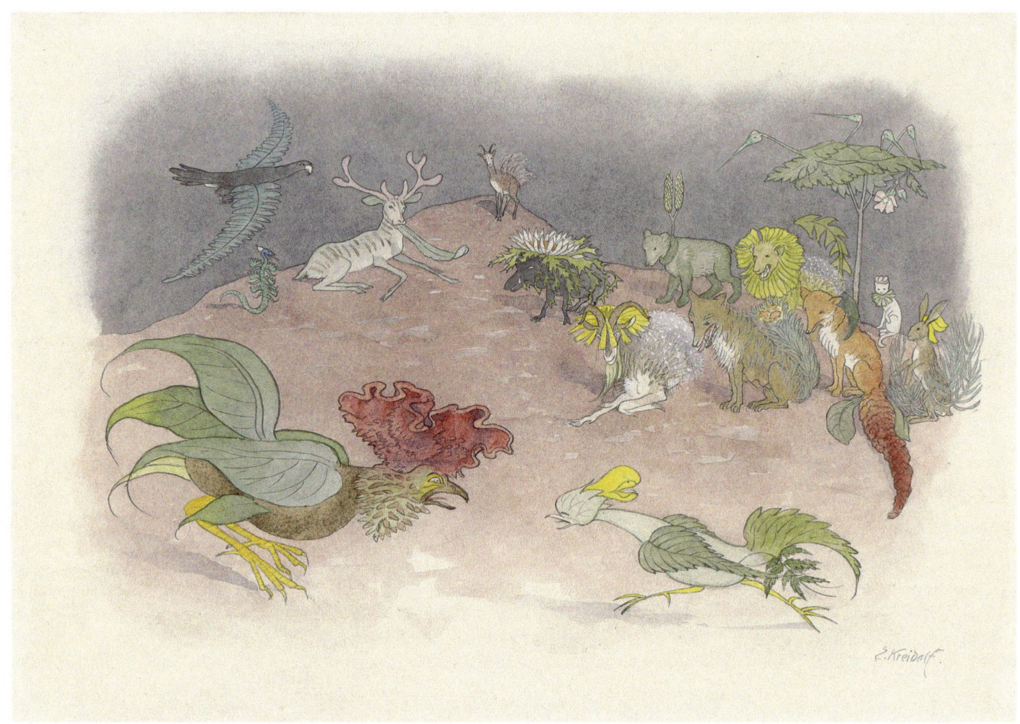

Ernst Kreidolf: Der Hahnenkampf. Zu: *Der Gartentraum*; vor 1911
Tuschfeder, Aquarell auf Papier; 25 x 34,3 cm

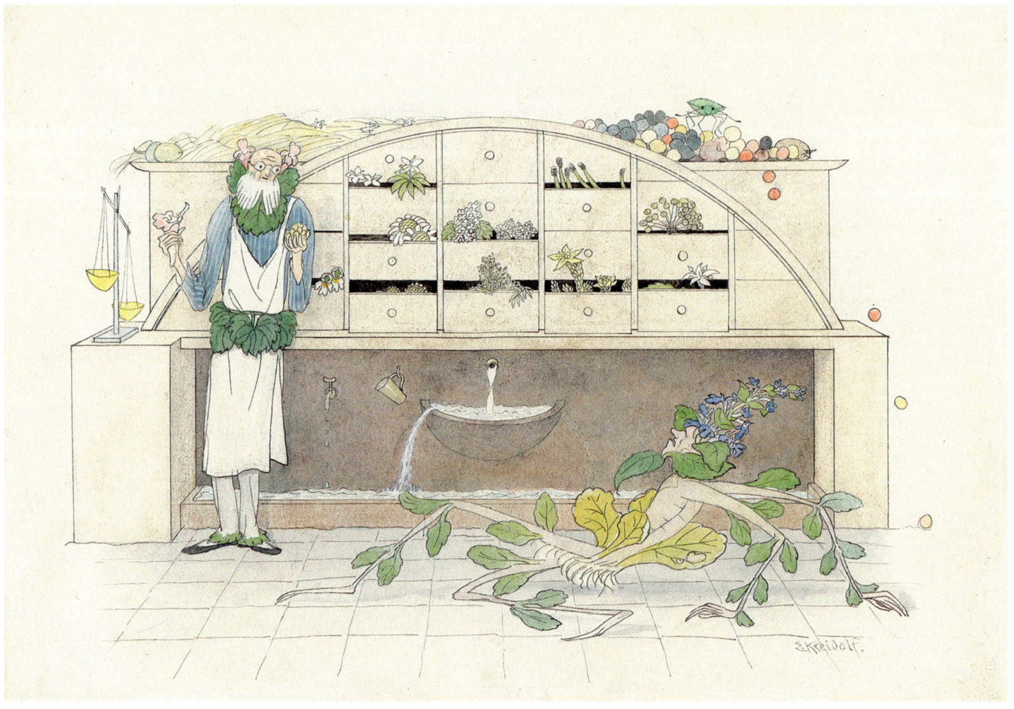

Ernst Kreidolf: Der Gundermann und der kriechende Günsel. Zu: *Der Gartentraum*; vor 1911
Tuschfeder, Aquarell auf Papier; 25 x 34,3 cm

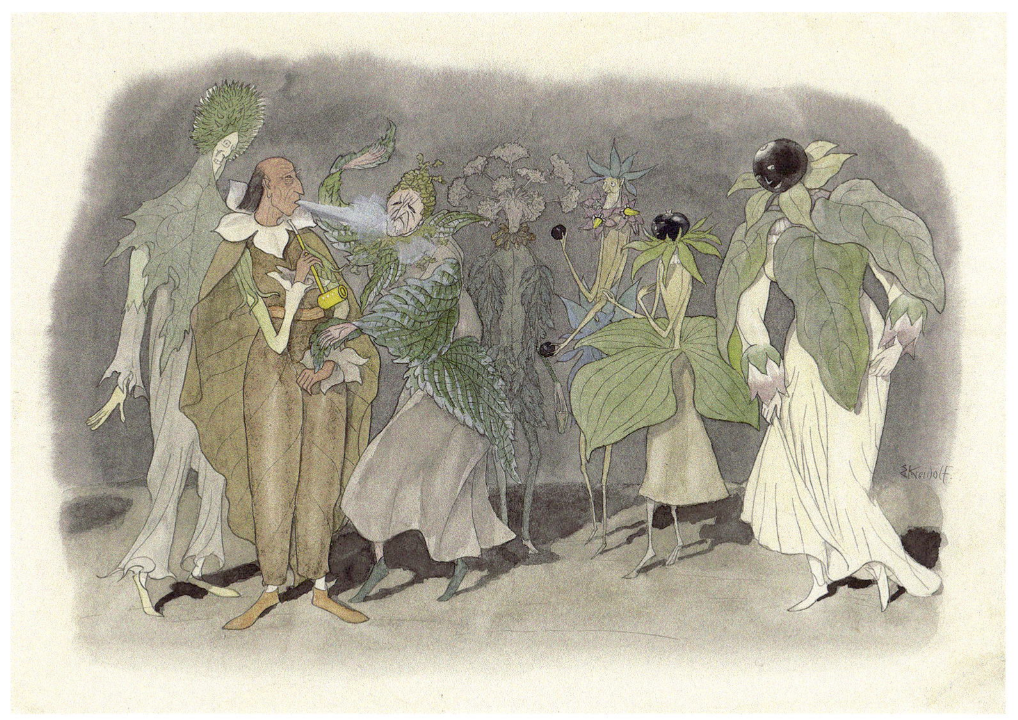

Ernst Kreidolf: Die Brennessel und die Giftpflanzen. Zu: *Der Gartentraum*; vor 1911
Tuschfeder, Aquarell auf Papier; 25 x 34,3 cm

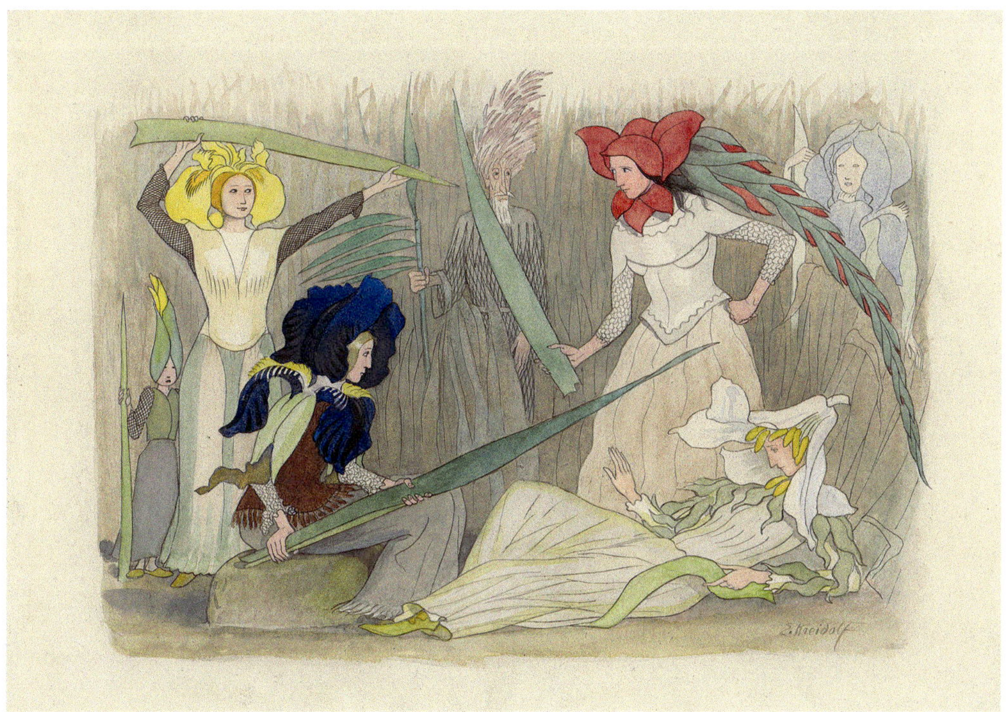

Ernst Kreidolf: Schwertlilien. Zu: *Der Gartentraum*; vor 1911
Tuschfeder, Aquarell auf Papier; 25 x 34,3 cm

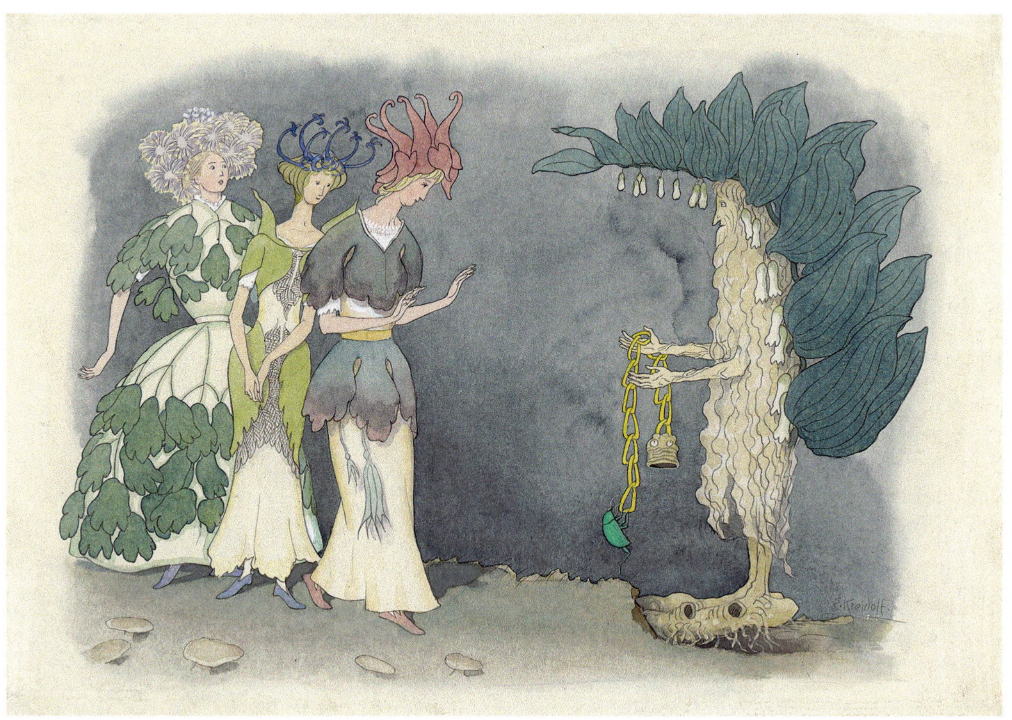

Ernst Kreidolf: Der Salomonssiegel. Zu: *Der Gartentraum*; vor 1911
Tuschfeder, Aquarell auf Papier; 25 x 34,3 cm

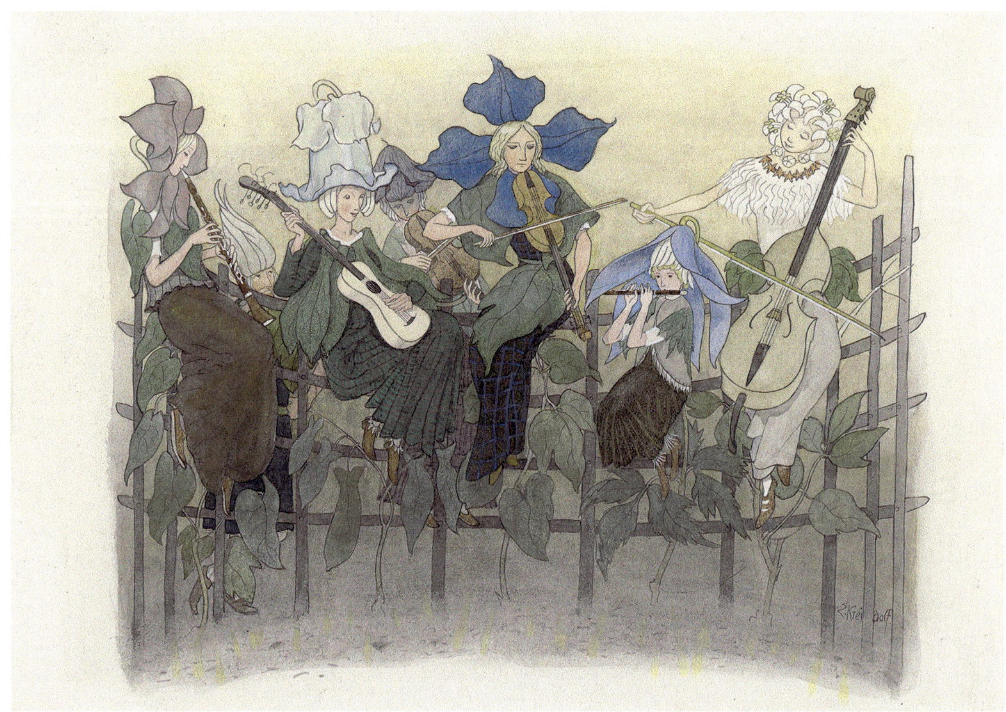

Ernst Kreidolf: Clematis. Zu: *Der Gartentraum*; vor 1911
Tuschfeder, Aquarell auf Papier; 25 x 34,3 cm

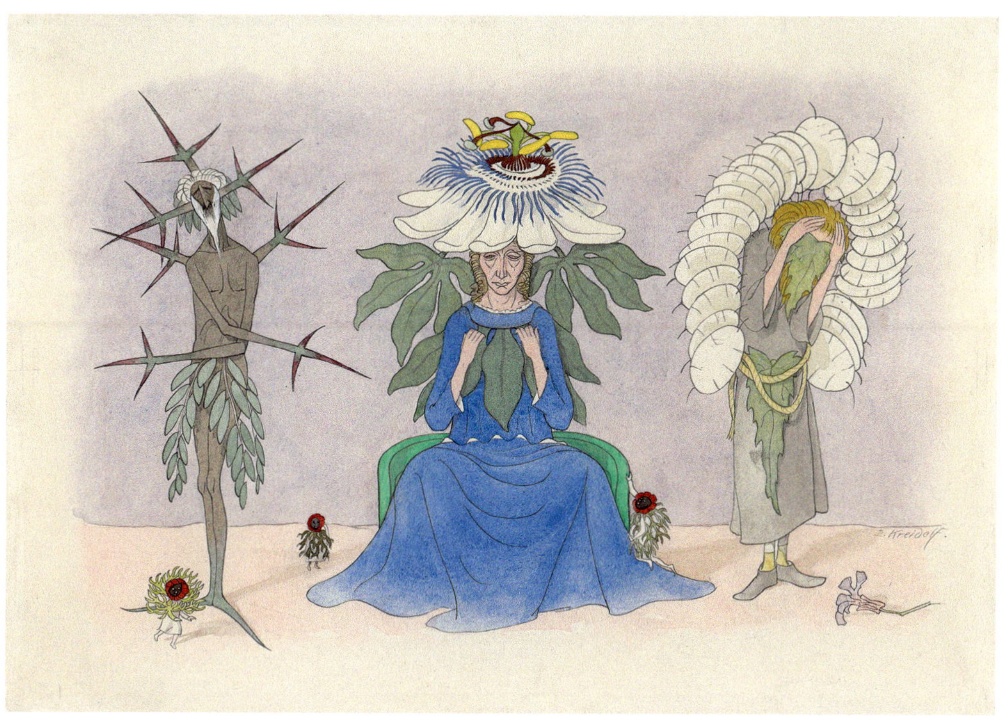

Ernst Kreidolf: Passiflora. Zu: *Der Gartentraum*; vor 1911
Tuschfeder, Aquarell auf Papier; 25 x 34,3 cm

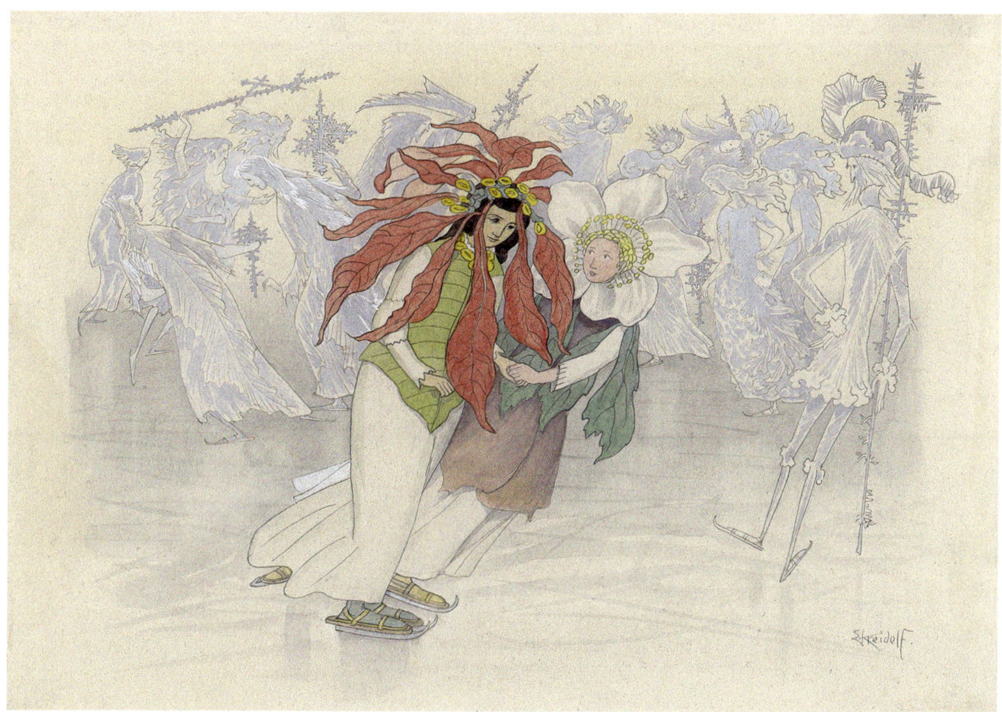

Ernst Kreidolf: Winterblumen. Zu: *Der Gartentraum*; vor 1911
Tuschfeder, Aquarell auf Papier; 25 x 34,3 cm

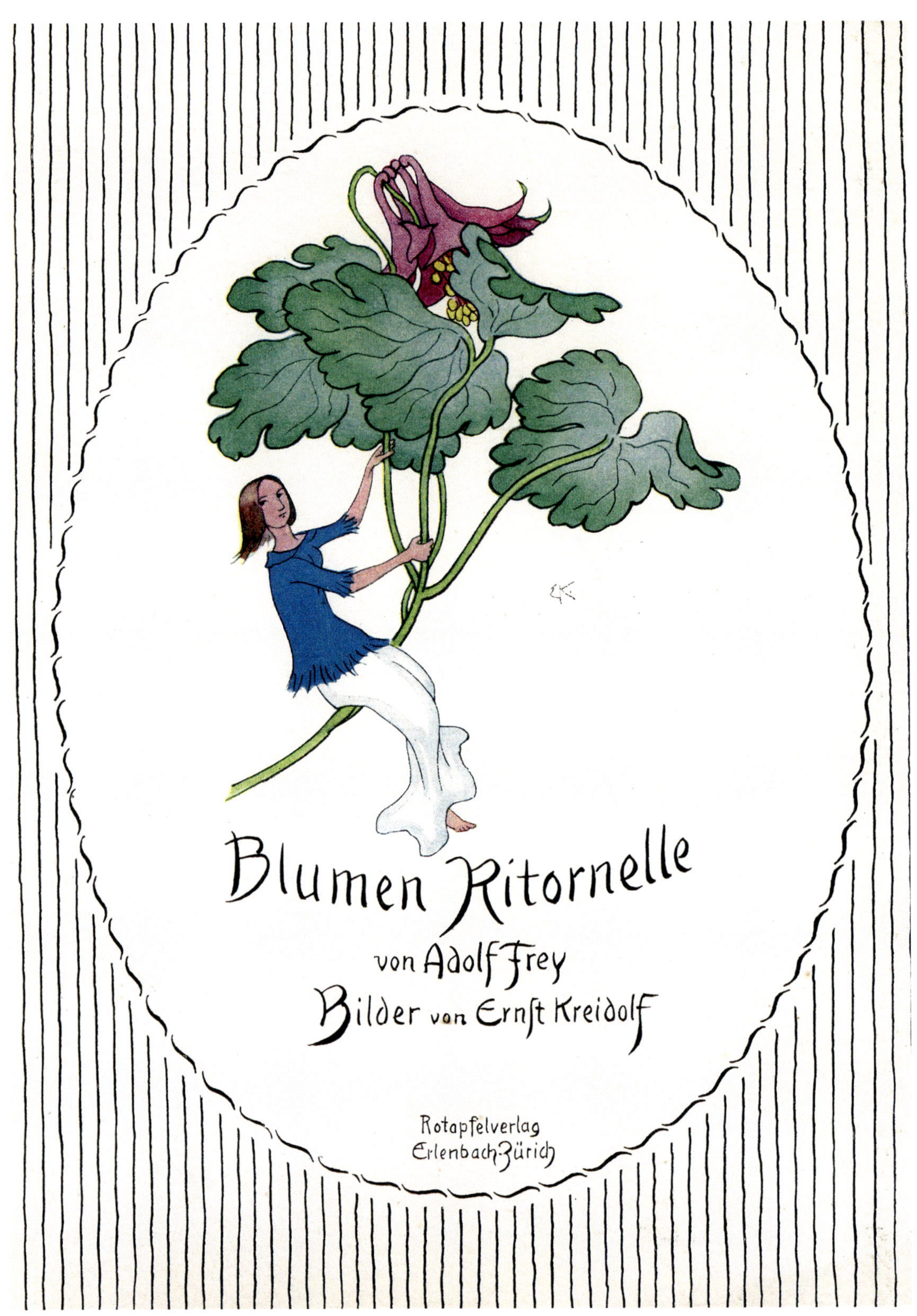

Ernst Kreidolf: Einband
Zu: Adolf Frey, *Blumen · Ritornelle*. Erlenbach-Zürich 1920

Barbara Stark

AUS VERSUNKNEN GÄRTEN. ERNST KREIDOLFS ILLUSTRATIONEN ZU ADOLF FREYS BLUMENGEDICHTEN

1916 erschien im Rascher Verlag, Zürich, ein kleines Büchlein: „Blumen · Ritornelle" von Adolf Frey (Abb. 1). Mitten im Ersten Weltkrieg veröffentlichte der 1855 geborene Schweizer Literaturhistoriker und Schriftsteller 31 Gedichte in der im deutschen Sprachraum ungewöhnlichen Form des Ritornells.[1] Dieser aus der italienischen Volksdichtung stammende Dreizeiler, dessen erste und dritte Verszeile sich reimen, und der im ersten Vers meist eine Blume anruft, um selbige gleichnishaft zu deuten, ist lyrisches Gedicht und Epigramm in einem.

Freys kleine Dichtungen kommen bescheiden daher, doch sie zeugen nicht nur von der kultivierten Verskunst des Autors, sondern auch von seiner profunden Kenntnis der Pflanzenwelt. Huflattich, Soldanelle, Anemone, Salbei, Malve und Nelke, um nur einige zu nennen, werden mit wenigen Worten ebenso poetisch wie charakteristisch in ihrem Wesen erfasst und dabei in ein über sie hinausweisendes Symbol verwandelt wie im Rosen-Ritornell:

„Rose

Du schauerst, aufgeblühte Rose:
Ein Windhauch, und ich bin entblättert,
So rasch wie Erdenglück und Menschenlose."[2]

Das Büchlein fand Anklang; bereits 1917 erschien eine zweite, inhaltlich leicht veränderte Auflage[3] und zugleich entstand der Wunsch, den Versen Illustrationen an die Seite zu stellen. Frey dachte dabei an Ernst Kreidolf, „dessen Werk ihm längst vertraut und lieb war."[4] Dichter und Künstler kannten einander und waren durch gemeinsame Bekannte – unter anderem die Schriftstellerin Helene Welti-Kammerer[5] sowie die Maler Cuno Amiet und Albert Welti – miteinander verbunden. Nach Albert Weltis frühem Tod 1912 hatte Kreidolf mit seinem Wissen über den Freund Adolf Frey bei der Herausgabe von Weltis Briefen unterstützt.[6] Freys Vorschlag wurde von Kreidolf mit Interesse aufgenommen, leider fehlt die entsprechende Korrespondenz zwischen den beiden aus der Frühzeit des Projekts.[7] Im Oktober 1917, Dichter und Künstler waren sich bereits einig geworden, kam es jedoch seitens Kreidolfs zu einer Irritation, da sich die Malerin Maria La Roche aus Basel aus eigenem Antrieb anerbot, für Freys Ritornelle Bilder zu entwerfen.[8] Frey wies dieses Ansinnen freundlich zurück, versicherte dem verunsicherten Kreidolf nachdrücklich, dass er immer nur ihn als Illustrator gewollt habe und bat: „Also, bitte bleiben Sie bei der Stange."[9]

Kreidolf blieb bei der Stange – und machte sich unverzüglich an die Arbeit. Im Juni 1918 berichtete er Frey: „Für Ihre schönen Ritornelle habe ich das ganze Frühjahr hindurch Studien gemacht. [...] Ich war gleich hinter der Schneeschmelze her auf der Schynige Platte, wurde eingeschneit und wieder vertrieben, dann in Kandersteig, wo ich wieder durch das schlechte Wetter den Rückweg antreten musste! Beidemal aber immerhin erst, nachdem ich die gesuchten Blumen bereits gemalt hatte. So sammelt sich das nötige Material an. Zwischenhinein skizziere und disponiere ich die Kompositionen."[10]

Der Prozess, die in der Natur gemachten Blumenstudien in Illustrationen zu überführen, zog sich hin. Erst im Sommer 1919 hielt Adolf Frey die ersten Ergebnisse in Händen – und war begeistert. „[...] mit wärmsten Dank folgen hier Ihre Bilder zurück. Sie sind einfach prachtvoll [...]. Das ist Dichtung und originelle Neuschöpfung! Meine Worte sind nur die Anregung dazu. Und die einzelnen Nummern sind unter sich wieder so verschieden, und nirgends ist etwas wie blosse Botanik."[11]

Es folgten weitere Überarbeitungen, und im September meldete der Künstler die Fertigstellung der ersten Illustrationen: „Nun sind 16 Ritornellbilder fertig. Ich muss sie aber noch ein wenig ablagern lassen. Es scheint mir zwar alles gut zu sein – doch Sie kennen das – wenn man etwas Distanz genommen hat, so findet sich noch Manches zu bessern."[12]

Es vergingen jedoch weitere Monate, bis die bebilderten Ritornelle endlich gedruckt vorlagen. Anfänglich sollte das Werk im Seemann-Verlag in Leipzig erscheinen, doch da der deutsche Verleger aufgrund der grassierenden Inflation zu wenig dafür zahlen konnte, zog Kreidolf einen Schweizer Verlag vor.[13] Adolf Frey, der unterdessen schwer erkrankt war, hatte dem Künstler bei seinen Verhandlungen freie Hand gelassen. Das betraf nicht nur die Wahl des Verlags, sondern auch die Entscheidung, die ursprünglich 31 Ritornelle in zwei Publikationen zu veröffentlichen, denn der erfahrene Kreidolf hatte vorgeschlagen: „Diese 16 Bilder mit Ihren Texten geben schon ein ganz ansehnliches Buch. Wie wäre es, wenn wir alle 32 [Gedichte] in zwei Bänden herausgäben? Jetzt einmal diese 16 und ein Jahr drauf die anderen 16? Nämlich alle 32 Bilder auf einmal würden bei den Herstellungskosten von heute ein zu teures Buch geben, das sich wenige leisten könnten und das wäre schade [...]."[14]

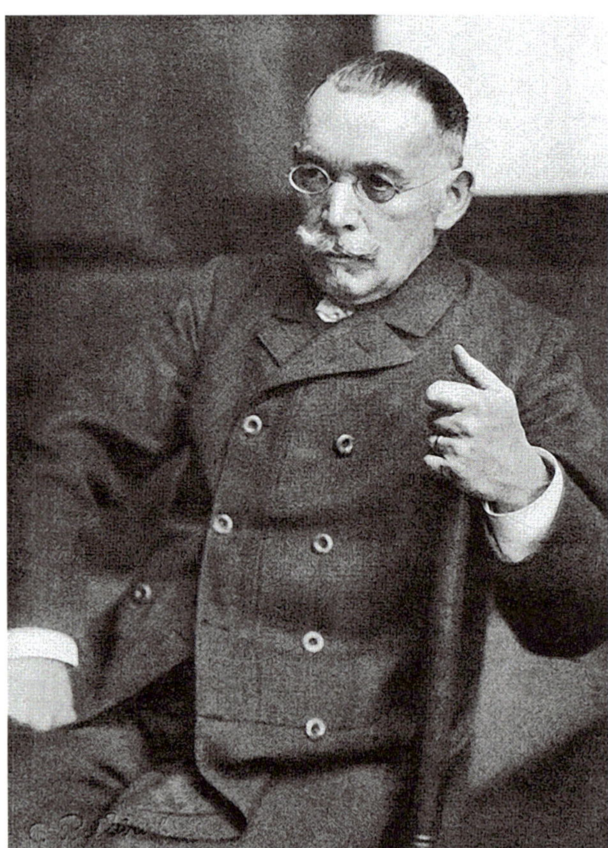

Abb. 1 Der Literaturhistoriker und Schriftsteller Adolf Frey (1855–1920)

Frey stimmte zu und verfasste auf dem Krankenlager weitere Ritornelle, die er dem Künstler sandte. Diese Neuschöpfungen fanden Eingang in beide Veröffentlichungen, dafür entfielen 13 Gedichte, die in der unbebilderten Erstausgabe bzw. in der zweiten, vermehrten Auflage enthalten gewesen waren. Das Erscheinen des ersten Ritornell-Bandes beim Schweizer Rotapfel-Verlag, bei dem von nun an auch die Bilderbücher Kreidolfs verlegt wurden, sollte der Dichter jedoch nicht mehr erleben: Adolf Frey erlag am 12. Februar 1920, sechs Tage vor seinem 65. Geburtstag, seinem Krebsleiden.[15] Der zweite Ritornell-Band erschien nicht wie geplant 1921, sondern erst mit mehrjähriger Verspätung 1932 unter dem Titel *Aus versunknen Gärten* ebenfalls im Rotapfel-Verlag (Abb. 2).

Dichtung und Illustration

Freys Ritornelle folgen in freier Anordnung dem Gang der Jahreszeiten und diese lyrische „Wanderung", die zugleich von Wachsen, Blühen und Vergehen spricht, lässt Existentielles anklingen. Zustände menschlichen Seins verbinden sich in poetischen Bildern mit einer subtilen Pflanzenmetaphorik. Nicht nur den Malerpoeten Ernst Kreidolf sprachen diese Mischung aus Wortbildern und Liebe zur Schöpfung an, auch Komponisten fühlten sich durch Freys gleichsam musikalische Dichtungen immer wieder inspiriert. 1918 vertonte der Schweizer Komponist Paul Müller sieben der Frey'schen Ritornelle.[16]

Ernst Kreidolfs Illustrationen sind keineswegs auf botanisch exakte Blumenstudien oder -portraits reduzierte Darstellungen, sondern erweisen sich als gleichwertige Schöpfungen, inspiriert von den Versen des Dichters. Diese Kompositionen erweitern das epigrammatische und lyrische Element um den Aspekt des Märchenhaften, das seinen Ursprung in einer ebenso tiefen wie andächtigen Hingabe an die Natur hat.

Schon das zart gemusterte Vorsatzpapier des Buches verweist auf das Vegetabile. Zwischen linearen Strudeln, die an die wachsenden Ringe eines Baumstammes erinnern, schwimmen sternförmige Blüten. Die Illustrationen sind auf weißes, matt gestrichenes Papier gedruckt. Sie stehen auf der rechten Seite, das dazugehörige Ritornell ist auf der gegenüberliegenden linken Seite auf einem gelblichen Buchdruckpapier platziert, dessen raue Beschaffenheit noch vom Mangel der Nachkriegszeit zeugt. Auf diese bedruckte Doppelseite folgt jeweils eine doppelte Leerseite. So erscheint das Buch voluminöser, und dem jeweiligen Ritornell wird mehr Entfaltungsfreiheit bzw. Wirkkraft einräumt, doch zugleich unterbrechen die nachfolgenden leeren Seiten den Lesefluss. In der 1930 erschienenen zweiten Auflage wurden daher auf der Gedichtrückseite grüne, zu den Versen passende Vignetten eingefügt.

Auffallend ist, dass Kreidolf seine Bilder in ornamental geschwungene Kartuschen von wechselnder Form einpasste, ein Gestaltungselement, das er in seinen noch deutlich vom Jugendstil beeinflussten frühen Bilderbüchern mehrfach verwandt hatte. Doch die Darstellungen lassen sich in diesem Fall durch ihre dekorativen Umrahmungen nicht einengen: Immer wieder durchbrechen sie diese bzw. öffnen sich deren Begrenzungen, um dem abgebildeten Wachsen und Sich-Wandeln Raum zu schaffen.

Neben die von der Dichtung angesprochenen Blumen, die der Künstler präzise erfasst, treten landschaftliche Elemente, aber vor allem immer wieder Phantasie- und Fabelwesen. Seltener erscheinen menschliche Gestalten als Personifikationen von Liebe, Glück usw. All dies verbindet sich in einer dem jeweiligen Sujet fein empfundenen Farbigkeit zu kleinen Bildererzählungen, welche die Pflanze jahreszeitlich und morphologisch verorten und das Dargestellte in Analogie zu den Worten des Dichters in einen übergeordneten existentiellen Zusammenhang überführen. Da liegt ein kleiner Falterbub schlafend neben den Soldanellen, die ihre Blütenkelche vorsichtig aus der noch winterlichen Erde strecken; Putten tanzen über den Huflattichblüten mit den ersten Bienen im Frühlingshimmel; der den Waldboden wie ein Teppich bedeckende Waldmeister wird von Zwergen und dem in einem Baum schlummernden Gott Pan begleitet; Traumgesichter erheben sich vor dunklem Himmel in schillernden Seifenblasen über den violetten Nachtviolen; eine fröhliche Insektenschar hat sich zu Füßen des Salbei zu heiterem Ringelreihen versammelt und ein Feenkind probiert im Frauenschuh die gelben Blütenpantoffeln (Abb. S. 52 f., 56).

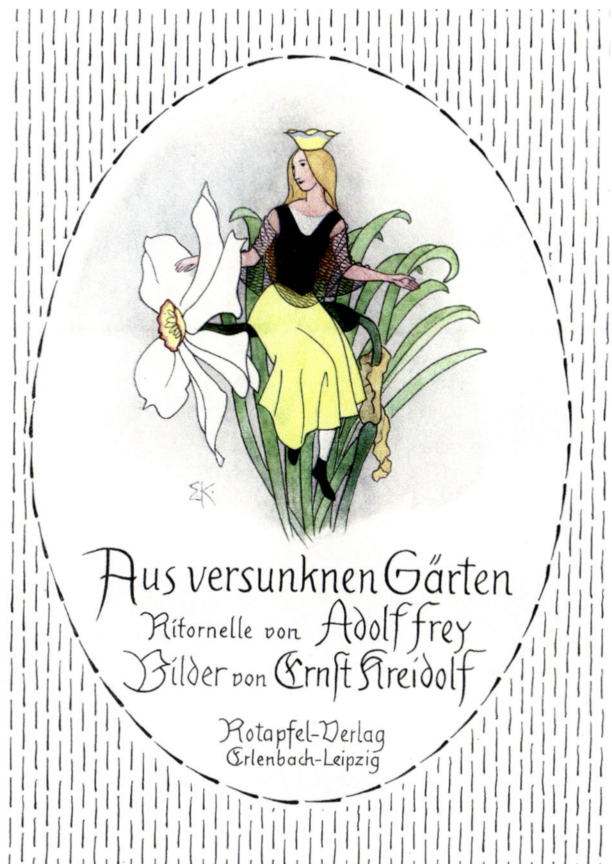

Abb. 2 Ernst Kreidolf: Einband
Zu: Adolf Frey, *Aus versunknen Gärten*. Erlenbach-Leipzig 1932

Es tauchen Motive auf, die der Künstler bereits in anderen Publikationen oder seinen Gemälden verwandt hatte, wie jene die Nelken auf dem Fenstersims umsorgende Schöne, die an das Geranien gießende junge Mädchen des 1893 gemalten Bildes „Morgenidyll“ erinnert (Abb. S. 57). Die auf einer Seifenblase balancierende Frau, Sinnbild der Fortuna bzw. des flüchtigen Glücks, griff der Künstler in seinem 1931 erschienenen letzten Bilderbuch „Grashupfer“ nochmals prominent auf (Abb. S. 57). Diese Illustration beschließt als stimmiges Bild die erste Ritornell-Ausgabe:

„Unbekannte Blüte

Am Wald – wo war es? – unbekannte Blüte,
Fand ich dich einst und fand dich niemals wieder.
Warst du ein Glück, das unerkannt verblühte?“

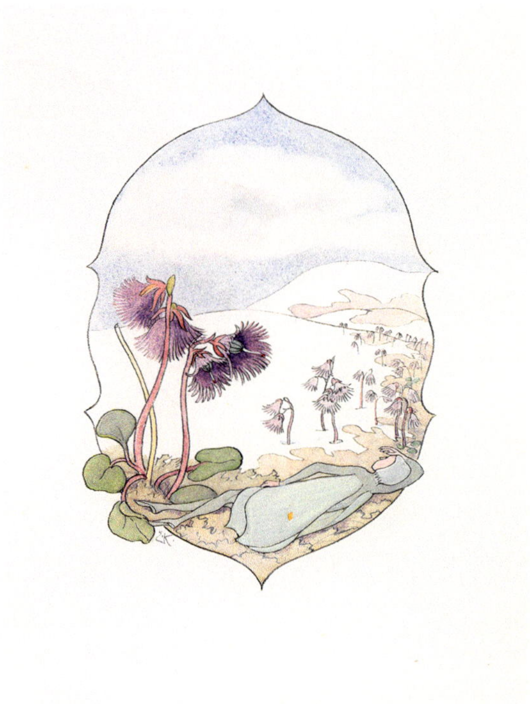

Ernst Kreidolf: Soldanelle. Zu: *Blumen · Ritornelle*; 1920
Tuschfeder, Aquarell, Deckfarbe auf Papier; 28,1 x 19,2 cm

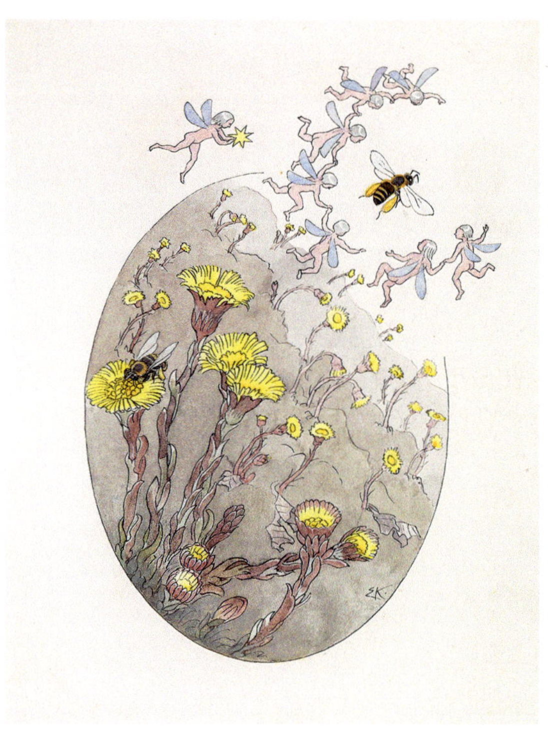

Ernst Kreidolf: Huflattich. Zu: *Blumen · Ritornelle*; 1920
Tuschfeder, Aquarell, Deckfarbe auf Papier; 28,2 x 19,5 cm

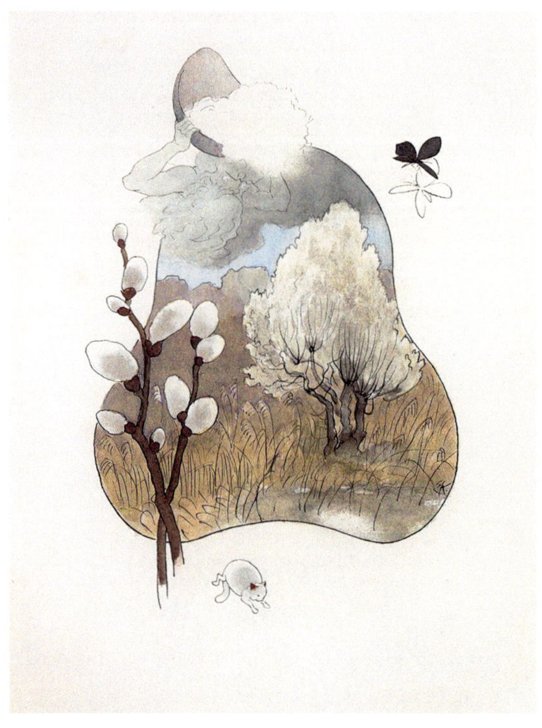

Ernst Kreidolf: Weide. Zu: *Blumen · Ritornelle*; 1920
Tuschfeder, Aquarell auf Papier; 28,2 x 19,4 cm

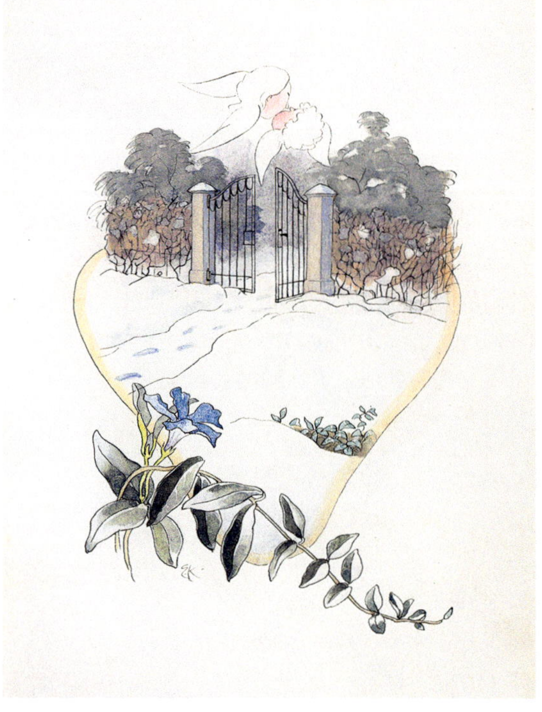

Ernst Kreidolf: Immergrün. Zu: *Blumen · Ritornelle*; 1920
Tuschfeder, Aquarell auf Papier; 28,2 x 19,4 cm

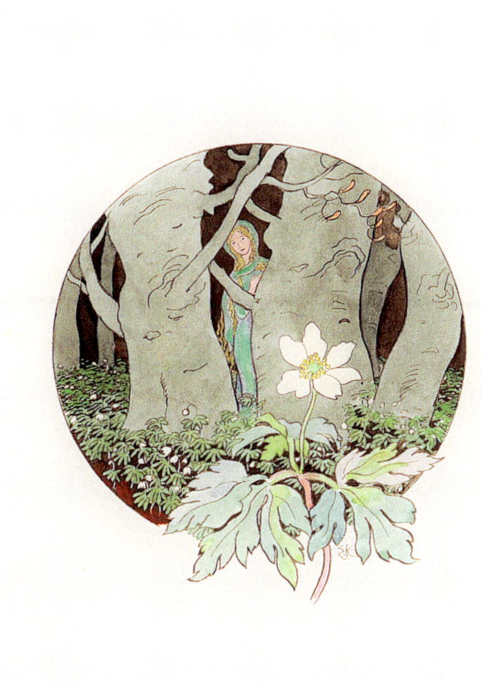

Ernst Kreidolf: Anemone. Zu: *Blumen · Ritornelle*; 1920
Tuschfeder, Aquarell auf Papier; 28,2 x 19,3 cm

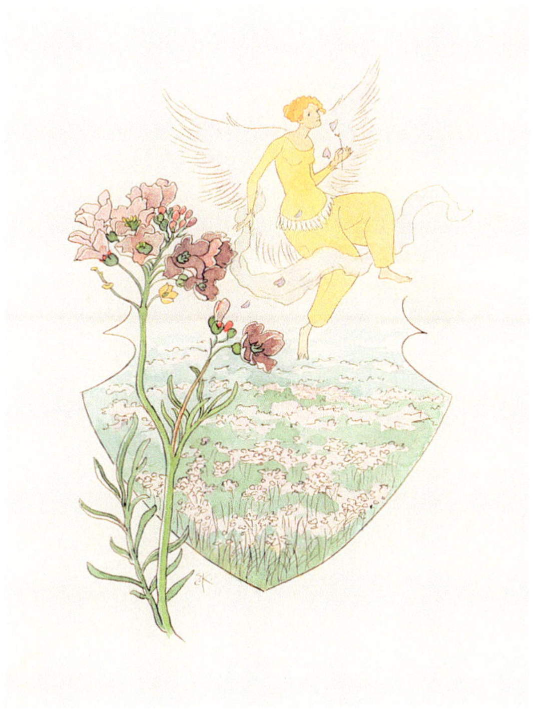

Ernst Kreidolf: Wiesenschaumkraut. Zu: *Blumen · Ritornelle*; 1920
Tuschfeder, Aquarell auf Papier; 27,8 x 19,6 cm

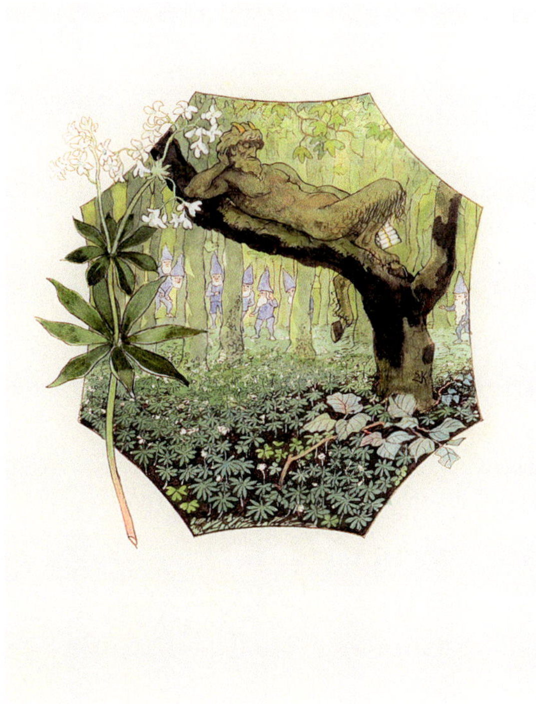

Ernst Kreidolf: Waldmeister. Zu: *Blumen · Ritornelle*; 1920
Tuschfeder, Aquarell, Deckweiß auf Papier; 28,3 x 19,3 cm

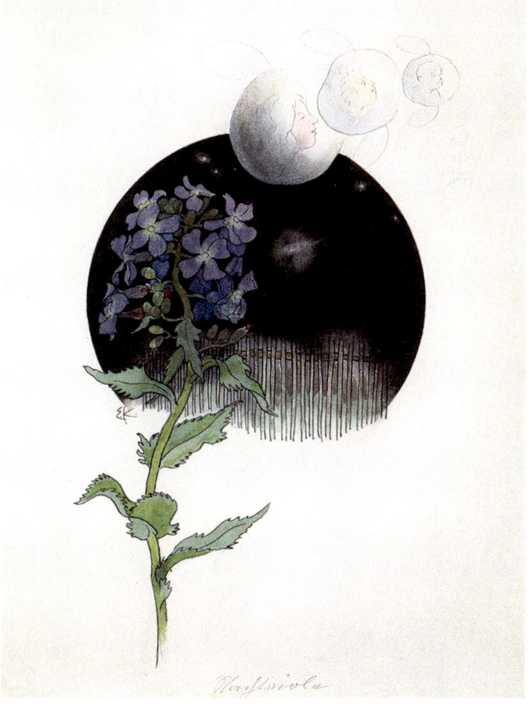

Ernst Kreidolf: Nachtviolen. Zu: *Blumen · Ritornelle*; 1920
Tuschfeder, Aquarell auf Papier; 28,2 x 19,5 cm

Aus versunknen Gärten

Zwölf Jahre später erschien der von Kreidolf von Anfang an geplante zweite Band der Ritornelle. Emil Roniger, Kreidolfs Verleger, brachte das Buch rechtzeitig vor dem 1933 anstehenden runden Geburtstags des Künstlers heraus und schrieb im ankündigenden Verlagsprospekt: „Ernst Kreidolf wird 70 Jahre alt. Während es sonst üblich ist, zu einem solchen Tag dem Jubilar ein Geschenk zu machen, bleiben hier wir anderen die Beschenkten: Kreidolf schenkt uns eine neue Folge seiner Blumenritornellen, die er ‚Aus versunknen Gärten' nennt."[17]

Aus versunknen Gärten ist in Format, Einband- und Vorsatzpapiergestaltung an den ersten Band angepasst, doch die Illustrationen unterscheiden sich grundlegend von den Bildern der ersten Ritornell-Ausgabe. Texte und Bilder wurden auf einheitlichem Papier gedruckt, zwischen den einzelnen Dichtungen befindet sich wiederum eine doppelte Leerseite, die jeweils rechts mit einer zartgrünen Umrisszeichnung geschmückt ist, die in andeutender Form auf das nachfolgende Gedicht verweist. Die ornamentalen Umrahmungen fehlen, stattdessen entfalten sich die in markanter Aquarelltechnik angelegten Bilder als sanft auslaufende Farbflächen auf der jeweiligen Seite. Die Kleinteiligkeit der Darstellung ist einer kräftigen, reduzierten Zeichnung gewichen, die angesprochenen Pflanzen werden prominent in den Vordergrund gerückt, das Kolorit erscheint dominant und steht zum Teil satt auf dem aufgerauten Papier. Es ist offensichtlich, dass diese Bilder mit großem zeitlichem Abstand zur ersten Ritornell-Ausgabe entstanden, aufgrund der stilistischen Veränderungen vermutlich Ende der 1920er-, Anfang der 1930er-Jahre.

Dieser zweite Ritornell-Band enthält 16 Dichtungen mit begleitenden Illustrationen, darunter einige, die Adolf Frey erst auf dem Krankenlager verfasst hatte (Abb. 3). Am 23. Oktober 1919 sandte er diese dem Künstler: „Hier neue Übeltaten! Mit den verblichenen Blüten tritt nun das Problem an Sie heran, einmal getrocknete Blumen zu liefern."[18] Kreidolf, bemüht den Moribunden aufzuheitern und ihm Mut zu machen, antwortete postwendend: „Das ist ein gutes Zeichen für Sie, dass sogar die getrockneten Blumen wieder aufblühen. Aber auch die beiden anderen Ritornelle sind schön. Die ‚Heide' und ‚Verblichne Blüten' bringen durch das Andersartige des Themas im Hinblick auf die Bilder Abwechslung in die Sache, die mir sehr willkommen ist."[19] Und einige Tage später ergänzte er:

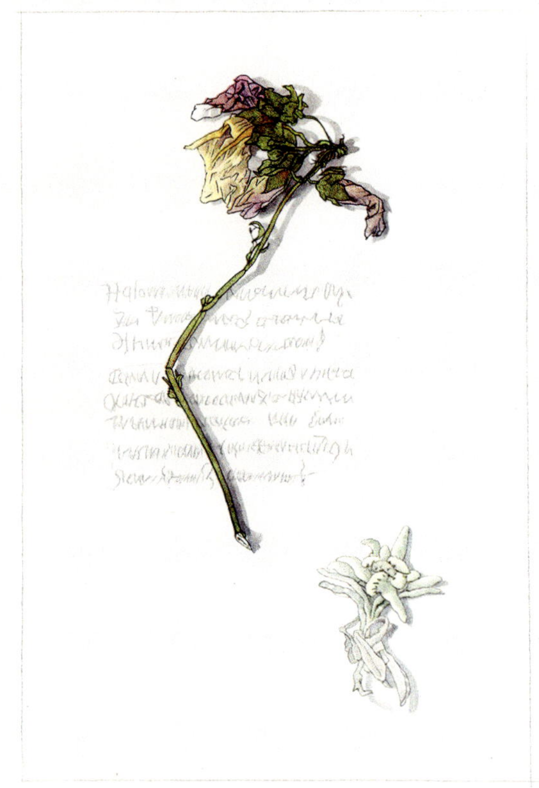

Abb. 3 Ernst Kreidolf: Verblichne Blüten
In: Adolf Frey, *Aus versunknen Gärten*; 1932

„Die letzten 3 Ritornelle sind von den allerschönsten, wohl zum Teil etwas wehmütig, doch begreife ich das. Wenn man krank ist, denkt man an alle Möglichkeiten. Ich hatte das schon in früher Kindheit – und bin immer noch da."[20]

Einmal mehr verstand es Kreidolf, seine gleichermaßen lebhafte Phantasie wie einfühlsame Vorstellungskraft einzubringen, „die das Dichterwort nicht nur nirgends banalisiert, sondern es bestätigt und erhöht."[21] Es liegt ein Hauch verklärter Sehnsucht und leisen Abschiednehmens in Adolf Freys letztem Ritornell, eine Stimmung, die Kreidolf in ein Bild umzusetzen wusste, das für sich spricht und den stimmigen Abschluss dieses Bandes bildet:[22]

„Band, das die Blumen band

Band, das die Blumen band,
Du flimmerst Sommergrüße
An kahler Kammerwand."

1 Zur Definition des Ritornells siehe Gero von Wilpert, *Sachwörterbuch der Literatur*. Stuttgart 1979 (6. Aufl.), S. 686. Im dreizeiligen Ritornell (= „Rückkehr“ für italienisch „ritorno") reimen sich zumeist der erste und der dritte Vers, seltener die beiden ersten oder die beiden letzten Verse.

2 Dieses Ritornell wurde nur in der Erstausgabe abgedruckt und fehlt in den illustrierten Ausgaben.

3 Lina Frey, *Adolf Frey. Sein Leben und Schaffen*. Bd. 2, Leipzig 1925, S. 411, Anm. 332.

4 Frey 1925 (wie Anm. 3), S. 340.

5 Helene Welti-Kammerer (1865–1942), zweite Ehefrau von Friedrich Emil Welti (1857–1940), Rechtshistoriker, der in erste Ehe mit Lydia Escher verheiratet gewesen war.

6 Adolf Frey, *Briefe Albert Weltis*. 2 Bde., Zürich 1916 und Leipzig 1920.

7 In der Zentralbibliothek Zürich und in der Burgerbibliothek Bern befindet sich der Briefwechsel zwischen Adolf Frey und Ernst Kreidolf zum Illustrationsprojekt.

8 Maria La Roche (1870–1952). Ernst Kreidolf kannte die Künstlerin aus der gemeinsamen Mitgliedschaft in der Schweizer Graphikvereinigung „Die Walze“.

9 Adolf Frey an Ernst Kreidolf, Brief vom 13.10.1917, Burgerbibliothek Bern, Nachlass Kreidolf 17.19.

10 Ernst Kreidolf an Adolf Frey, Brief vom 23.6.1918, Zentralbibliothek Zürich, Nachlass A. Frey 114.

11 Adolf Frey an Ernst Kreidolf, Brief vom 16.7.1919, Zentralbibliothek Zürich, Nachlass A. Frey 103.

12 Ernst Kreidolf an Adolf Frey, Brief vom 18.9.1918, Zentralbibliothek Zürich, Nachlass A. Frey 114.

13 Vgl. Roland Stark, *Ernst Kreidolf – der Malerpoet und seine Verleger*. Frauenfeld 2005, S. 19. „Zuerst sollte Seemann in Leipzig das Werkchen in seinen Verlag nehmen. Es wurde aber nichts daraus, da die deutschen Verleger mir damals in der Inflation zu wenig bieten konnten. Ich mußte aber von etwas existieren können. So zog ich einen Schweizer Verlag vor, der mir in jeder Hinsicht entgegenkam und eine künstlerische Wiedergabe meiner Bilder ermöglichte, wie es bis jetzt nicht in dem Mass der Fall war [...].“

14 Ernst Kreidolf an Adolf Frey, Brief vom 21.9.1919, Zentralbibliothek Zürich, Nachlass A. Frey 114.

15 Noch im Januar 1920 widmete die illustrierte Monatsschrift *Die Schweiz* dem todkranken Dichter anlässlich seines bevorstehenden 65. Geburtstages zahlreiche Artikel mit ihm befreundeter Künstler, Schriftsteller und Komponisten. Fritz Enderlin besprach Freys *Ritornelle* und gab dabei eine Vorschau auf die in Kürze erscheinende illustrierte Neuauflage. Ernst Kreidolf steuerte dazu seine Illustrationen zu *Nachtviolen*, *Huflattich* und *Jasmin* bei. Siehe: *Die Schweiz. Illustrierte Monatsschrift*, XXIV Jg., Bd. 24, Januar 1920, S. 23 f.

16 Paul Müller (1898–1993) vertonte die Ritornelle *Malve*, *Orchidee*, *Eisenhut*, *Wicke*, *Roter Klee*, *Zypressen* und *Königskerzen*. Müllers Nachlass wird in der Zentralbibliothek Zürich aufbewahrt.

17 Siehe den Verlagsprospekt *Ein neues Blumenbuch von Ernst Kreidolf. Aus versunknen Gärten*, ohne Jahr [1932]. Archiv Verein Ernst Kreidolf. Der Titel des Buches stammt von Kreidolf.

18 Adolf Frey an Ernst Kreidolf, Brief vom 23.10.1919, Zentralbibliothek Zürich, Nachlass A. Frey 103.

19 Ernst Kreidolf an Adolf Frey, Brief vom 24.10.1919, Zentralbibliothek Zürich, Nachlass A. Frey 114.

20 Ernst Kreidolf an Adolf Frey, Brief vom 8.11.1919, Zentralbibliothek Zürich, Nachlass A. Frey 114.

21 Frey 1925 (wie Anm. 3), S. 341.

22 In der 1932 erschienenen zweiten Auflage wurde die Reihenfolge der Bilder aus unbekannten Gründen getauscht. Hier eröffnen *Verblichne Blüten* das Buch und *Löwenzahn* schließt es ab.

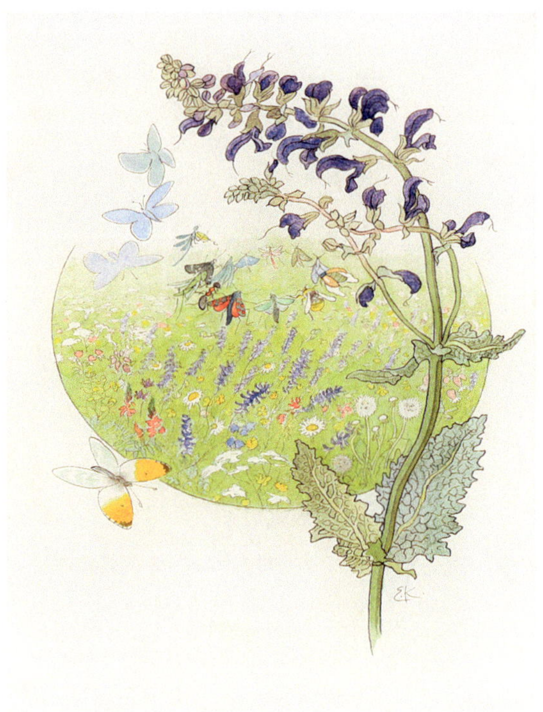

Ernst Kreidolf: Salbei. Zu: *Blumen · Ritornelle*; 1920
Tuschfeder, Aquarell, Deckfarbe auf Papier; 28, 2 x 19,6 cm

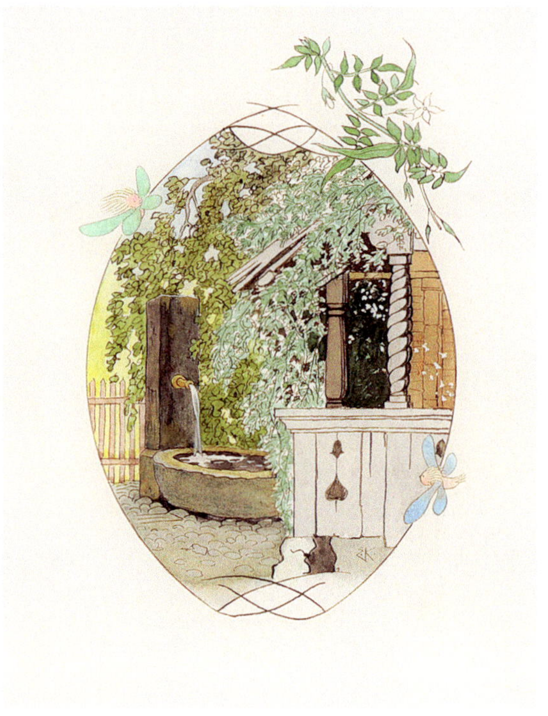

Ernst Kreidolf: Jasmin. Zu: *Blumen · Ritornelle*; 1920
Tuschfeder, Aquarell auf Papier; 27,9 x 19,9 cm

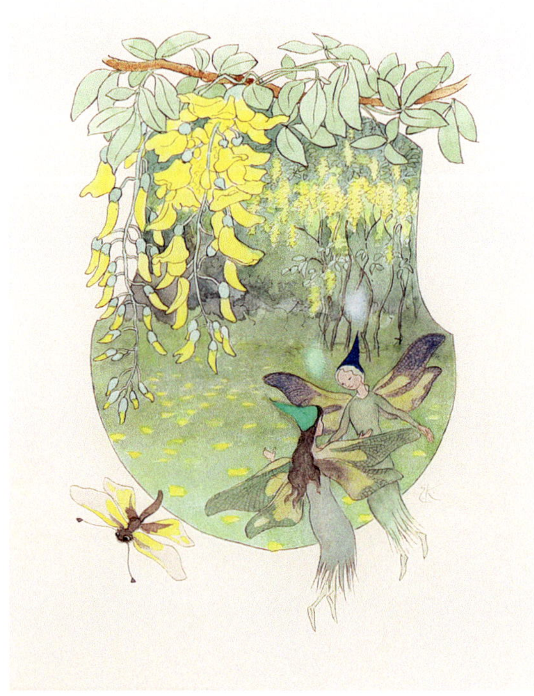

Ernst Kreidolf: Goldregen. Zu: *Blumen · Ritornelle*; 1920
Tuschfeder, Aquarell auf Papier; 27,9 x 19,7 cm

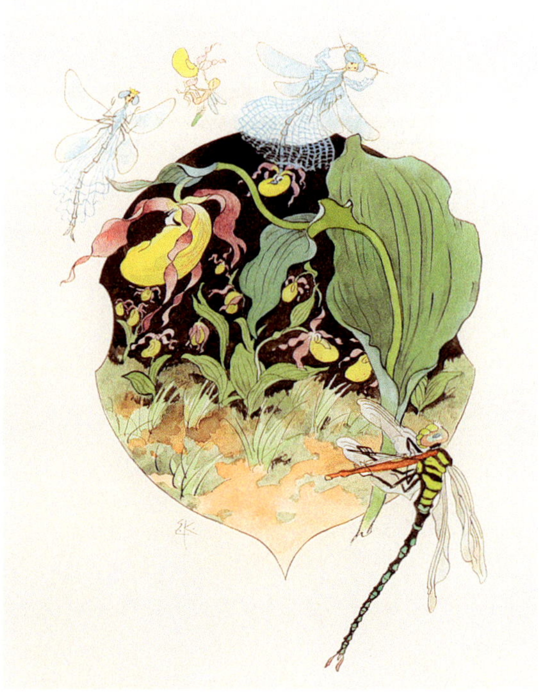

Ernst Kreidolf: Frauenschuh. Zu: *Blumen · Ritornelle*; 1920
Tuschfeder, Aquarell, Deckfarbe auf Papier; 27,8 x 19,8 cm

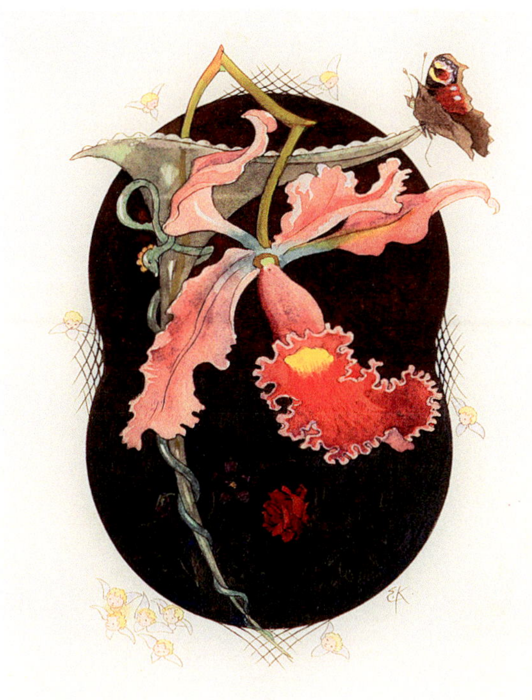

Ernst Kreidolf: Orchidee. Zu: *Blumen · Ritornelle*; 1920
Tuschfeder, Aquarell auf Papier; 27,8 x 19,7 cm

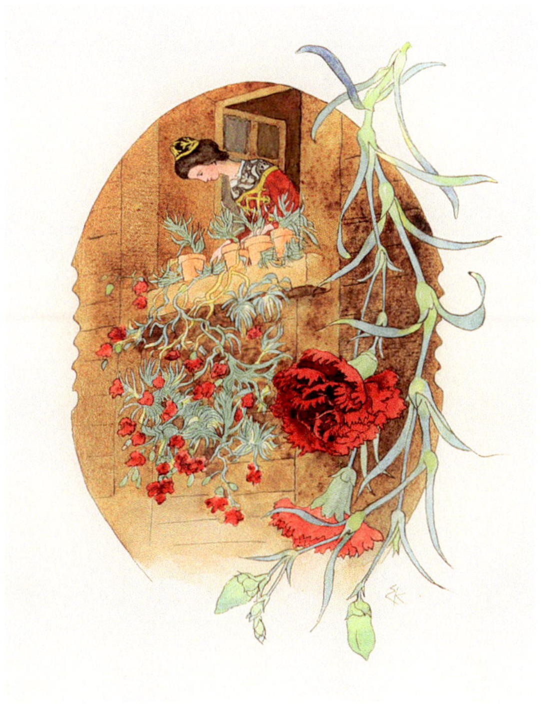

Ernst Kreidolf: Nelke. Zu: *Blumen · Ritornelle*; 1920
Tuschfeder, Aquarell auf Papier; 27,9 x 19,7 cm

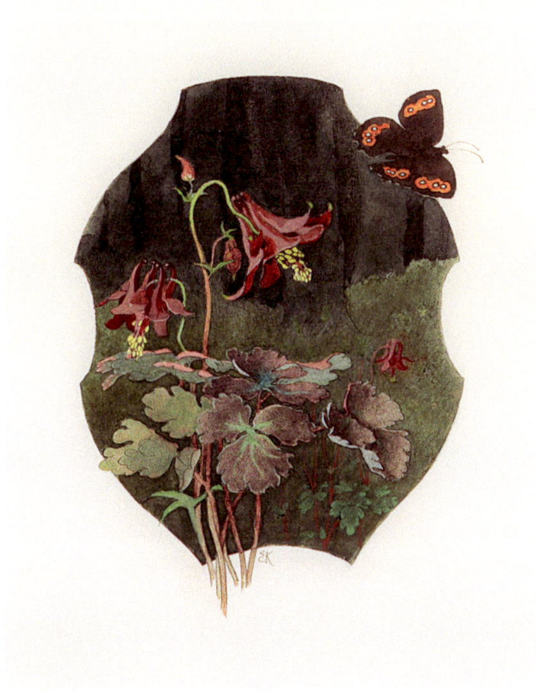

Ernst Kreidolf: Aglei. Zu: *Blumen · Ritornelle*; 1920
Tuschfeder, Aquarell, Deckfarbe auf Papier; 28,2 x 19,8 cm

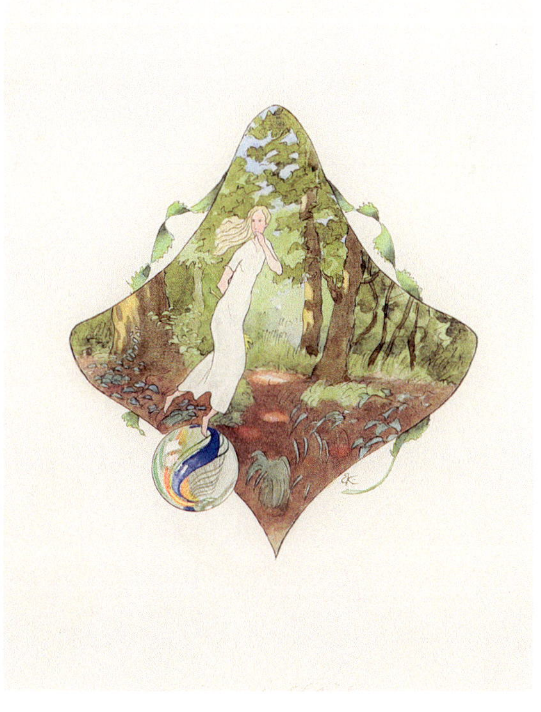

Ernst Kreidolf: Unbekannte Blüte. Zu: *Blumen · Ritornelle*; 1920
Tuschfeder, Aquarell auf Papier; 27,8 x 19,6 cm

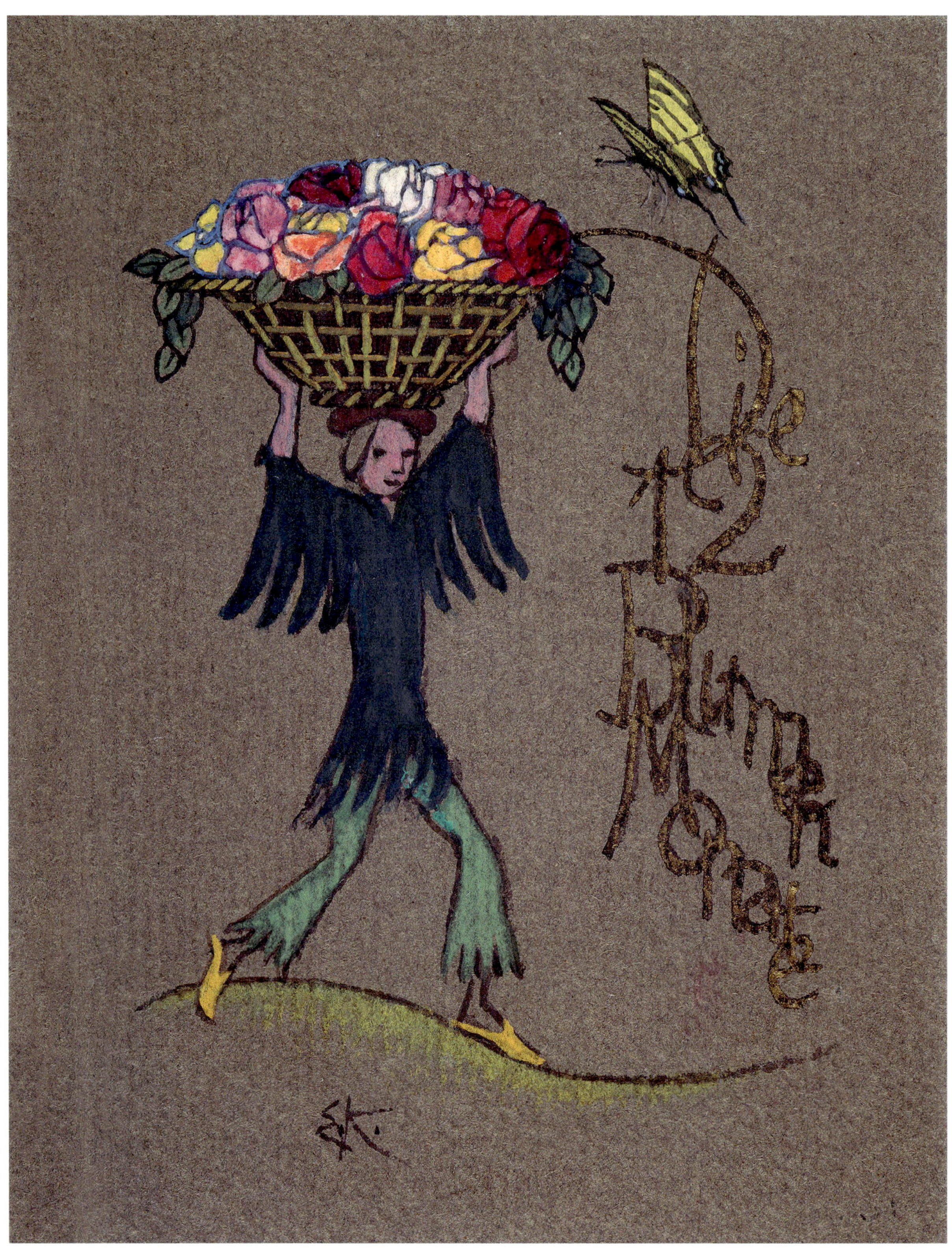

Ernst Kreidolf: Titelblatt. Zu: *Die 12 Blumen Monate*; 1930
Tuschfeder, Gouache auf bräunlichem Papier; 17,5 x 12 cm

Sibylle Walther

„SCHON WIEDER BLUMENMÄRCHEN.“ VON *ALPENBLUMENMÄRCHEN*, *BERGBLUMEN* UND *BLUMEN MONATEN*

Im Oktober 1941 beendete der 78-Jährige Ernst Kreidolf seine *Lebenserinnerungen*.[1] Bei den Erläuterungen zu seinen verschiedenen Bilderbüchern gibt er an, dass er sich eigentlich schon vor 1911 vorgenommen hatte, keine weiteren Blumenmärchen mehr zu malen.[2] In der Tat erschienen nach *Die schlafenden Bäume* (1901) und *Der Gartentraum* (1911) nur noch die *Alpenblumenmärchen* (1922), bevor sich Kreidolf vermehrt der Tierwelt zuwandte.

Den Auftakt für die *Alpenblumenmärchen* gab Anfang 1918 der Kunsthistoriker Paul Ganz mit einem Auftrag für die neu gegründete Schweizerische Graphische Gesellschaft (SGG; Abb. 1). Ganz bot dem eben erst in Bern ansässig gewordenen Maler an, eine Reihe selbst-lithographierter Blätter herauszugeben. Kreidolf erinnert sich: „Erwünscht wäre etwas mit Alpenblumen. Blumenmärchen – schon wieder Blumenmärchen. – Aber es hatte sich durch den Krieg alles geändert [...] und war das nicht auch wieder etwas Neues, nur die Alpenblumen zu behandeln, das konnte etwas speziell Schweizerisches, ein Heimatbuch, werden.“[3] Dieser Auftrag sollte Kreidolfs weiteres Schaffen sowie die Rezeption seiner Werke nachhaltig prägen.

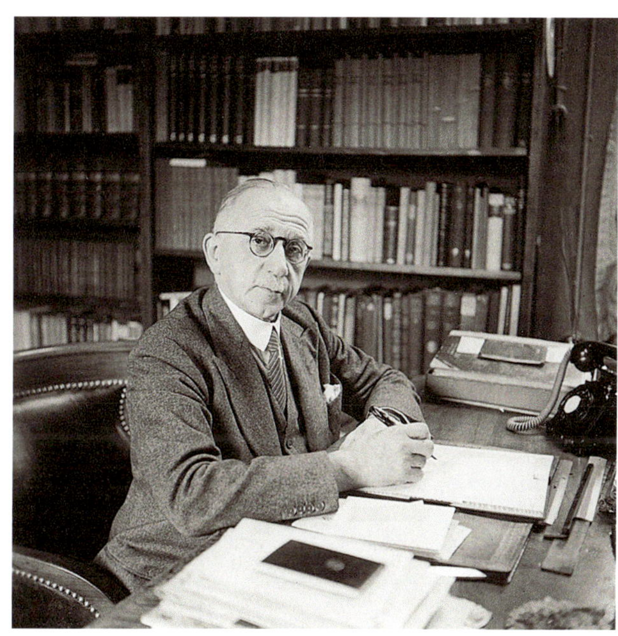

Abb. 1 Der Kunsthistoriker Paul Ganz (1872–1954)

Alpenblumenmärchen – Vorgeschichte

Mit dem Scharfblick des auf die verschiedenen Etappen seines Lebens Zurückschauenden vermochte Kreidolf die damals herrschenden Umstände sowie die Möglichkeiten, die sich ihm mit dem Projekt *Alpenblumenmärchen* auftaten, zu erfassen. Zum einen war die allgemeine Lage 1918 eine denkbar schlechte, da die Nachwirkungen des Krieges noch nicht überstanden waren: die Ernährungskrise, die 1917 sogar dazu führte, dass in Bern die Fütterung der Bären im Graben Schwierigkeiten bereitete, die gesundheitliche Lage, die mit der Spanischen Grippe immer prekärer wurde, und schließlich die im Landesstreik gipfelnden sozialen Unruhen. Zum anderen sah er die Notwendigkeit, neue Bilder zu erfinden. Für ihn selbst, wie auch für sein Publikum, war eine Ablenkung vom bedrückenden Alltag wertvoll.

In dieser außergewöhnlichen Lage erkannte Kreidolf das Potenzial des Auftrags und machte sich an die Arbeit. Im Juni 1918 begab er sich auf die Schynige Platte[4] für erste Alpenblumen-Studien (Abb. 3). Im Sommer malte er im Engadin und im Frühjahr 1919 waren die Bilder samt Begleitversen für die

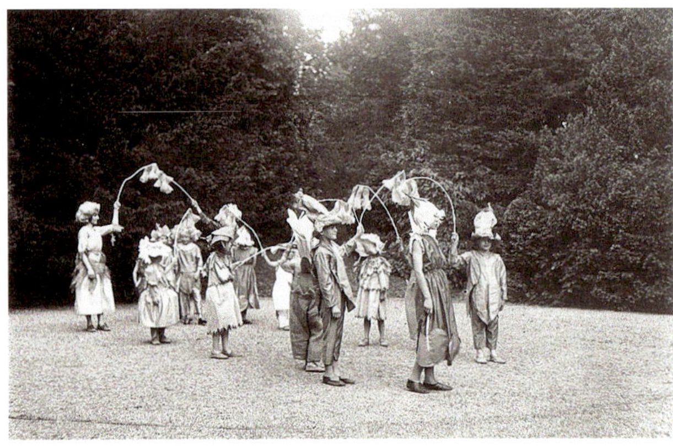

Abb. 2 Kreidolf-Blumenreigen anlässlich des 15. Jubiläums des Stiftungsfests des Schweizerischen Buchhändlervereins; 2. Juni 1924

Publikation bereit. Doch die Bestimmung der SGG, nur eigenhändig lithographierte Werke herauszugeben, machte eine weitere Zusammenarbeit unmöglich. Kreidolf konnte die 18 farblich komplexen Bilder aus gesundheitlichen Gründen unmöglich selbst lithographieren. Bei der Suche nach einem für die Publikation geeigneten Verlag, zuerst in Deutschland, dann auch in der Schweiz, unterstützte ihn Paul Ganz.[5] Da das Bilderbuch bereits für das Weihnachtsgeschäft 1920 angeboten werden sollte, war Eile angesagt.[6] Ende Juni war mit dem Schweizer Rotapfel-Verlag der geeignete Partner gefunden. Dazu äußerte sich Kreidolf Ganz gegenüber positiv: „Daß Sie die *Alpenblumenmärchen* dem Rotapfel-Verlag übergeben haben, ist mir sehr recht. Es wird sich kaum einer so viel Mühe geben, sie gut herauszubringen, wie dieser.“[7] Diese Vermutung konnte zutreffender nicht sein, auch wenn die Publikation letztlich erst 1922 erfolgte.

Am 25. Juni 1920 berichtete Emil Roniger, Gründer des Rotapfel-Verlags, Schriftsteller und Philosoph: „Ich bin gestern mit der Mappe unter dem Arm in erhabenen Gefühlen durch die Strassen Basels gewandert und wem ich die Bilder gezeigt, der hat sich mit mir gefreut [...] Freie, Weite, Sonne, Luft, Grösse – und in all dem die lieblichen Geschöpfe der Bergwiesen. Da lebt der Geist Kreidolfs, vermählt mit dem Geist des Engadins. Die Schweiz muss Ihnen danken für dieses Buch. Und wir vom Rotapfel Verlag wollen alles tun, um es in die Hände aller Schweizer zu bringen.“[8] Dies ist Emil Roniger wohl auch gelungen, gehörten doch Kreidolf-Reigen und Alpenblumenkostüme in den folgenden Jahren zur festen Ausstattung bei zahlreichen Jubiläumsfesten, etwa dem 75. Stiftungsfest des Schweizerischen Buchhändlervereins 1924 (Abb. 2), dem Trachten-Festzug zur Eröffnung der Landwirtschaftlichen Ausstellung in Bern 1925 oder dem 25. Jubiläum des 1900 gegründeten Ski-Clubs Bern. Sogar ein Kurz-Tonfilm der Turicia-Film AG Zürich kam im November 1933 zur Erstaufführung.[9] Die „lieblichen Geschöpfe der Bergwiesen“ wurden zur schweizerischen Identifikationsfläche der Zeit.

Anders blickte ein Vertreter der jüngeren Rezeptionsgeschichte auf die *Alpenblumenmärchen*. 2003 bezeichnete Martin Kaiser diese als „einen Versuch, den europäischen Vernichtungskrieg in einer Bilderbuchgeschichte zu thematisieren.“[10] Kreidolfs Vorliebe für ernste Stoffe ist bekannt.[11] Ob er seiner Neigung auch in diesem Fall nachgab und sich im Bilderbuch tatsächlich mit seiner Zeit auseinandersetzte, soll die Analyse der Bilder zeigen.

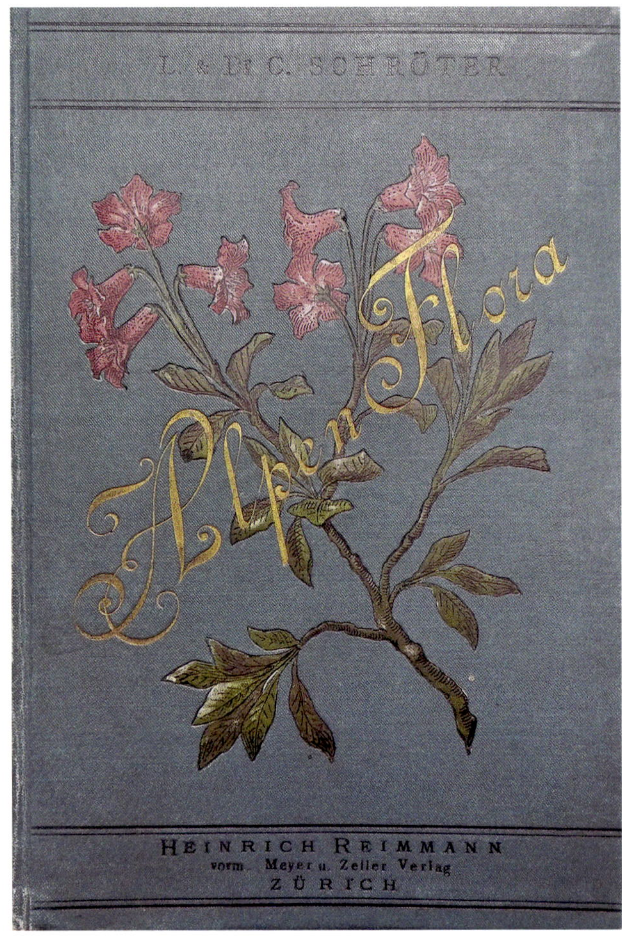

Abb. 3 Das Buch stammt aus Kreidolfs Nachlass und enthält den Eintrag „Ernst Kreidolf 1895“.
Ludwig und Carl Schröter, *Taschenflora des Alpen-Wanderers*; Zürich 1892

„Heil dir du Schlichte, Liebliche, Holde“

Wie bisher lieferte Ernst Kreidolf auch diesmal die begleitenden Verse zu seinen Bildern selbst. Sie beziehen sich auf Eigenschaften, Lebensraum und Bezeichnung der betroffenen Pflanzen. Weiter bedient er Assoziationen aus Mythologie, Rittertradition oder Pflanzenmedizin. Eröffnet wird der Blumenreigen mit dem Krokus. Die Farbigkeit mit braunen Matten und grauem Himmel entspricht der noch trüben Frühjahrsstimmung. Vor diesem Hintergrund erzielt das genau beobachtete und präzis dargestellte, ins Lila übergehende Weiß der Blütenblätter sowie das grelle Gelb der Staubbeutel seine besondere Wirkung. Die im Text erwähnten, schnell aufeinander folgenden Wetterlagen – Sonnenschein und Schneefall – sind in ein und demselben Bild nebeneinander dargestellt (Abb. S. 68). Darauf folgen weitere Einzelblumen, die botanisch korrekt erfasst in eine märchenhafte Handlung einbezogen werden. Weiter hinten im Bilderbuch sind es mehrere Arten zugleich, die im Dialog ihre Eigenarten zur Geltung bringen. Diese Bilder sind charakteristisch für Kreidolfs Stil und Farbgebung, seine profunden botanischen Kenntnisse und sein einfühlsames Vorgehen. Die bereits erwähnten „lieblichen Geschöpfe der Bergwiesen“ haben sein Image geprägt.

Dennoch stellen nicht alle 18 Bilder friedliche Szenen dar. Zuweilen tritt eine erbarmungslose Welt in Erscheinung. Das zierliche Adonis-Röschen wird, in Anlehnung an die mythologische Erzählung, Opfer eines – mit den Zweigen der Eberesche ausgestatteten – Ebers. *Centaurea* (Flockenblume) fertigt mit *Cipripedium* (Frauenschuh) ein Netz an, um darin Fische zu fangen, doch im Text klingt an, dass sie den eigenen Maschen zum Opfer fallen und ertrinken (Abb. S. 70, 73).

Auch Zeitgenössisches findet Eingang in die *Alpenblumenmärchen*. Die bekrönte Alpenrose (*Bei den Alpenrosen*) wird mit „Heil dir du Schlichte, Liebliche, Holde“ angesprochen (Abb. S. 76). Die Assoziation mit der damaligen Schweizer Hymne „Rufst du mein Vaterland“, die in der vierten Zeile mit „Heil dir Helvetia!“ ansetzt, scheint mehr als zufällig (Abb. 4).

Die schon viel besprochenen Feldherren, die hochgiftigen Arzneipflanzen Eisenhut, Rittersporn und Germer, die nicht grundlos im Vordergrund der Darstellung die Kriegsmaschinerie dirigieren, stellen auch in den Begleitversen einen deutlichen Bezug zum erst während der Vorbereitung des Buches beendeten Ersten Weltkrieg her (Abb. S. 72):

„Die Feldherrn stehen
Auf hoher Wacht.
Sie brüten und lenken
Die grosse Schlacht,
Umleuchtet vom blutigen Morgenrot –
dicht neben ihnen steht der Tod.

Es schwirrt in den Lüften –
Das ist der Krieg.
Es wirbelt, es trommelt:
Zum Kampf, zum Sieg!
Durch die Länder atmet’s traurig und schwer –
Von Blut und Schrecken ein grausiges Meer.“[12]

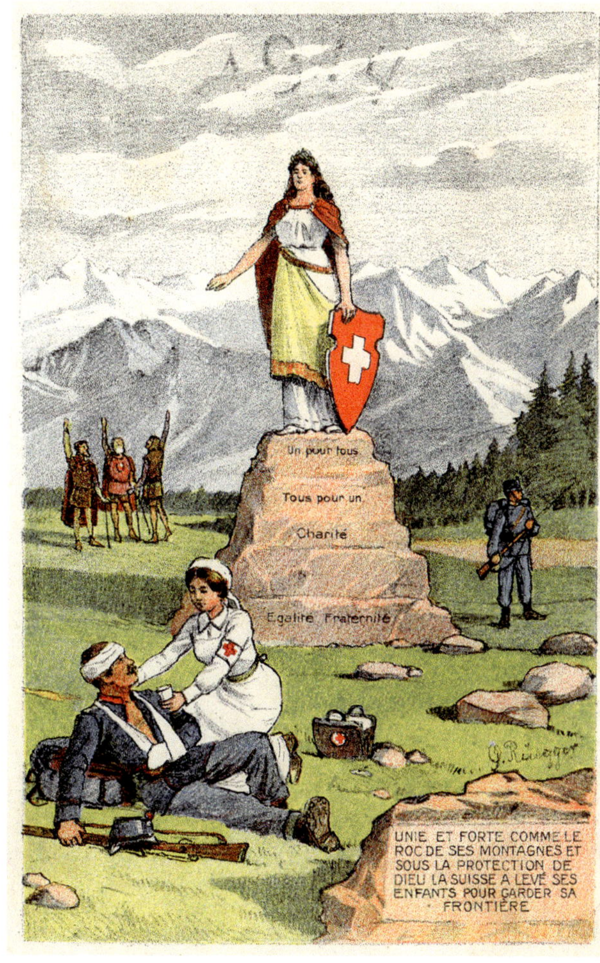

Abb. 4 Die Schweiz, wie sie sich 1914 darstellte. Im Vordergrund eine Krankenschwester mit einem Verletzten; Ansichtskarte Grenzbesetzung 1914

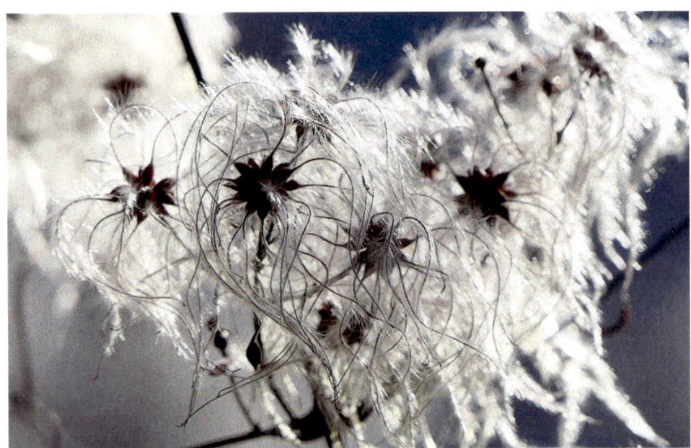

Abb. 5 Clematis alpina, Fruchtstand

Die Darstellung der „freundlichen Schwester" Arnika folgt auf der nächsten Seite: Sie versorgt die zahlreichen Verletzten (Abb. S. 72 und Abb. 4).

Als letzte Pflanze des Buches erscheint die in schwindelerregender Höhe über dem dunklen Abgrund leicht wippende *Atragena* (Clematis; Abb. 6). Somit veranschaulicht sie zugleich den End- und Höhepunkt der *Alpenblumenmärchen*. Mit ausgebreiteten Armen balanciert die grazile Figur, in farblicher Anlehnung an die botanisch korrekte Färbung der Staubblätter weiß gekleidet und mit blauen Blütenblättern bekrönt, im Zentrum der Komposition.[13] Ihre filigranen Früchte (Abb. 5) umrahmen sie vor dem schwarzen Hintergrund. Den Blick in die Zukunft gerichtet, wendet sich der Dichter und Maler mit folgenden Worten an Atragena:

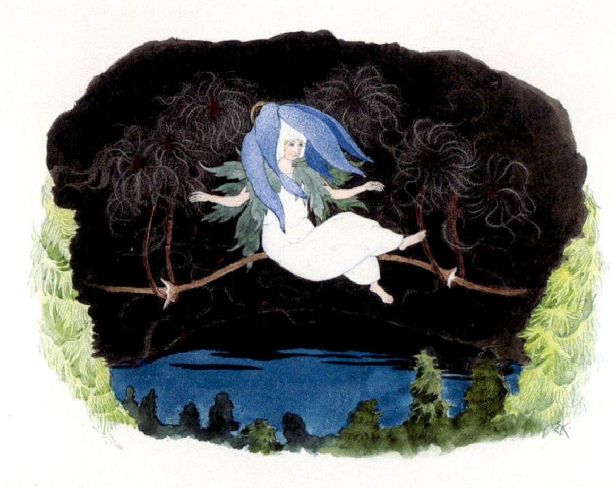

Abb. 6 Ernst Kreidolf: Atragena. Zu: *Alpenblumenmärchen*; 1918/19
Aquarell auf Papier; 31,5 x 39,5 cm

„Sieh, an deinem holden Sterne
Weide ich mein Aug' so gerne.
Deine federleichten Schwingen
Wollen mir die Freude bringen
Auf die schwere, dunkle Erde,
Dass das Herz mir fröhlich werde."

Ernst Kreidolf vermeidet es offensichtlich, zu verniedlichen oder sich ausschließlich dem Netten und Positiven zuzuwenden. Er schließt die Augen weder vor den Bedrohungen der damaligen Welt noch vor den Gefahren der Natur. Vielmehr hat er in dieser von politischen und sozialen Umwälzungen geprägten Zeit mit seiner Märchensprache Bilder gefunden, die vom Urvertrauen in die Natur und von deren heilsamer Kraft erzählen.

Bergblumen

Die *Bergblumen* erschienen 1924 und 1925 in zwei verschiedenen Mappen, entstanden sind sie einige Jahre zuvor – wohl 1918 – als Studien für die *Alpenblumenmärchen*.

Der seit früher Kindheit zeichnende Kreidolf setzte sich als etwa Zwölfjähriger erstmals intensiv mit Pflanzen auseinander: „Damals fing ich an zu botanisieren, Pflanzen zu pressen oder sie auch ins Botanikheft zu malen."[14] Vierzig Jahre später bildeten solche, auf schwarzem Papier gemalten Studienblätter, denen die intensive Beobachtung und botanische Auseinandersetzung vorausging, den Ausgangspunkt für seine *Alpenblumenmärchen*.

Wilhelm Fraenger, der die Einleitung zur zweiten Mappe schrieb, bringt Kreidolfs in diesen Blättern offenbare Begabung auf den Punkt: „Kreidolf gibt nicht allein das äussere *Ebenbild* – er gibt das *Bildnis* seiner Pflanze. Er spiegelt in den Formen der Gewächse zugleich ihr inneres Zumutsein [...]", wie er dies zu Akademiezeiten stets in seinen einfühlsamen Porträts anstrebte. Fraenger führt weiter aus: Dank des subtilen Einsatzes von Aquarell, Ölkreide und Pastellstift gelingt es Kreidolf, „die jeweilige *Stofflichkeit* der Pflanze" sichtbar zu machen. „In einen sammten (sic!) schwarzen Hintergrund gebettet, hebt sich die Farbensilhouette der Pflanzenbilder einprägsam hervor". Allgemein betrachtet stellt er fest: „Kreidolfs Kunst hat eine *Physiognomik unserer Pflanzenwelt*, eine *botanische Charakteriologie* zu ihrer inneren Voraussetzung."[15]

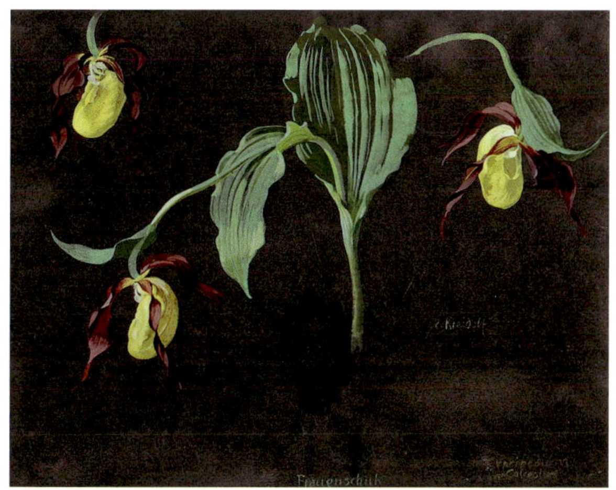

Ernst Kreidolf: Frauenschuh. Zu: *Bergblumen II*; um 1918
Deckfarben auf schwarzem Papier; 25 x 30,6 cm

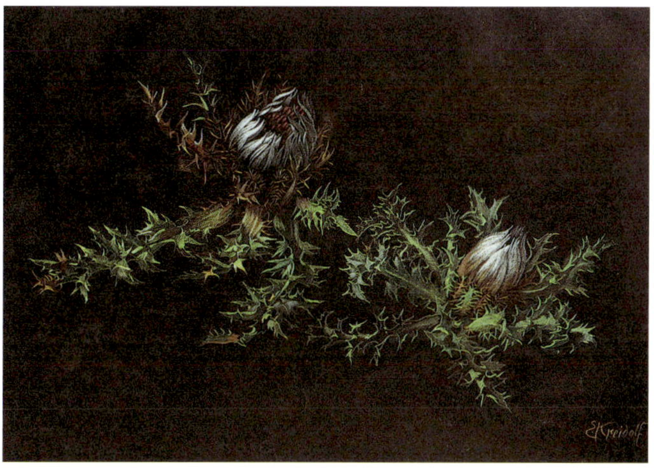

Ernst Kreidolf: Carlina acaulis. Zu: *Bergblumen II*; um 1918
Farbstifte auf schwarzem Papier; 25,7 x 32,2 cm

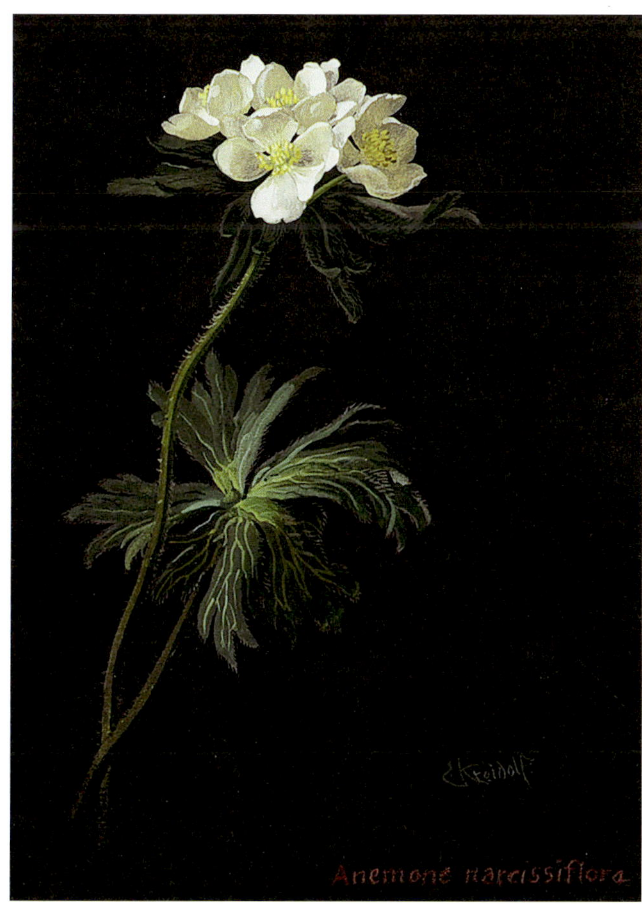

Ernst Kreidolf: Anemone narcissiflora. Zu: *Bergblumen*; um 1918
Deckfarben auf schwarzem Papier; 25 x 16,5 cm

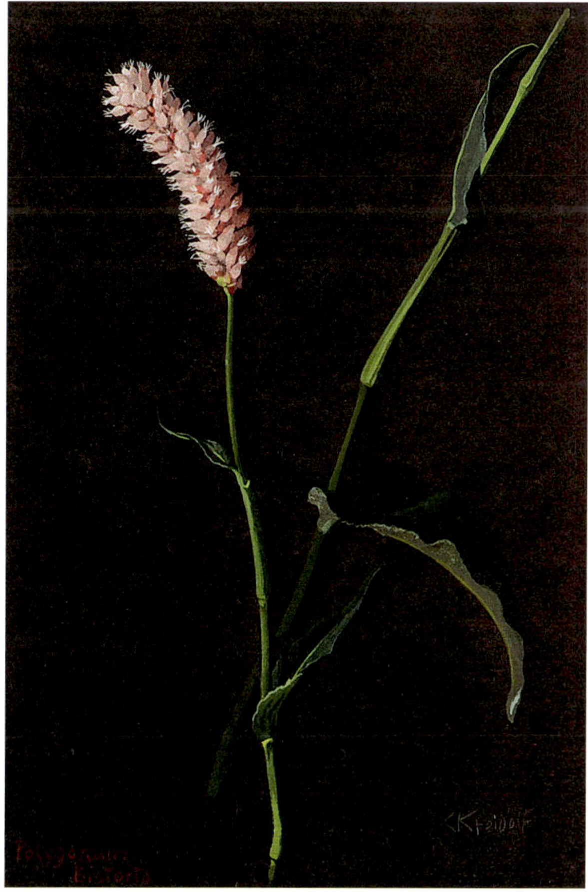

Ernst Kreidolf: Polygonum bistorta. Zu: *Bergblumen*; um 1918
Deckfarben auf schwarzem Papier; 25 x 16,4 cm

Ein Vergleich zwischen botanischem Vorbild und Märchenblume veranschaulicht Kreidolfs Vorgehen. In den *Sumpfblumen* der *Alpenblumenmärchen* stapft der hochgewachsene, schmale Knöterich als einziger nachdenklich durch das Moor. Der „Polygonum bistorta" – sein botanisch korrekt benanntes Vorbild in den *Bergblumen* – geht mit seinem linearen, unverzweigten Stängel und dem ebenfalls länglichen Blütenstand mit präzis angeordneten Blütenkapseln der Märchendarstellung voraus. Der assoziativ denkende Kreidolf hat der langen Pflanze ein Gesicht gegeben (Abb. S. 63, 73).

Gleichwohl erinnert der mit kurzem Stil und großer Blütenkrone ausgestattete Enzian („Gentiana acaulis" = stängelloser Enzian) durch seine kindlichen Proportionen an einen ausgelassenen Bengel. Auf genau diesen treffen wir, zusammen mit Ranunkel, Ankebälleli, Butterzötteli und Schmalzchnölleli, bei *Enzian Ranunkel* in den *Alpenblumenmärchen*. Die botanische Definition der Pflanze sowie die kreative Freiheit des Künstlers bilden die Voraussetzung für die Märchenfigur.

Sogar zeitgenössische Mode-Accessoires finden Eingang in Kreidolfs Märchenwelt. Die Hut-Damenmode der damaligen Zeit lässt Kreidolf bei der Umsetzung der zartblättrigen *Centaurea* einfließen. Das Zusammenspiel der fein ziselierten Staub- und Kronblätter des Vorbildes erinnert an die ausladende Krempe und verzierte Krone der gemütlich schippernden Alpenblume im Märchen (Abb. S. 73).

Die in den *Bergblumen* klar erkennbare, unterschiedliche Textur der Laubblätter der *Centaurea* – außen sattgrün und innen mit einem feinen weißen Flaum überzogen – bringt die Farbtextur zur Geltung. Im Märchen sind die Blätter umgekehrt angeordnet: Die sonst sichtbare Oberseite wird am Kragen der Blume nach innen getragen, während die so zur Geltung kommende weiße Unterseite nach außen gekehrt ist.

Die Studienblätter der *Bergblumen* und die Bilder der Märchen tragen, nebeneinander betrachtet, zum besseren Verständnis des Bilderbuches bei, oder, wie Emil Roniger es in der Einleitung der ersten Mappe ausdrückt: „Diese Studien sind in gewissem Sinn der Schlüssel zum Verstehen [der *Alpenblumenmärchen*]."[16]

Die 12 Blumen Monate

Die *12 Blumen Monate* sind die dritte und letzte Bilderserie, die Kreidolf den Blumen nach seiner Rückkehr in die Schweiz widmete. Sie werden weder von einem erläuternden Märchentext begleitet, noch geht es um botanische Studien. Die zwölf auf schwarzem Papier angelegten Naturszenen veranschaulichen das Blumenjahr mit monatstypischen Pflanzen und Themen aus dem Märchenrepertoire.

Diese Blätter waren nicht für die Publikation bestimmt. Vielmehr handelt es sich um ein sehr persönliches Geschenk an die treue Freundin und Mäzenin Helene Welti-Kammerer. In

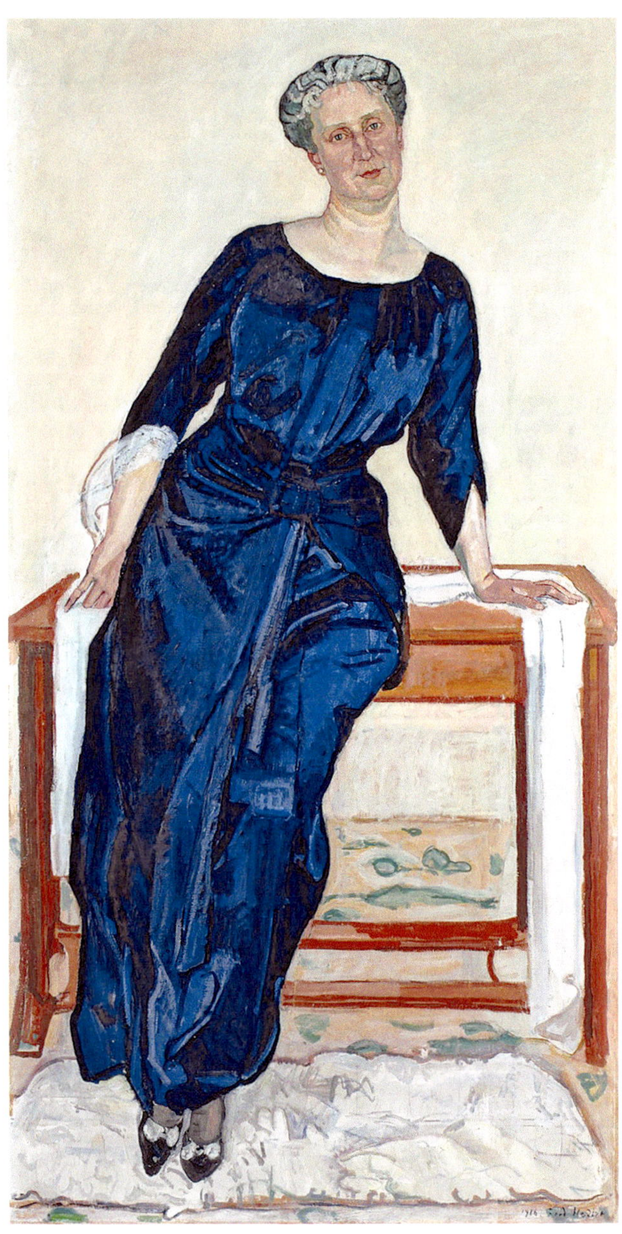

Abb. 7 Ferdinand Hodler: Bildnis Helene Welti-Kammerer; 1916
Öl auf Leinwand; 202 x 100 cm

der Tat trägt die Serie auf der Rückseite der Titelseite folgende Widmung: „In Dankbarkeit / Frau Dr. Helene Welti gemalt / von Ernst Kreidolf / 1930."[17] Erstmals wurden die *12 Blumen Monate* 1980, zusammen mit Texten von Fritz Senft, unter dem Titel *Grashüpfer und Falterfee* herausgegeben. Auf der Titelseite wurde der ursprüngliche Titel wegretuschiert und die Widmung bleibt unerwähnt, so dass die Entstehungsgeschichte nicht erkennbar ist.

Die freundschaftliche Beziehung zwischen Ernst Kreidolf und Helene und Emil Welti geht auf die späten 1900er-Jahre zurück (Abb. 7). Die in der Burgerbibliothek Bern aufbewahrte Korrespondenz zwischen Kreidolf und dem Ehepaar Welti setzte 1909 ein und dauerte bis zum Tod von Helene Welti 1942. Etliche Male war Kreidolf zu Gast im Lohn, dem Anwesen der Weltis in Kehrsatz (Abb. 8). Dort wurde er bei Krankheit gepflegt und umsorgt oder, nunmehr in Bern wohnhaft, als Gast unterhalten. Auch heute kann im Lohn noch immer das Kreidolf-Zimmer besichtigt werden.

Im Nachlass des Vereins Ernst Kreidolf im Kunstmuseum Bern wird eine Reihe von 21 bebilderten Grußkarten unter dem Titel „Sammlung Emil Welti" aufbewahrt. In der oben erwähnten Korrespondenz zwischen Kreidolf und den Weltis befinden sich diverse Verdankungen für diese kleinen Freundschaftsgeschenke, die – wie auch der sehr rege Briefwechsel – von Vertrautheit zeugen. So bezieht sich das Motiv des Geige spielenden Grashüpfers auf der *Glückwunschkarte 1919* einem Nachruf nach zu urteilen wohl auf Emil Welti.[18] Der Grashüpfer mit der Geige ist ebenfalls im poetischen Juni-Blatt der *Blumen Monate* anzutreffen.

Außer der von Kreidolf geschätzten Grashüpfer beleben noch weitere Wesen, meist Pflanzen, den Jahresreigen. Die blühende Ranunkel mit davonspringenden Weidenkätzchen im April sowie prächtige Schmetterlinge und Centaurea im September veranschaulichen Kreidolfs Beobachtungen der Jahresflora.

Als ausgebildeter Maler war Kreidolf zweifellos mit der Ikonographie der Monatszyklen in der abendländischen Kunst vertraut. Das Titelblatt, eine mit vollem Blumenkorb in die Mitte des Bildfeldes eilende Pflanze, reiht die Serie als Schenkung in die seit der Antike bekannte Tradition ein (Abb. S. 58). Die Tätigkeiten der jeweiligen Jahreszeiten spiegeln sich im Rhythmus der Pflanzenleben. Für den Dezember wird ferner das Motiv

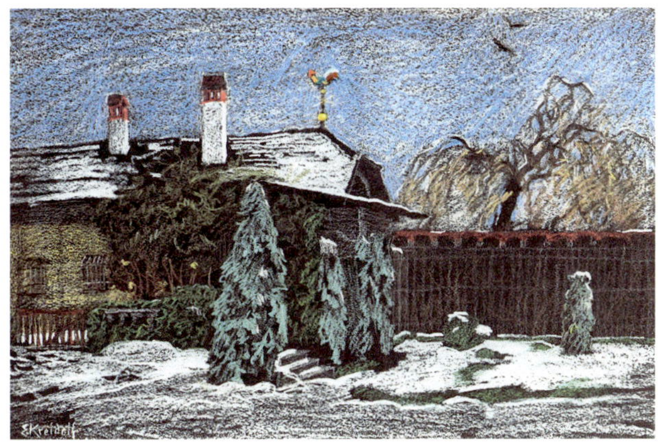

Abb. 8 Die Vorlage für den Wetterhahn wurde von Ernst Kreidolf entworfen.
Ernst Kreidolf: Ansicht vom Landgut Lohn im Winter; 1920
Farbstifte, Kreide auf schwarzem Papier; 16,4 x 24,2 cm

der von Gott gesetzten kosmischen Ordnung, die den Rahmen des menschlichen Handelns angibt, bedient (Abb. S. 81).

Mit der Wahl des auch ästhetisch überzeugenden schwarzen Trägerpapiers können die *12 Blumen Monate* als geglückte Auflösung eines gestalterischen Konflikts aus Studienzeiten gesehen werden. Zu seiner persönlichen Auseinandersetzung mit dem Naturalismus und der Phantasiemalerei schreibt Kreidolf über diese frühe Zeit: „Ich benutzte Modell, malte viel aus dem Kopf daran, plagte mich – ich spürte, ich war in ein Missverhältnis geraten zwischen Phantasiemalerei und Naturalismus. Malte ich auswendig, so fehlte mir zu viel zur Vollendung, benutzte ich Modell, so kam ich in etwas Nüchternes, Alltagsmässiges hinein, was meinem Empfinden und meinen Absichten nicht entsprach."[19]

Der für botanische Studien traditionsreiche schwarze Bildträger verspricht realitätsnahe Präzision. Diese trifft für die *Bergblumen* auch zu, ist jedoch bei den humorvoll-poetischen Märchenszenen der *12 Blumen Monate* mit einem Augenzwinkern zu begreifen: Auch Märchen dürfen – vor allem in diesem privaten Rahmen – als wahrheitsgetreue Wiedergabe der Realität gelten.

In den drei hier vorgestellten Bildschöpfungen, dem Märchen, den Blumenstudien und ihrer Mischform, den Märchenblumenstudien, verbinden sich Phantasie und Naturalismus im Schaffen von Ernst Kreidolf aufs Glücklichste.

1 Ernst Kreidolf, *Lebenserinnerungen*. Hg. v. Jakob Otto Kehrli, Zürich 1957.

2 Kehrli 1957 (wie Anm. 1), S. 127.

3 Kehrli 1957 (wie Anm. 1), S. 128.

4 Die Schynige Platte („scheinende" Schieferplatte) liegt oberhalb von Interlaken im Berner Oberland. Der dortige botanische Alpengarten wurde 1929 eröffnet.

5 Auf die Zusammenarbeit mit dem Schaf[f]stein-Verlag konnte Kreidolf nicht mehr zählen, wie er Ganz in einem Brief mitteilt: „Mein Verleger will jetzt zwar nichts mehr wissen von neuen Bilderbüchern. Er verdient mehr durch seinen religiösen Verlag. Das soll mich zwar nicht abschrecken, wieder Bilderbücher zu machen!" Zentralbibliothek Zürich, Handschriftenabteilung, Nachlass P. Ganz 32.50, Februar 1917.

6 Ebd., Brief aus Winterthur, 7. Mai 1920. Als geeignete Verlage für die *Alpenblumenmärchen* kämen Callwey oder E. A. Seemann in Leipzig in Frage. „Es ist freilich jetzt wichtig, dass die Sache vorwärts geht, wenn das Werk auf nächste Weihnachten herauskommen soll."

7 Ebd., Brief aus Winterthur, 26. Juni 1920. Kreidolf und Roniger hatten einander im Winter 1916 in St. Moritz persönlich kennengelernt.

8 Burgerbibliothek Bern, Nachlass Ernst Kreidolf 17.65(5) (I), siehe auch Roland Stark, Ernst Kreidolf (1863–1956) in Graubünden. In: *Zauberwelt im Bilderbuch. Von Graubünden in die Welt*. Hg. v. Kristina Hartmann, Chur 2008, S. 92–105, hier S. 95.

9 Schreiben der Turicia-Film AG an Ernst Kreidolf, 9. November 1933, Archiv Verein Ernst Kreidolf. Auch im *Schweizer Filmkurier* 37 (1933–1934), S. 3, wird über den Film berichtet: „Der dritte Kurz-Tonfilm ist die Belebung von E. Kreidolfs *Alpenblumenmärchen*. „[...] Das Publikum wird sich bestimmt an den Naturschönheiten der Heimat freuen, welche sich ihm bieten."

10 Martin Kaiser, Ernst Kreidolf: „Ein Wintermärchen". Idee und Ikonographie eines Bilderbuchs. In: *Librarium, Zeitschrift der Schweizerischen Bibliophilen Gesellschaft*, 46. Jg., H. 3, 2003, S. 204–223, hier S. 220. Vgl. auch Sibylle Walther, Ernst Kreidolf und die Alpen. In: *Ernst Kreidolf. Bergzauber und Wurzelspuk*. Burgerbibliothek Bern (Hg.), Bern 2017. S. 39–64.

11 „Religiöse und andere tiefsinnige Stoffe zogen mich mächtig an". Ernst Kreidolf. In: *Lebenserinnerungen* (Typoskript). Privatbesitz Schweiz, S. 219 f.

12 Kaiser 2003 (wie Anm. 10), S. 220. Zuletzt Hans ten Doornkaat, „Der grosse Krieg in Büchern für die Kleinsten. In: *NZZ Geschichte*, Nr. 16, 2018, S. 74–82, hier S. 80.

13 In dem 1931 erschienenen *Grashupfer* stellt Kreidolf mit *Der Seiltänzer* abermals eine balancierende Figur vor. Sein Interesse für das Seiltanzen belegen undatierte Fotos eines Seiltänzers der „Sommervariétés" (Nachlass Ernst Kreidolf im Kunstmuseum Bern, Skizzenbuch 15). Zu dem Buch *Grashupfer* siehe Sibylle Walther, Ein leichtfüssiger Lebenskünstler mit Tiefgang. In: *Faltertanz und Hundefest. Ernst Kreidolf und die Tiere*. Verein und Stiftung Ernst Kreidolf (Hg.), Ausst.-Kat. Bern und Konstanz (Kunstmuseum Bern und Städtische Wessenberg-Galerie) Petersberg 2013, S. 51–57, S. 54 f.

14 Kehrli 1957 (wie Anm. 1), S. 35.

15 *Ernst Kreidolf, Bergblumen II, Sieben Bilder*. Mit einer Einführung von Wilhelm Fraenger, Zu den Bergblumen Ernst Kreidolfs, Erlenbach-Zürich, Leipzig/München 1925, S. IV f.

16 *Ernst Kreidolf, Bergblumen I, Acht Tafeln*. Erlenbach-Zürich, Leipzig/München 1924.

17 Im Kunstmuseum Bern befindet sich ein leeres Album. Auf dessen Rücken steht in goldener Schrift „Die 12 Monate (sic!) / Für Frau Dr. Helene Welti". Die genannten Blätter waren einst darin eingefasst. In das Kunstmuseum kamen die *12 Blumen Monate* 1996 als „Schenkung Roniger". Kürzlich erschien eine Arbeit zum Einband: Muriel Alice Kupper, Passepartout-Band aus der Sammlung des Vereins Ernst Kreidolf, (Semesterarbeit). Hochschule der Künste Bern, Fachbereich Graphik (2020). Schriftgut und Photographie.

18 „Dr. Welti selbst war ein guter Geiger und hat in jüngeren Jahren oft im verstärkten Berner Stadtorchester mitgespielt". Hermann Rennefahrt, Erinnerungen an Dr. Friedrich Emil Welti und Frau Helene Welti-Kammerer. In: *Berner Zeitschrift für Geschichte und Heimatkunde*, Bd. 24, 1962, S. 84–89, hier S. 87.

19 Kehrli 1957 (wie Anm. 1), S. 120.

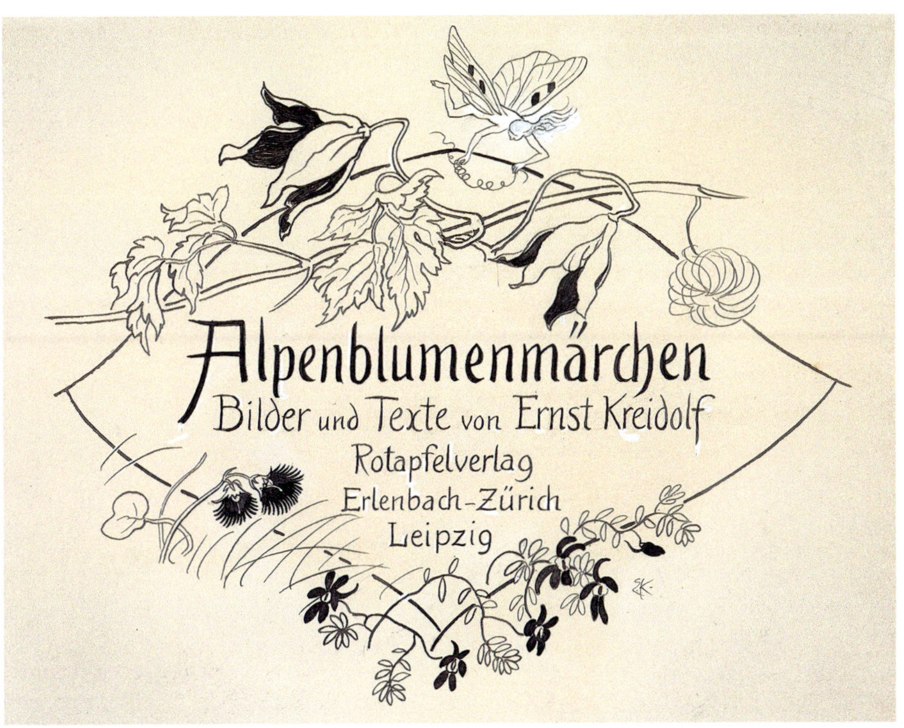

Ernst Kreidolf: Titelblatt. Zu: *Alpenblumenmärchen*; um 1918/19
Aquarell, Deckweiß auf Papier; 27,3 x 33,4 cm

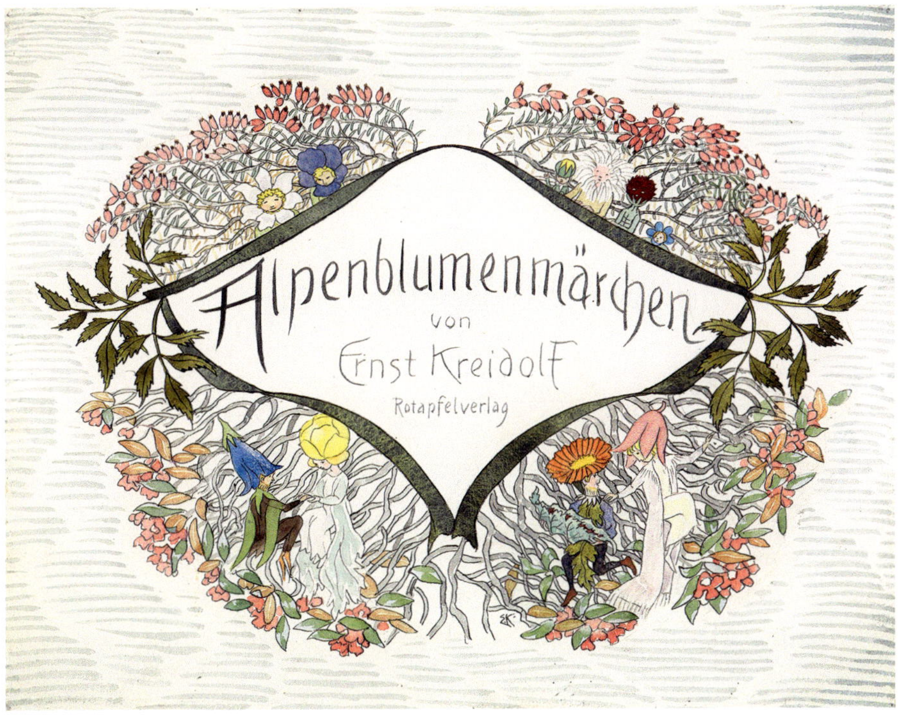

Ernst Kreidolf: Vorderer Buchdeckel. Zu: *Alpenblumenmärchen*; 1922
Aquarell, Deckweiß auf Papier; 32,9 x 41,3 cm

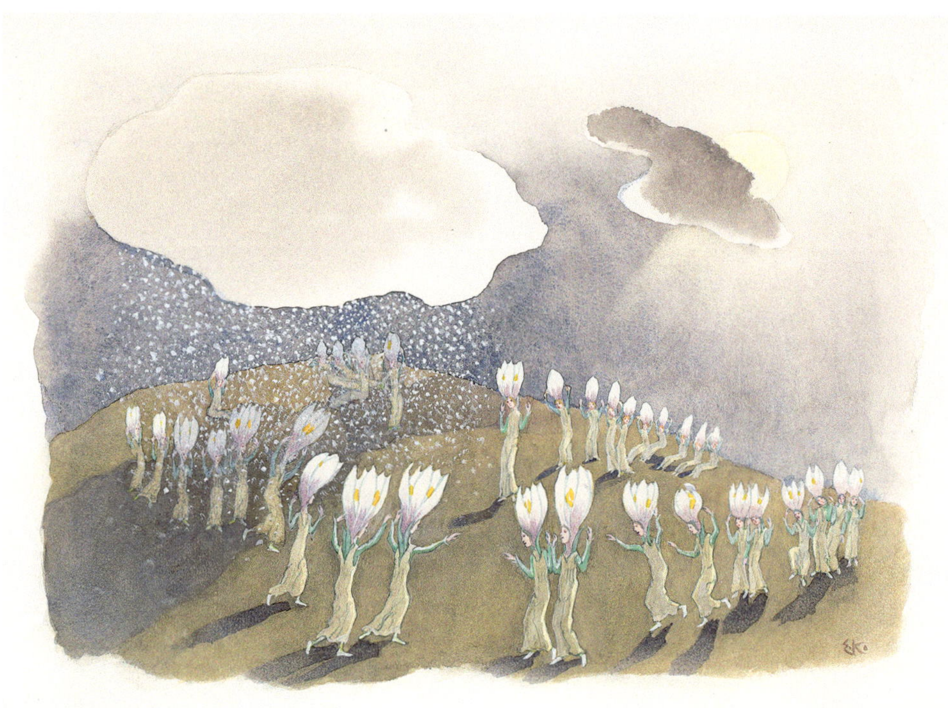

Ernst Kreidolf: Krokus. Zu: *Alpenblumenmärchen*; 1918/19
Aquarell auf Papier; 31,5 x 39,5 cm

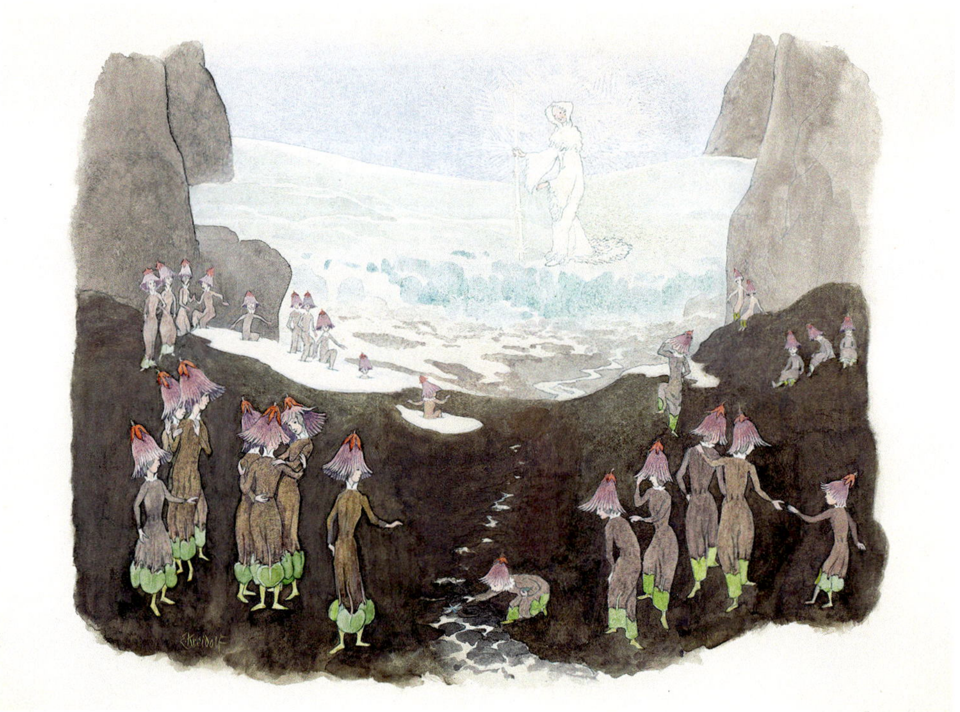

Ernst Kreidolf: Soldanellen. Zu: *Alpenblumenmärchen*; 1918/19
Aquarell auf Papier; 31,5 x 39,5 cm

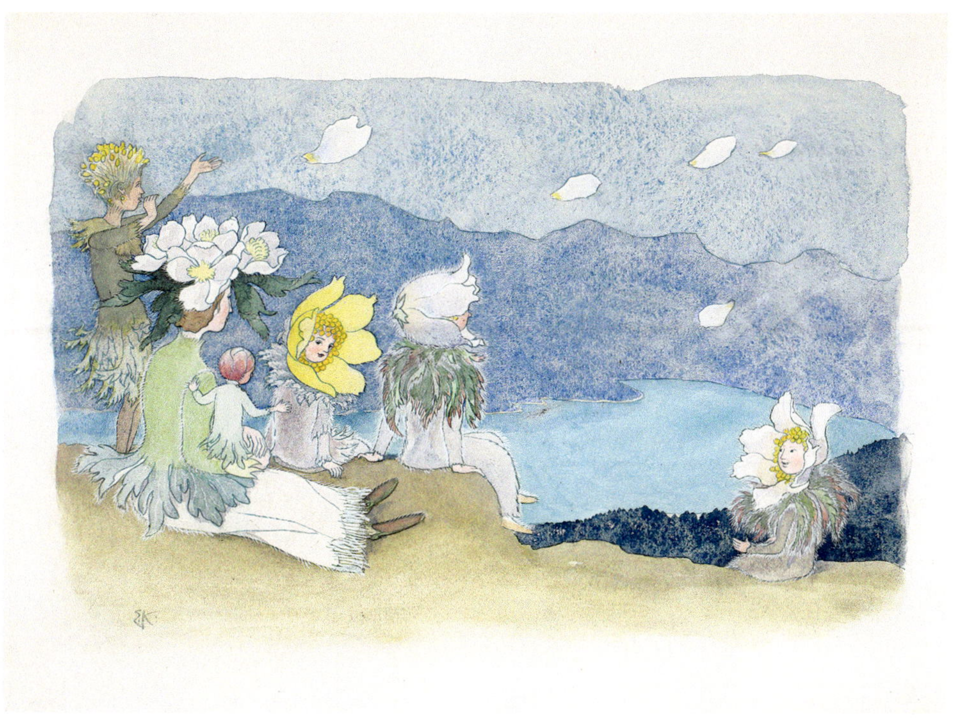

Ernst Kreidolf: Anemonen. Zu: *Alpenblumenmärchen*; 1918/19
Aquarell auf Papier; 31,5 x 39,5 cm

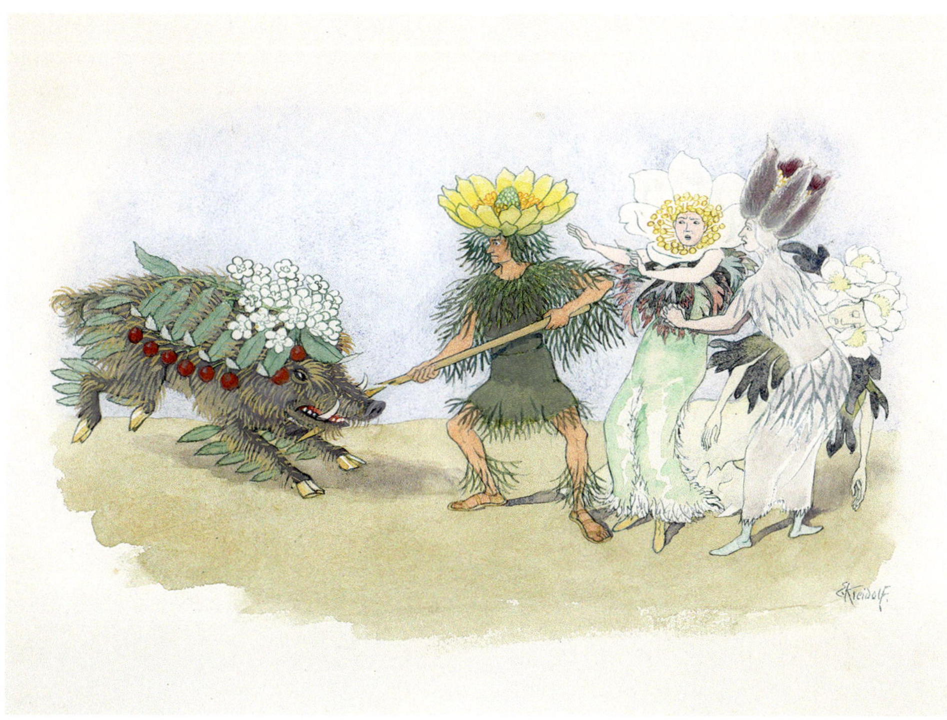

Ernst Kreidolf: Adonis. Zu: *Alpenblumenmärchen*; 1918/19
Aquarell auf Papier; 31,5 x 39,5 cm

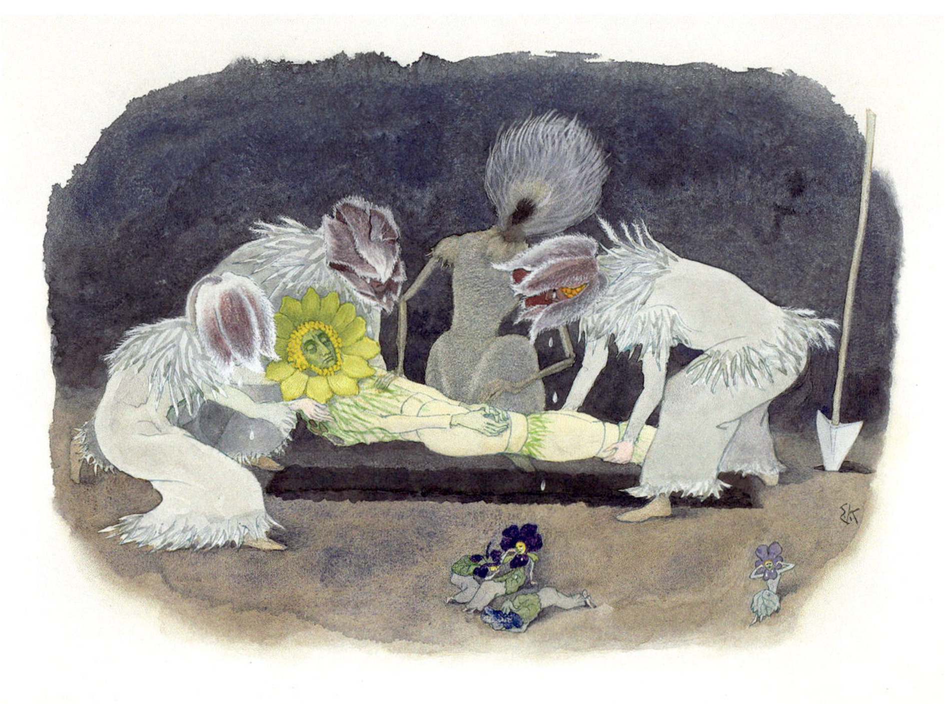

Ernst Kreidolf: Begräbnis der Adonis. Zu: *Alpenblumenmärchen*; 1918/19
Aquarell auf Papier; 31,5 x 39,5 cm

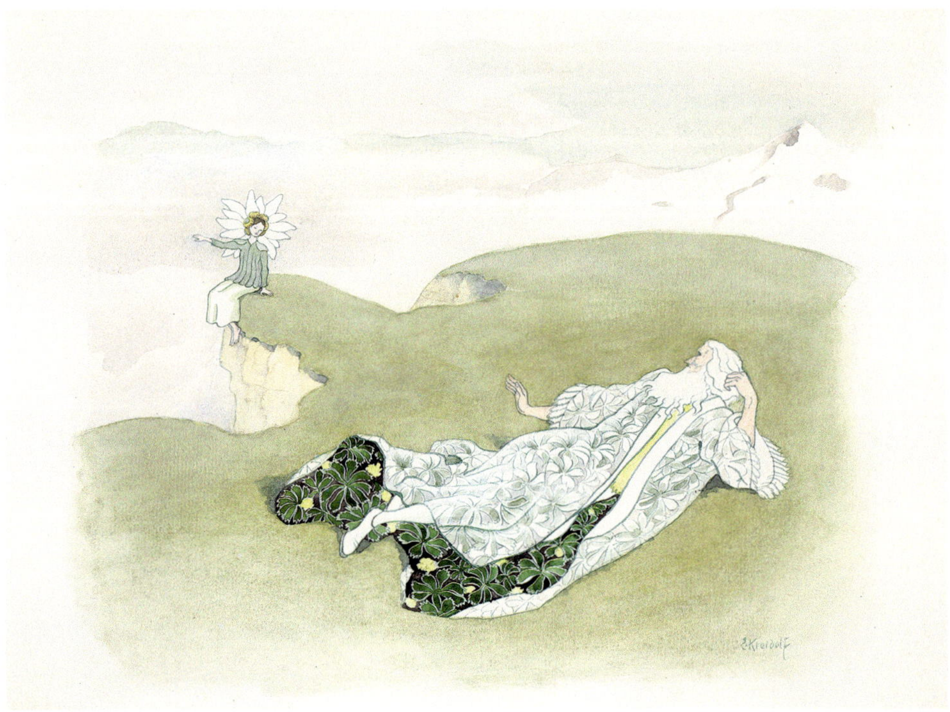

Ernst Kreidolf: Edelweiss und Silbermantel. Zu: *Alpenblumenmärchen*; 1918/19
Aquarell auf Papier; 31,5 x 39,5 cm

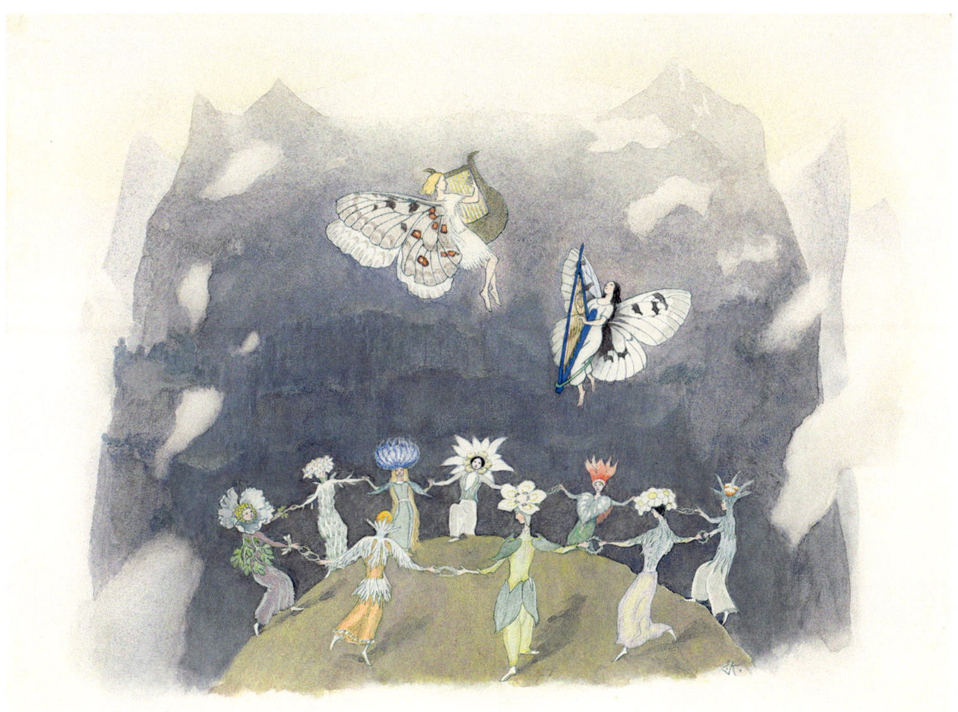

Ernst Kreidolf: Parnass. Zu: *Alpenblumenmärchen*; 1918/19
Aquarell auf Papier; 31,5 x 39,5 cm

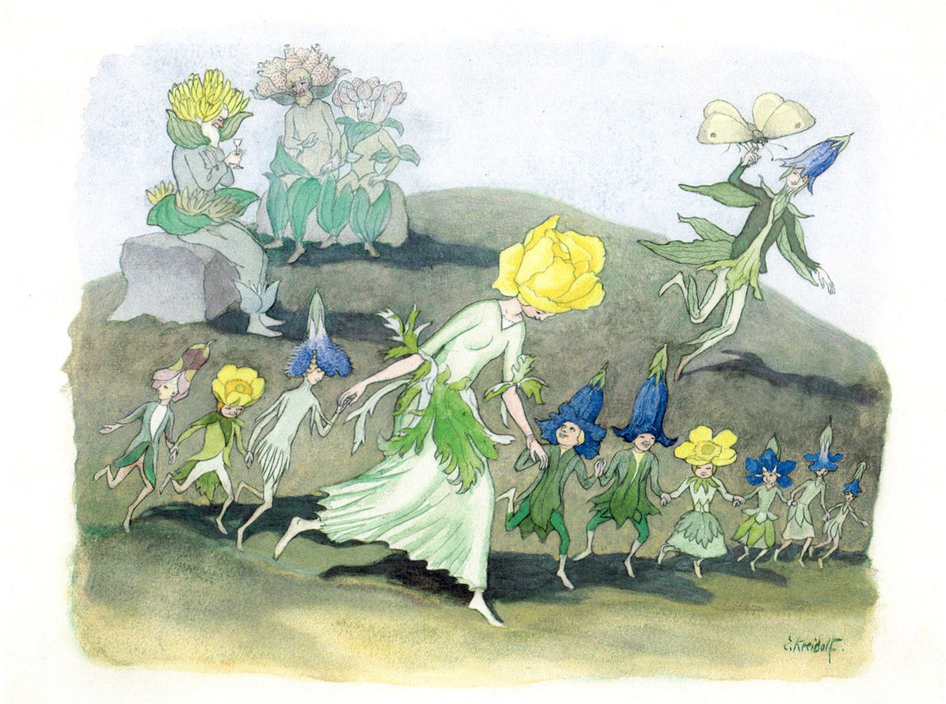

Ernst Kreidolf: Enzian, Ranunkel. Zu: *Alpenblumenmärchen*; 1918/19
Aquarell auf Papier; 31,5 x 39,5 cm

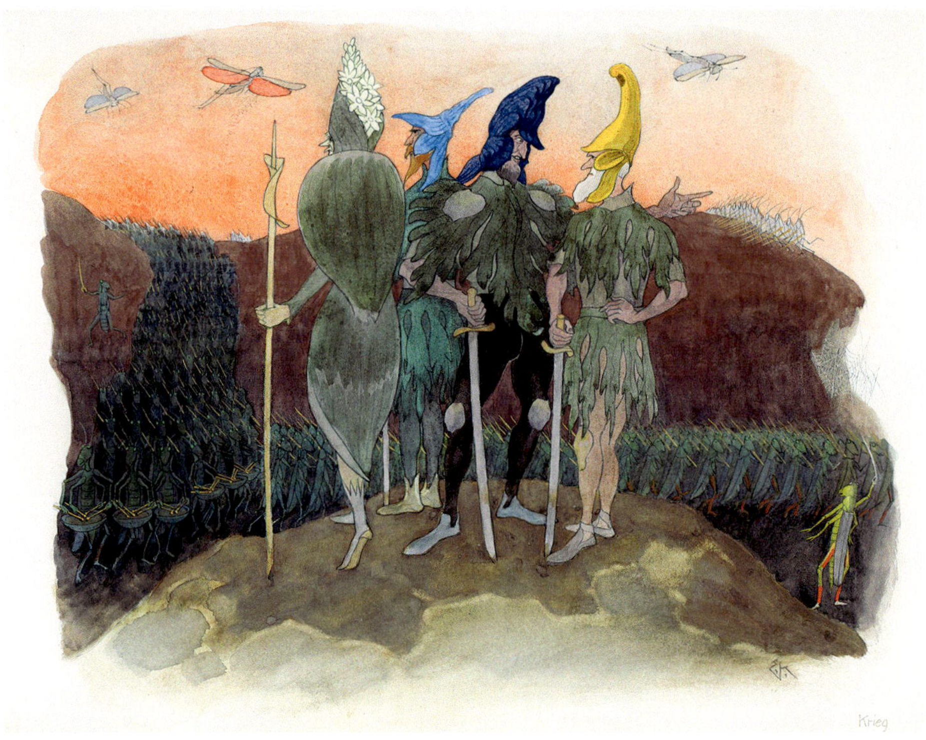

Ernst Kreidolf: Eisenhüte, Rittersporn und Germer. Zu: *Alpenblumenmärchen*; 1918/19
Aquarell auf Papier; 31,5 x 39,5 cm

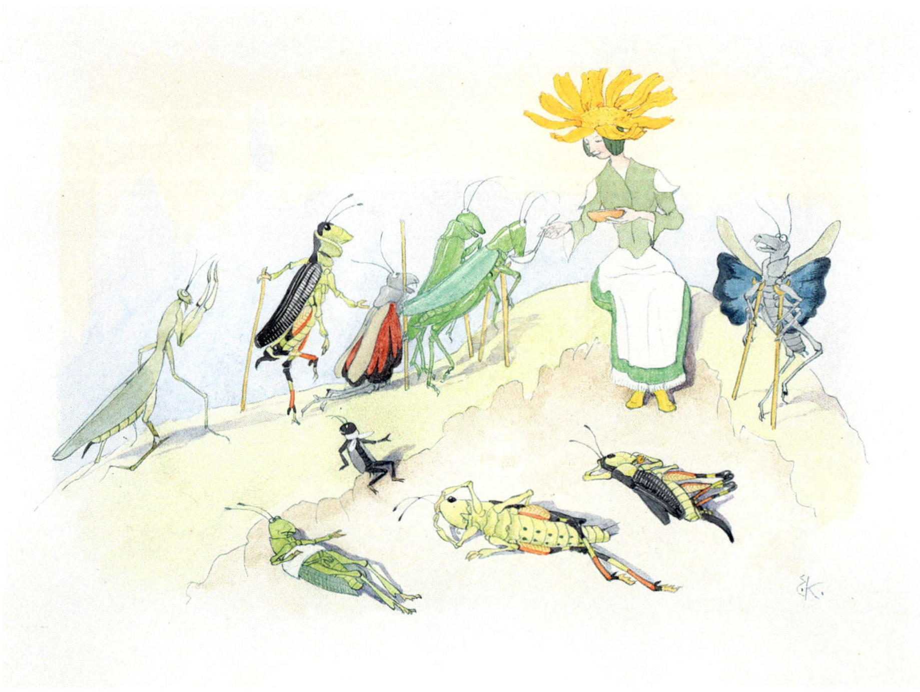

Ernst Kreidolf: Arnika. Zu: *Alpenblumenmärchen*; 1918/19
Aquarell auf Papier; 31,5 x 39,5 cm

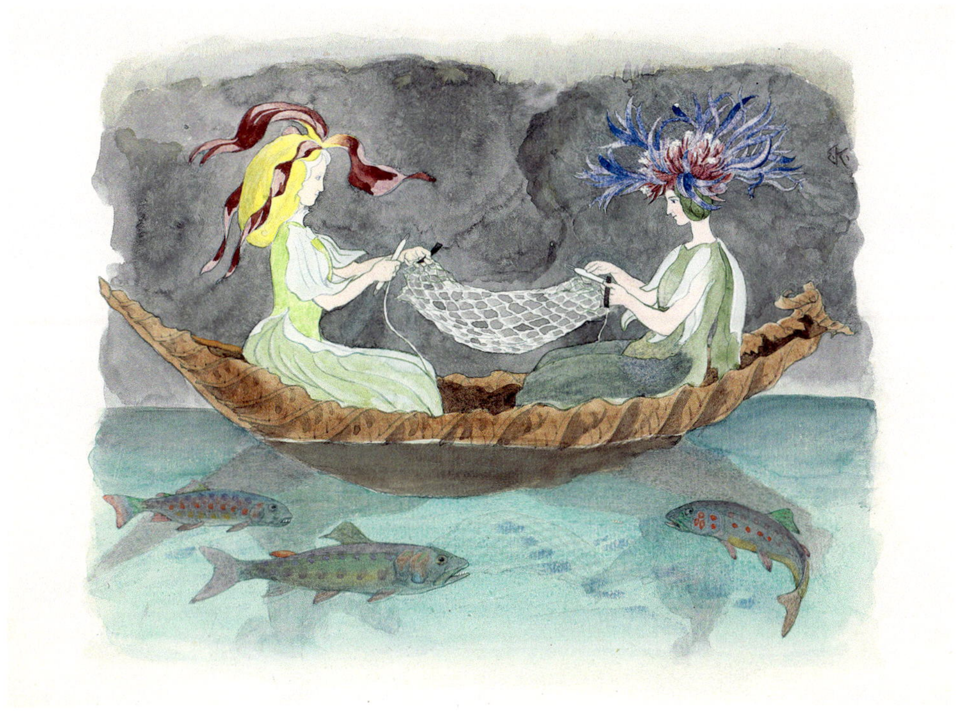

Ernst Kreidolf: Cipripedium und Centaurea. Zu: *Alpenblumenmärchen*; 1918/19
Aquarell auf Papier; 31,5 x 39,5 cm

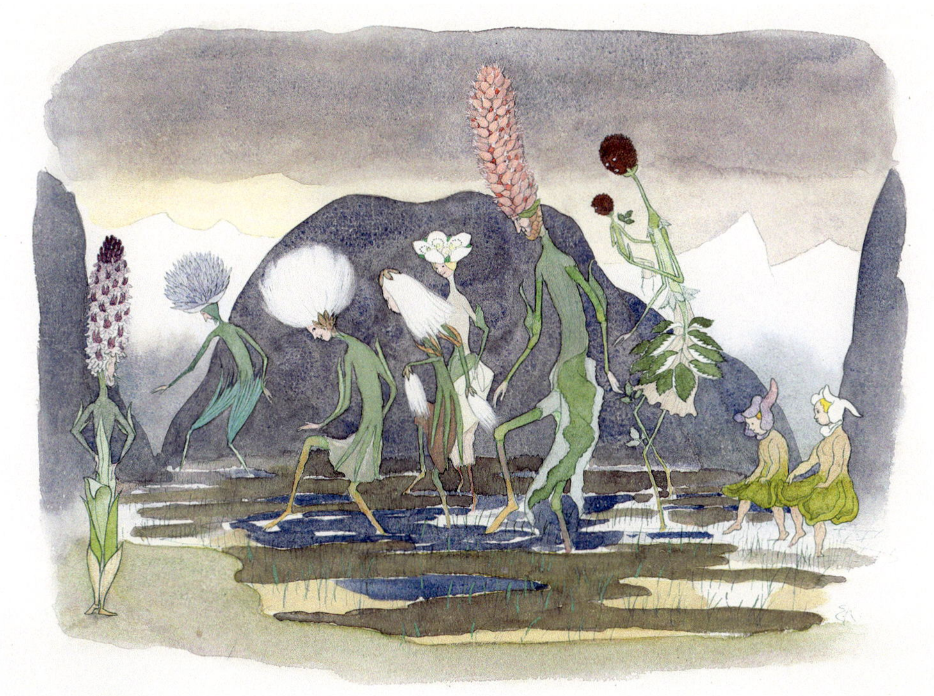

Ernst Kreidolf: Die Sumpfblumen. Zu: *Alpenblumenmärchen*; 1918/19
Aquarell auf Papier; 31,5 x 39,5 cm

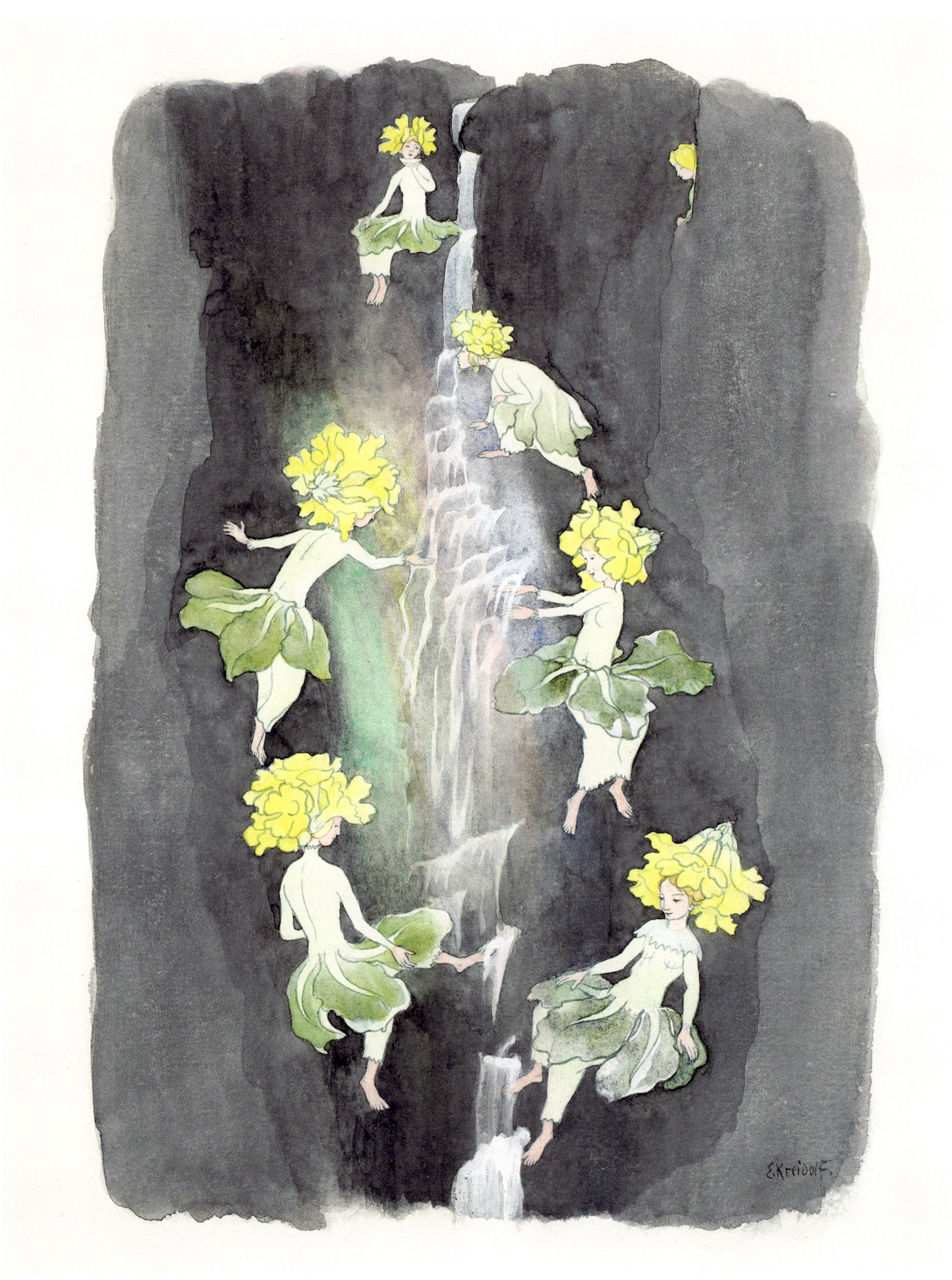

Ernst Kreidolf: Primula Auricula. Zu: *Alpenblumenmärchen*; 1918/19
Aquarell auf Papier; 39,5 x 31,5 cm

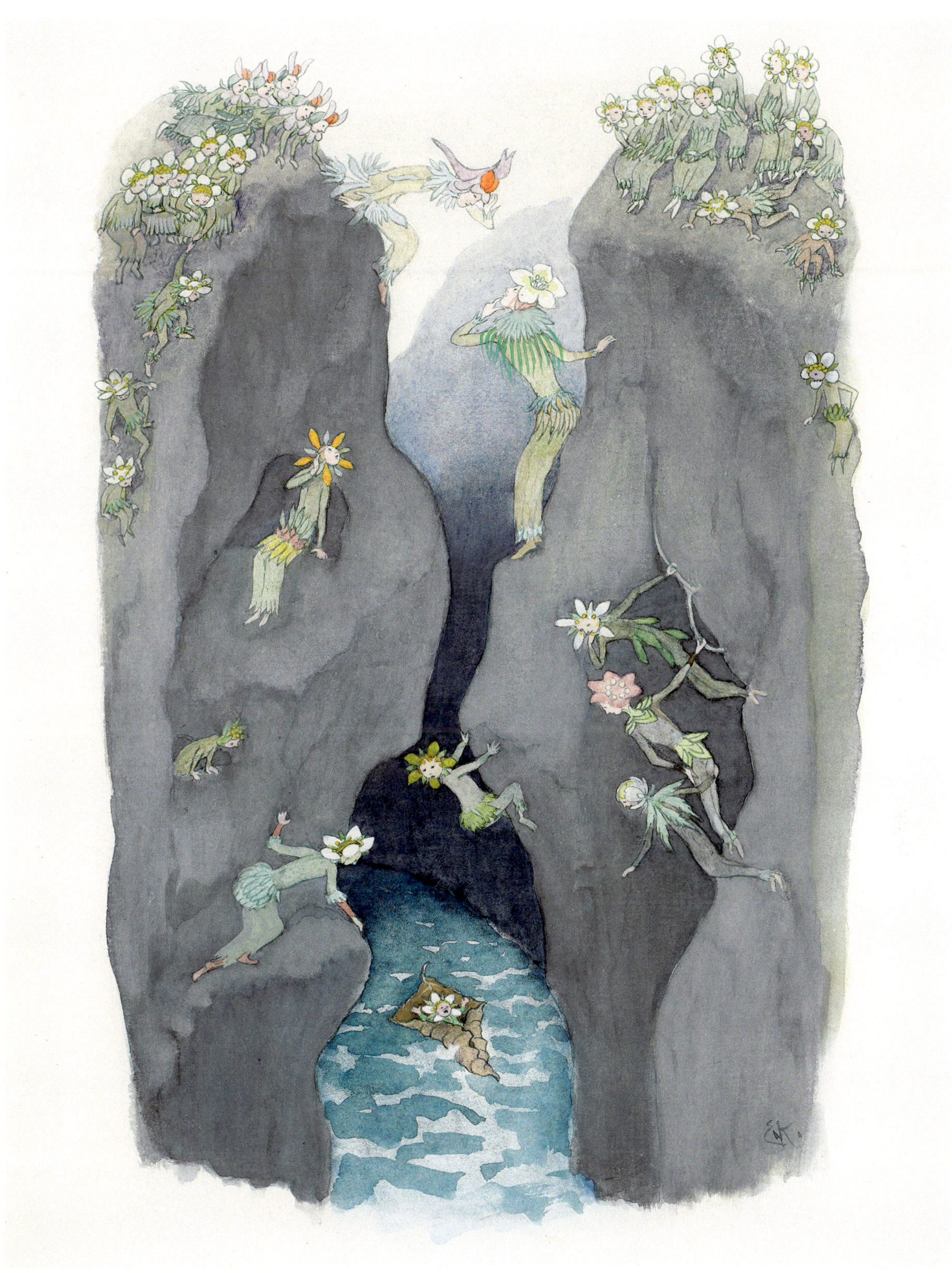

Ernst Kreidolf: In der Schlucht. Zu: *Alpenblumenmärchen*; 1918/19
Aquarell auf Papier; 39,5 x 31,5 cm

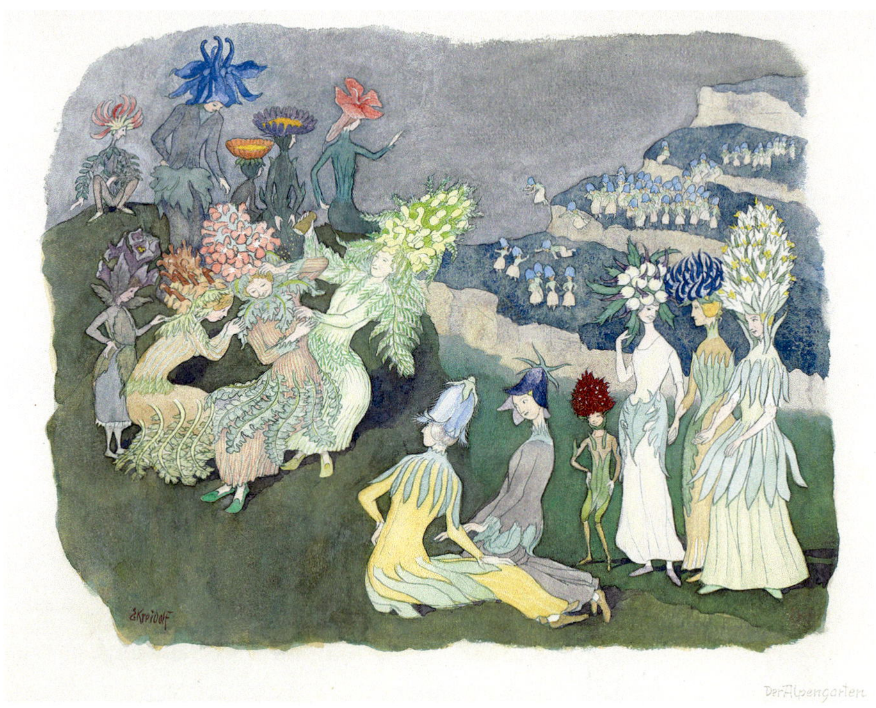

Ernst Kreidolf: Der Alpengarten. Zu: *Alpenblumenmärchen*; 1918/19
Aquarell auf Papier; 31,5 x 39,5 cm

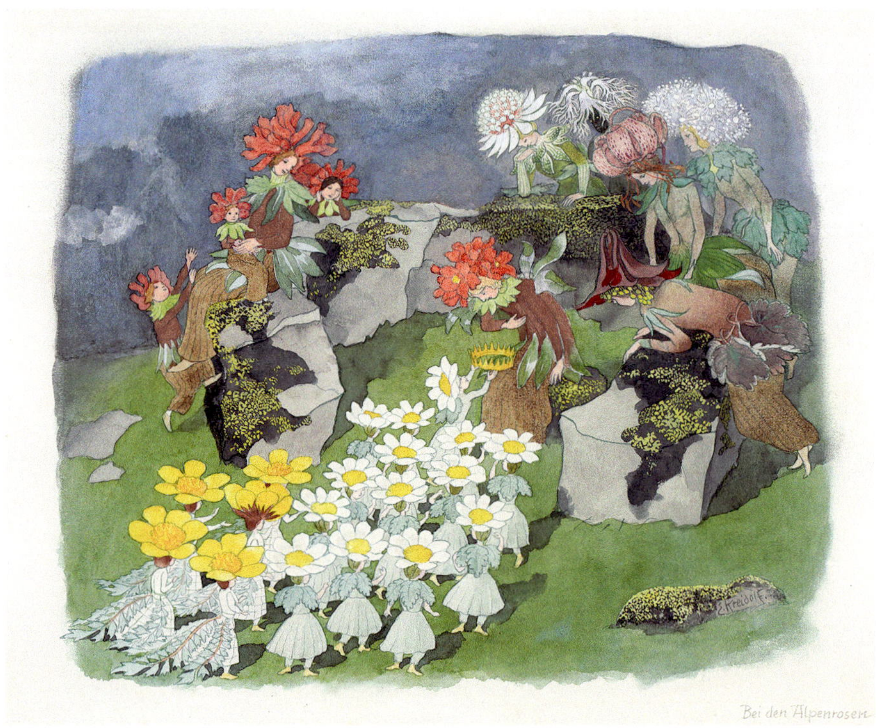

Ernst Kreidolf: Bei den Alpenrosen. Zu: *Alpenblumenmärchen*; 1918/19
Aquarell auf Papier; 31,5 x 39,5 cm

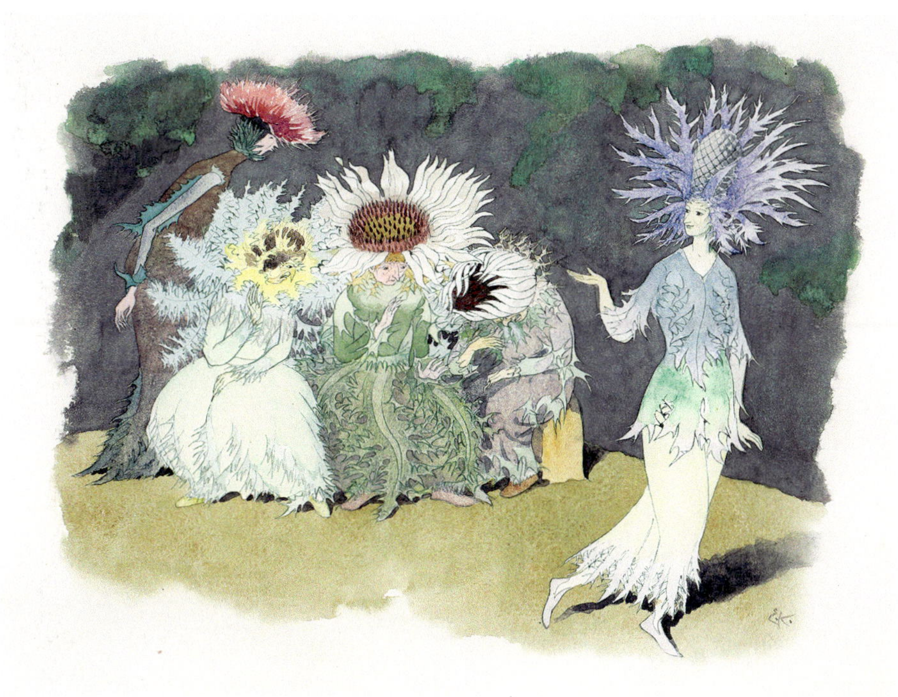

Ernst Kreidolf: Disteln und das Eryngium. Zu: *Alpenblumenmärchen*; 1918/19
Aquarell auf Papier; 31,5 x 39,5 cm

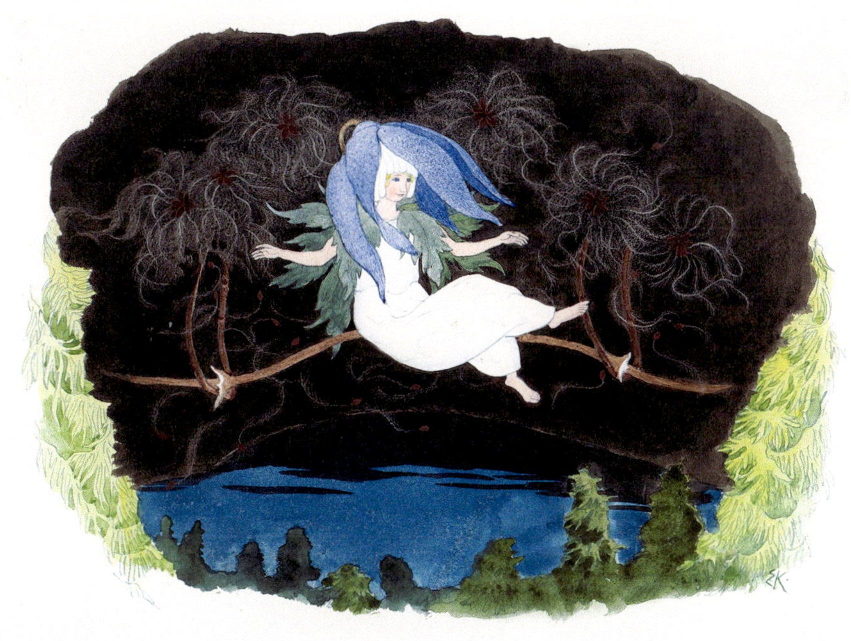

Ernst Kreidolf: Atragena. Zu: *Alpenblumenmärchen*; 1918/19
Aquarell auf Papier; 31,5 x 39,5 cm

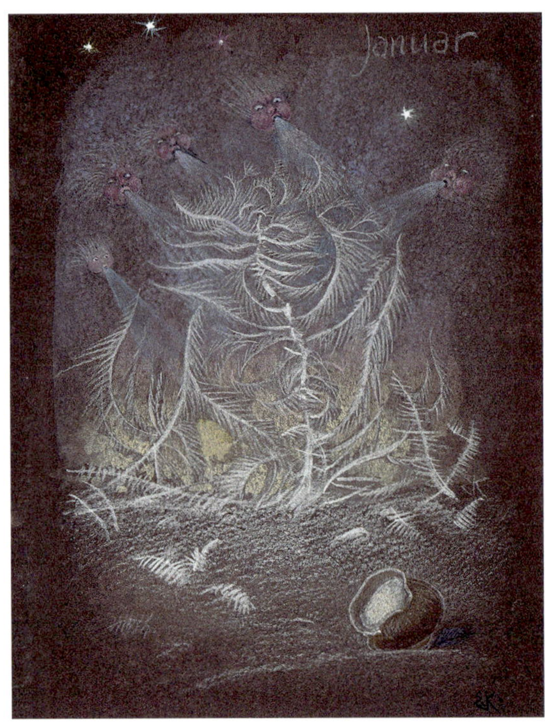

Ernst Kreidolf: Januar. Zu: *Die 12 Blumen Monate*; 1930
Kreide, Gouache auf schwarzem Papier; 17,5 x 12 cm

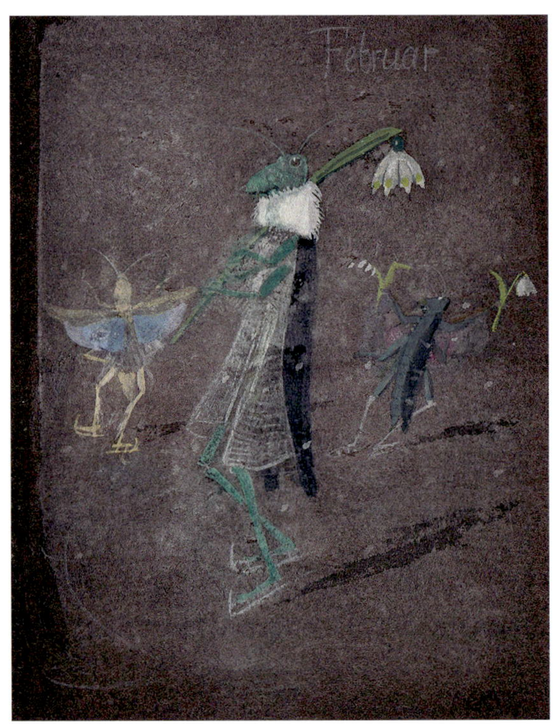

Ernst Kreidolf: Februar. Zu: *Die 12 Blumen Monate*; 1930
Kreide, Gouache auf schwarzem Papier; 17,5 x 12 cm

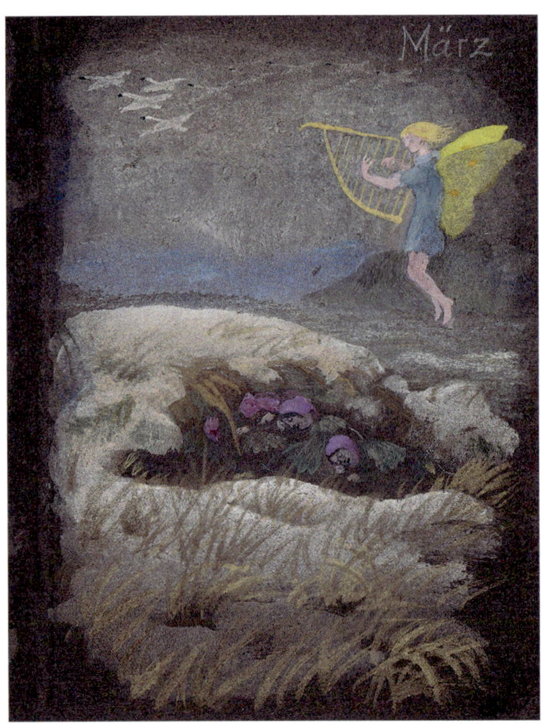

Ernst Kreidolf: März. Zu: *Die 12 Blumen Monate*; 1930
Kreide, Gouache auf schwarzem Papier; 17,5 x 12 cm

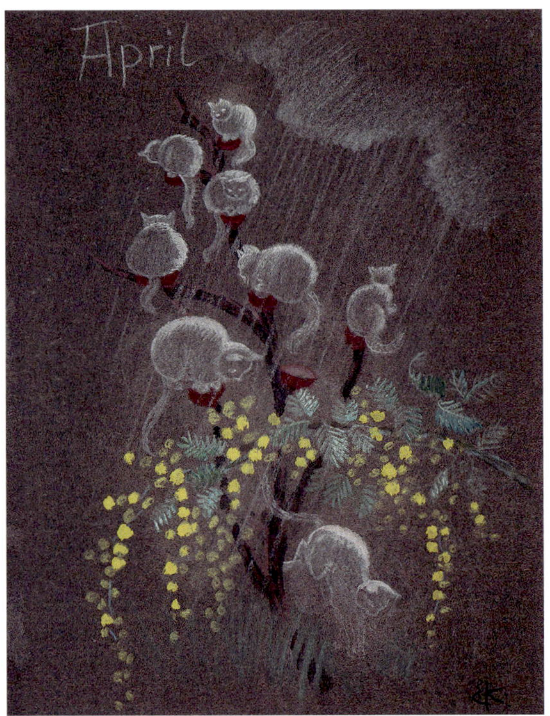

Ernst Kreidolf: April. Zu: *Die 12 Blumen Monate*; 1930
Kreide, Gouache auf schwarzem Papier; 17,5 x 12 cm

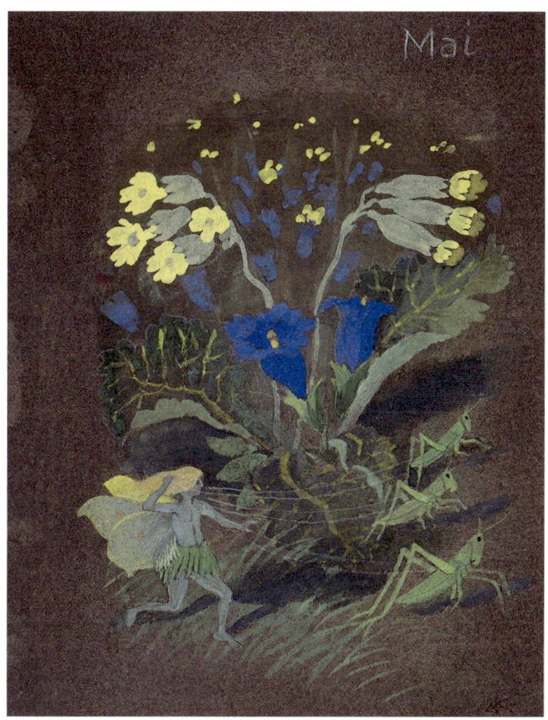

Ernst Kreidolf: Mai. Zu: *Die 12 Blumen Monate*; 1930
Kreide, Gouache auf schwarzem Papier; 17,5 x 12 cm

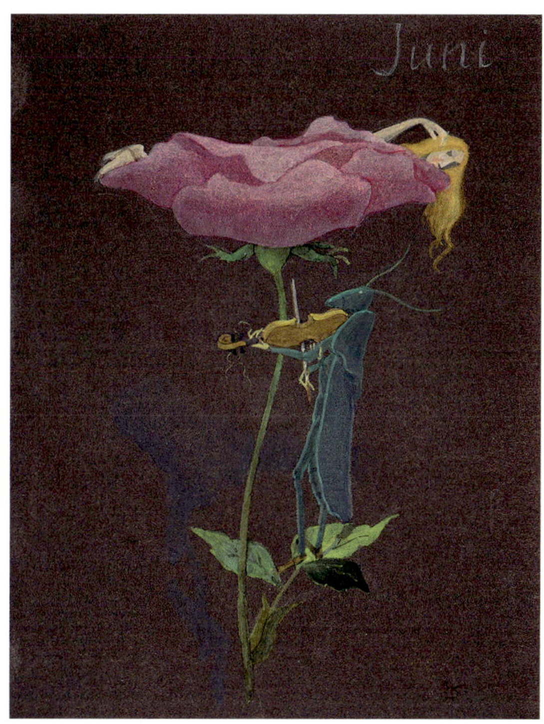

Ernst Kreidolf: Juni. Zu: *Die 12 Blumen Monate*; 1930
Kreide, Gouache auf schwarzem Papier; 17,5 x 12 cm

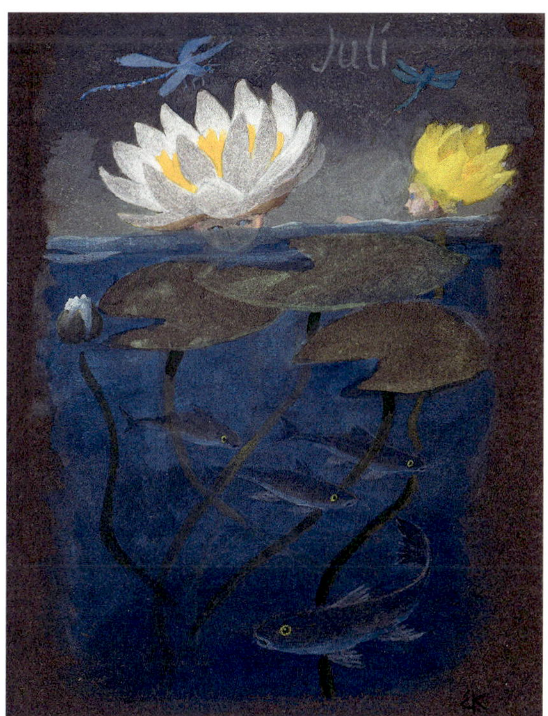

Ernst Kreidolf: Juli. Zu: *Die 12 Blumen Monate*; 1930
Kreide, Gouache auf schwarzem Papier; 17,5 x 12 cm

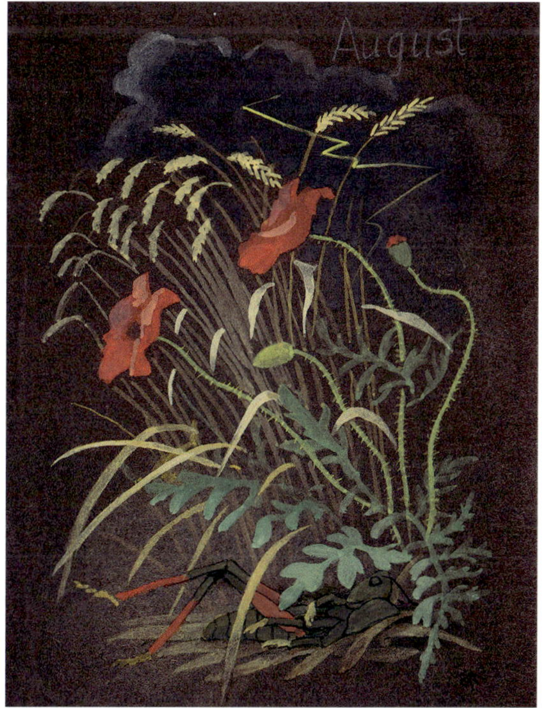

Ernst Kreidolf: August. Zu: *Die 12 Blumen Monate*; 1930
Kreide, Gouache auf schwarzem Papier; 17,5 x 12 cm

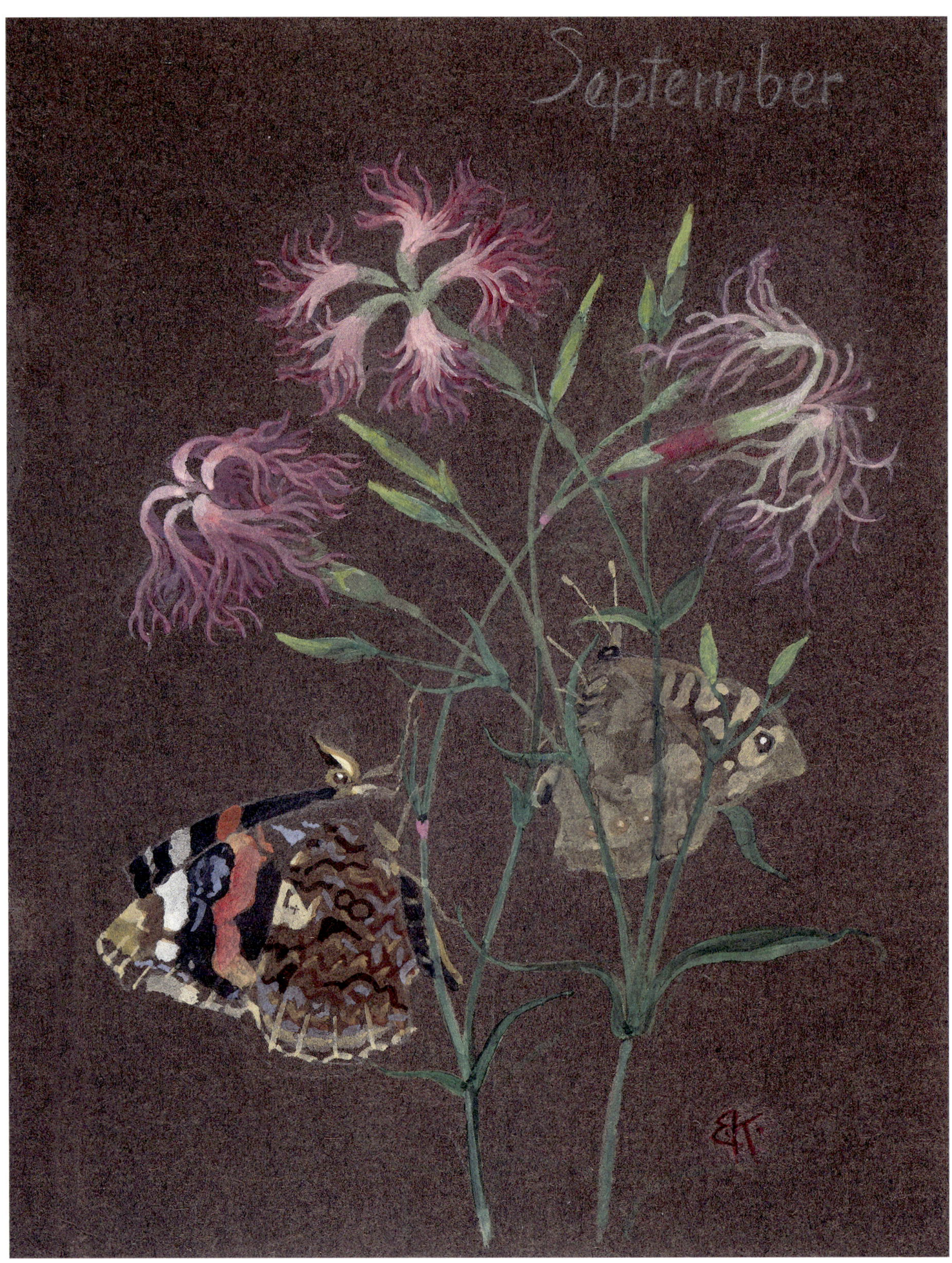

Ernst Kreidolf: September. Zu: *Die 12 Blumen Monate*; 1930
Kreide, Gouache auf schwarzem Papier; 17,5 x 12 cm

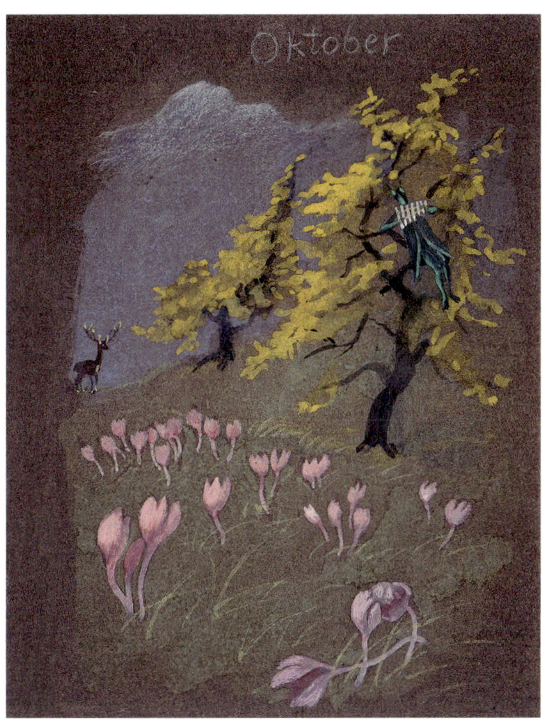

Ernst Kreidolf: Oktober. Zu: *Die 12 Blumen Monate*; 1930
Kreide, Gouache auf schwarzem Papier; 17,5 x 12 cm

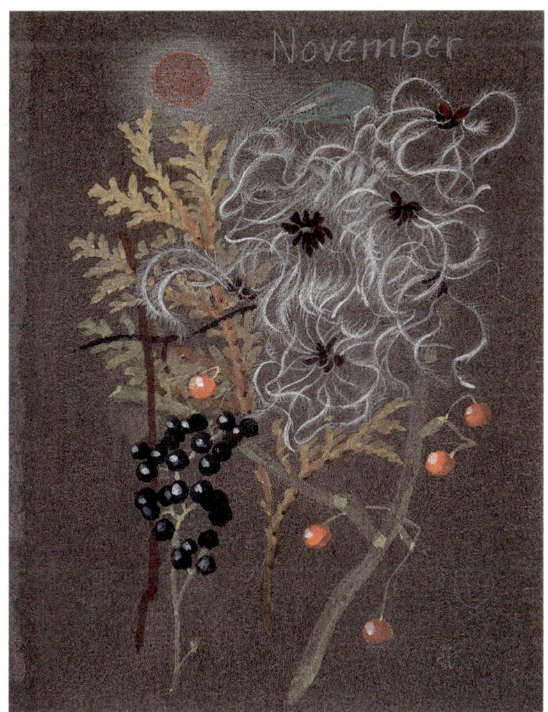

Ernst Kreidolf: November. Zu: *Die 12 Blumen Monate*; 1930
Kreide, Gouache auf schwarzem Papier; 17,5 x 12 cm

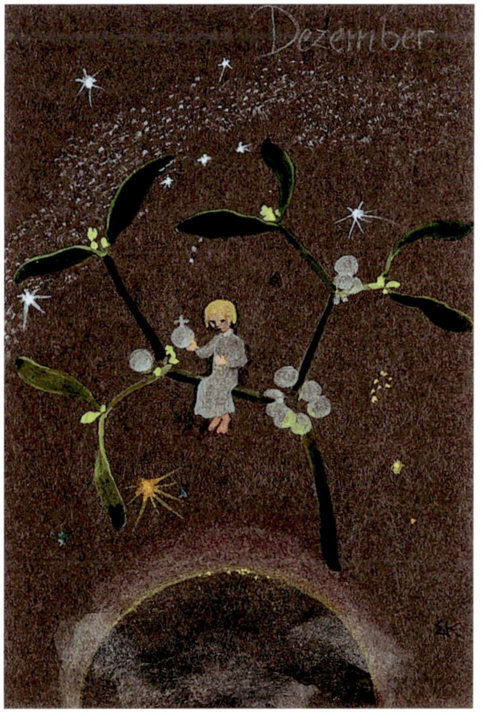

Ernst Kreidolf: Dezember. Zu: *Die 12 Blumen Monate*; 1930
Kreide, Gouache auf schwarzem Papier; 17,5 x 12 cm

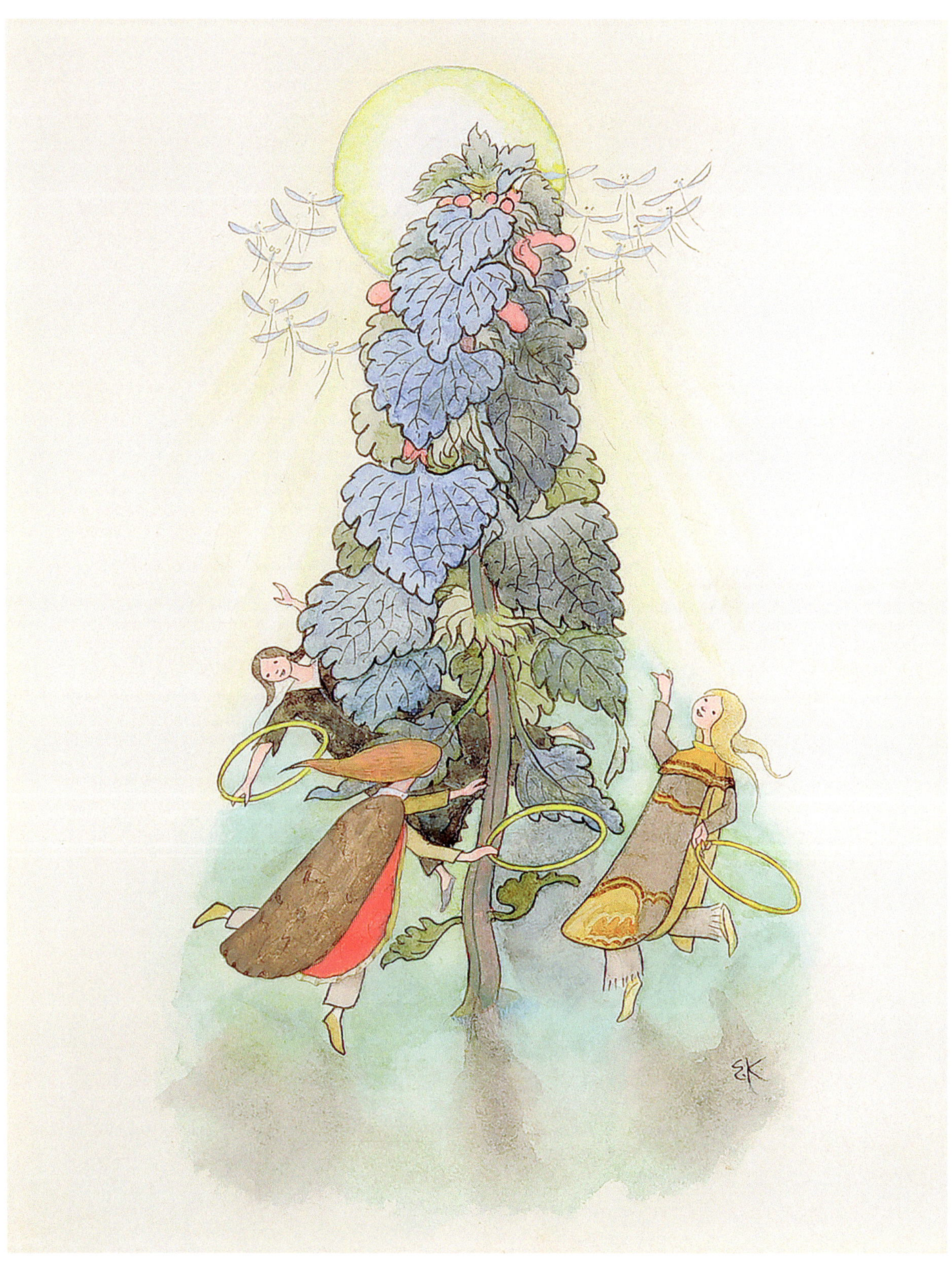

Ernst Kreidolf: Spiel. Zu: *Bei den Gnomen und Elfen*; vor 1929
Tuschfeder, Aquarell auf Papier; 24 x 18,5 cm

Marisa Fadoni-Strik, Gabriella Rouf

ERNST KREIDOLF – GEHEIMNISVOLLE BOTANIK. DIE BÜCHER *LENZGESIND* UND *BEI DEN GNOMEN UND ELFEN*

Die Kunst- und Buchillustrationsgeschichte ist reich an Pflanzen, Blumen und deren Vermenschlichung, hergeleitet entweder vom Mythos, oder begriffen als Symbol, Allegorie, ästhetischer Ausdruck. Das Bild der Frau als Blume erstreckt sich von der erotischen Anspielung bis hin zum unnahbar Mystischen. Insbesondere der Jugendstil hat die Üppigkeit der Pflanzenwelt zum stilistischen Merkmal erhoben.[1] Mit Ernst Kreidolf aber eröffnet sich eine andere, nicht nur ästhetische, sondern auch poetische und anthropologische Dimension: Das erklärt die zeitlose Faszination, die suggestive Wirkung seiner Werke, die unseren Blick auf die Dinge verändern kann. Wieder und wieder betrachtet ermüden Kreidolfs Bilder nicht, sie generieren ein eigenes Universum und ähneln nichts außer sich selbst. Auch wenn ein mythologisches, märchenhaftes, philosophisches oder anekdotisches Motiv anklingt, scheint es immer unverfälscht aus dem Innersten herzurühren, aus jener verborgenen Welt, die ohne uns lebt, und in die wir nur dank seiner Kunst einen kurzen Augenblick Einblick erhalten. Kreidolfs Blumen und Pflanzen nehmen menschliche Züge an, ohne ihr vegetabiles Wesen, ihr „Anderssein" zu verlieren. Vergleichbar radikale und visionäre narrative Konstruktionen findet man allenfalls nur außerhalb der visuellen Kunst: in der Romantik bei Clemens von Brentano und vor allem bei E. T. A. Hoffmann,[2] wie auch in gewissen poetischen Stimmungen eines Gottfried Keller.[3] Und noch weiter zurückliegend in der uralten Welt der Volksmärchen, wo pflanzliche Elemente von früheren Zeiten künden, als der Mensch im Einklang mit der Natur lebte und mit deren geheimnisvoller Botanik vertraut war.[4] Das 1926 im Rotapfel-Verlag erschienene *Lenzgesind* ist ein Bilderbuch, das Kreidolfs Poetik beispielhaft repräsentiert, indem es Pflanzen und Insekten – insbesondere Schmetterlinge – darstellt, die in Symbiose leben, und den Leser durch die Magie jener „vollkommenen Welt" entzücken.[5]

Der Zauber von *Lenzgesind*

„Literarische Gestalten sind seltsame Geschöpfe. Sie treten auf, sie nisten sich in unseren Kopf ein. Sie wachsen an, nehmen manche gelegene, charakteristische Eigenschaften ein, leben in einem bestimmten Milieu […]", schrieb William Somerset Maugham im Vorwort seines Romans „The Narrow Corner".[6] Man kann die Äußerungen des feinfühligen englischen Schriftstellers nachvollziehen, wenn man die vielfältigen Geschöpfe Kreidolfs betrachtet, die seiner Phantasie entsprungen sind. Noch im tiefsten Winter, während wir uns über Schneeglöckchen und Weidenkätzchen wundern, fühlen wir

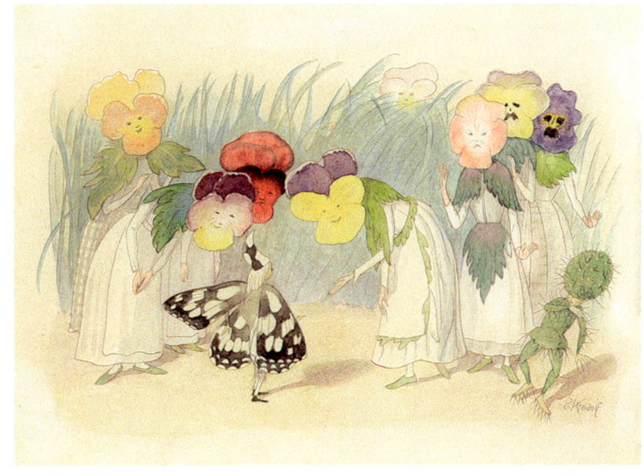

Abb. 1 Ernst Kreidolf: Bei den Stiefmütterchen. Zu: *Lenzgesind*; vor 1926 Tuschfeder, Aquarell auf Papier; 25,7 x 34,4 cm

uns an das zarte Bild *Die ersten Blumen* aus den *Blumen-Märchen* (1898) erinnert (Abb. S. 20); oder wenn uns beim Spaziergang durch eine Parkanlage beim Anblick der Beete voller bunter Veilchen die verdrießlichen Gesichter der Stiefmütterchen aus *Lenzgesind* in den Sinn kommen (Abb. 1). Die Gestalt dieser Blume bietet sich für geistreiche Darstellungen an – weshalb aber heißt sie so, fragt sich Kreidolf, „und sind doch so liebliche Blümchen?“[7] Im Volksmund auch Muttergottesschuh, Liebesgesichtli, Mädchen- und Christusaugen genannt, haben sie keinen negativen Beiklang. In der Taxonomie heißt die wilde Gattung „Viola tricolor“, eine Blume, die schon im Altertum stark mit Legenden und Mythen verknüpft war und häufig in literarischen und künstlerischen Darstellungen vorkommt. So als Liebestrank in Shakespeares „Ein Sommernachtstraum“ oder in Theodor Storms Novelle „Viola Tricolor“, wobei es hier um eine einfühlsame und traurige Stiefmutter geht, die sich nicht in ihre Rolle findet. Im Begleittext zu *Bei den Stiefmütterchen* stellt Kreidolf fest, dass es auch gute Stiefmütter gibt, unfähig, ein Kind zu hassen. Allerdings scheinen die dargestellten „Mühmchen“ nicht gerade vertrauenserweckend und werden von einem „stachligen Gast“ verjagt.

Jedes Blümlein habe sein „Gsichtli“, erklärte Kreidolfs Mutter, von der er die Namen und auch die Lust zum Fabulieren lernte: „Was kann sich ein Kind nicht vorstellen! Er personifiziert alles [...]. Eine Blume hat selbstverständlich ein Gesicht, besonders wenn die Natur noch zu Hilfe kommt, wie beim Stiefmütterchen.“[8] Wir stellen uns gern das Kind auf einer Tägerwiler Wiese liegend vor, den Formen und Farben der Lebewesen zugewandt, die ihm die Natur in ihrer unendlichen Vielfalt anbietet. Der junge Kreidolf fing bald an zu botanisieren, Pflanzen zu pressen und zu malen. Dieser bewundernde, neugierige Blick liegt seinen späteren dichterisch-bildnerischen Verwandlungen zugrunde.[9] Die Blumennamen sind bei Kreidolf Stimme, Ton und dichterisches Material zugleich.

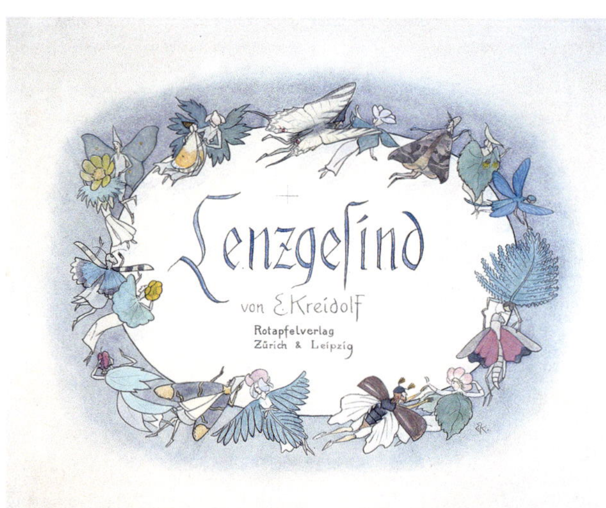

Abb. 2 Ernst Kreidolf: Einbandzeichnung. Zu: *Lenzgesind*; vor 1926
Tuschfeder, Aquarell auf Papier; 26,6 x 32,5 cm

Lenzgesind zeichnet sich durch seine zahlreichen akkuraten botanischen und entomologischen Beobachtungen aus. Schon der Reigen auf dem Innentitel nimmt die enge Symbiose von Pflanzen und Insekten vorweg: Das Frühlingserwachen wird zum festlichen Tanz (Abb. 2). Der Buchdeckel der heutigen Ausgabe zeigt ein erstauntes Silberdistelmädchen, das beim raschen Flattern der Schmetterlinge – einer Epiphanie ähnlich – erwacht (Abb. S. 87).[10] Die Gegenüberstellung ist eindrücklich: Die kurzstielige Distel ist fest im Boden verwurzelt, standhaft, stachelig, gut geschützt und lockt mit ihrer geradezu metallischen Infloreszenz die Insekten an. Die Schmetterlinge sind zart, flatterhaft, empfindlich. Der borstigen Distel erscheinen sie wie „Wundervögel“ – ein Freiheitstraum –, ein Mittelding zwischen einer fliegenden Blume und einem Vogel. Das erinnert an den Beinahtod und die Rettung eines „leichten Vogels“ in „Nachtfalter“, einem der zartesten, aber auch grimmigsten Gedichte Gottfried Kellers, und wir wissen, kaum jemand kannte diesen Dichter besser als Kreidolf!

Konzertpromenade, das erste von zwölf Bildern in *Lenzgesind*, spielt in einem Schachtelhalmwäldchen, wo Harfen, Geigen und Trommeln ertönen: „Das locket die Elfen / Das Lenzgesind“ (Abb. S. 87). Das „Equisetum“, von Kreidolf präzis gezeichnet, ist eine unverkennbare, uralte, farnartige Pflanze, von deren Sprossen und Knoten zierliche Blätter abzweigen. Wir stehen hier vor einem malerisch-räumlichen Gefüge, das an gotische Gewölbe erinnert und von der verblüffenden Ordnung der Natur zeugt. Blätter fungieren bei Kreidolf oft als Gehäuse, Segel, Schutz und dekorative Kulisse, so wie die Huflattich-Bedachung in *Frau Schnecke* oder das luftige Möhrenlaub in *Die Gestörte Mahlzeit*.

Im nächsten Bild *Der Raupenball* kokettiert die Raupe des Braunen Bären mit Fräulein Labkraut, deren Haupt mit weißen Blümchen verziert ist. Humorvoll und unterschwellig erotisch belegt schildern die Verse – „er frisst sie fast vor lauter Liebe“ – das natürliche Fressverhalten der Raupen, denn sie tanzen

hier mit ihren Lieblingskräutern (Abb. S. 88)! Es ist eine phantasmagorische, doppelsinnige Szene, die sich vor einer unheimlichen, nächtlichen Kulisse abspielt.
Eine ebenso beunruhigende Stimmung zeigt sich im *Schmetterlingsfasching*. In dieser asymmetrisch strukturierten, von düsteren Farben dominierten Bildkomposition, vom Braungrün der Wiese bis zum Schwarz eines nächtlichen Himmels, heben sich zwei leuchtende Fächer der „Lunaria" ab. Ihren Namen verdankt die auch Mondviole genannte Pflanze ihrer seidig silbrigen Frucht, eine wunderbare Laune der Natur. Im Volksmund gibt es für diese Blume aber auch andere Bezeichnungen wie Silberblatt, Silbertaler oder Judaspfennig, und just als Judaspfennigstrauch erscheint sie im Buch *Der Gartentraum* (1911) auf dem Bild *Passiflora* (Abb. S. 47). In einem skurrilen Fastnachtstaumel zelebriert der groteske Mummenschanz das unheimliche Fest der Nachtschwärmer.
Ein bewegendes Gedicht begleitet hingegen das in vielerlei grünen Farbtönen zart gemalte Bild *Das tote Käferlein* (Abb. 3). Die Wedel der Adlerfarne scheinen die Trauer der Tierchen mitzufühlen, wollte sich das unbedarfte Geschöpf an ihren giftigen Blättern laben? Der einfühlsame Text erläutert den immerwährenden Kreislauf der Natur, die zwar stirbt, dennoch wiederaufersteht. Kreidolf stellt uns hier eine versöhnliche eschatologische Komposition vor Augen: Um den Schrecken des Todes zu lindern, wird dort, wo die kleine Kreatur begraben ist, im Frühling ein Blümlein sprießen, „vielleicht weiss, vielleicht blau, vielleicht rot". In *Alpenblumenmärchen* (1922) wird das Todesmotiv im Bildnis der kultischen Figur des Adonis dargestellt. Doch dem Mythos zufolge blühen über dem Grab des Gottes der Schönheit und Vegetation, Sinnbild von Tod und Wiedergeburt zugleich, Anemonen auf (Abb. S. 70).
Auch in *Blumenopfer* spiegelt die sommerliche Szene der Zusammenkunft der Pflanzen am Strom den Gedanken des fließenden Lebenskreislaufs (Abb. S. 88). Die Hitze bleicht die schimmernden Farben der Blumen. Matt und welk senken sie ihre Häupter, „lassen müde fallen Blatt um Blatt." Es herrscht ein stummes Leid, nicht zufällig verkörpert durch die Herzblume, auch tränendes Herz oder Marienherz genannt. Sachte gleiten Glockenblumen, Rosen, wilde Nelken, Margeriten, Enziane, Ringelblumen auf den Wellen, auch die Aster, die schon den Herbst verkündet: „Lasst sie fallen, eure Blütenträume / In den blauen Strom der Zeit / In die Fluten der Vergänglichkeit, / In des Herbstes goldig stille Räume!" Hier zeigt sich abermals

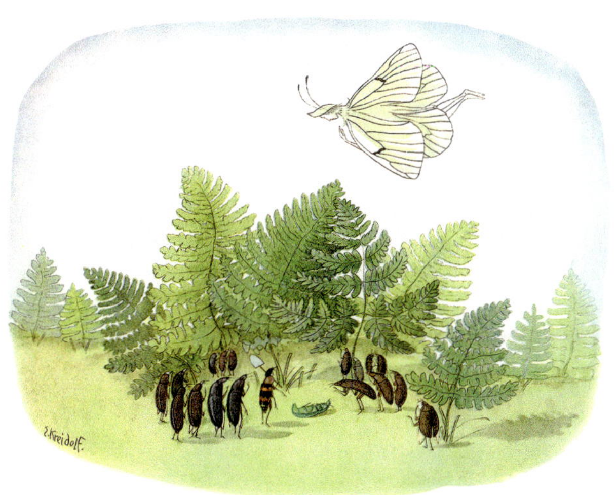

Abb. 3 Ernst Kreidolf: Das tote Käferlein. In: *Lenzgesind*; 1926

das Besondere von Kreidolfs Kunst: Auch wenn die Blumengestalten ihre Blütenkrone – ihr hervorstechendes Merkmal – ablegen, so bewahren sie doch eindeutig ihr pflanzliches Wesen.

Eine Reise zu Gnomen und Elfen

Drei Jahre liegen zwischen *Lenzgesind* und *Bei den Gnomen und Elfen*. 1929 publiziert,[11] erweckte dieses neue Bilderbuch Interesse und verkaufte sich in der Vorweihnachtszeit gut.[12] Der Titel wirkt anziehend, man merkt, dass Kreidolf hier seine Lieblingsthemen anspricht: die Darstellung von Blumen, Pflanzen und Schmetterlingen, diesmal ergänzt um die der volkstümlichen Mythologie entstammenden Elfen, Gnomen, Nymphen und Zwerge, die bereits in früheren Werken auftauchten.[13]
Das Buch ist im Hochformat angelegt, und die kleinräumigen Illustrationen laden zum Besuch eines geheimnisvollen Mikrokosmos ein (Abb. 4, 5). *Tausendschön* heißt das erste Bild, in dem ein „architektonisches" Element auffällt (Abb. S. 90). Über einer singenden Margerite, die ihr Kindchen Tausendschön wiegt, erhebt sich ein kuppelartiges „Epiphyllum", ein Kakteengewächs. Das Tauendschön, auch Gänseblümchen oder Maßliebchen genannt, erscheint als Frühlingsbote wiederholt in Kreidolfs Bilderwelt. Womöglich liegt die Faszination, die von dieser weit verbreiteten Blume ausgeht, gerade in ihrer Bescheidenheit, denn ihr werden verschiedenste Eigenschaften und Bräuche zugeschrieben wie das Spiel „sie liebt mich, sie

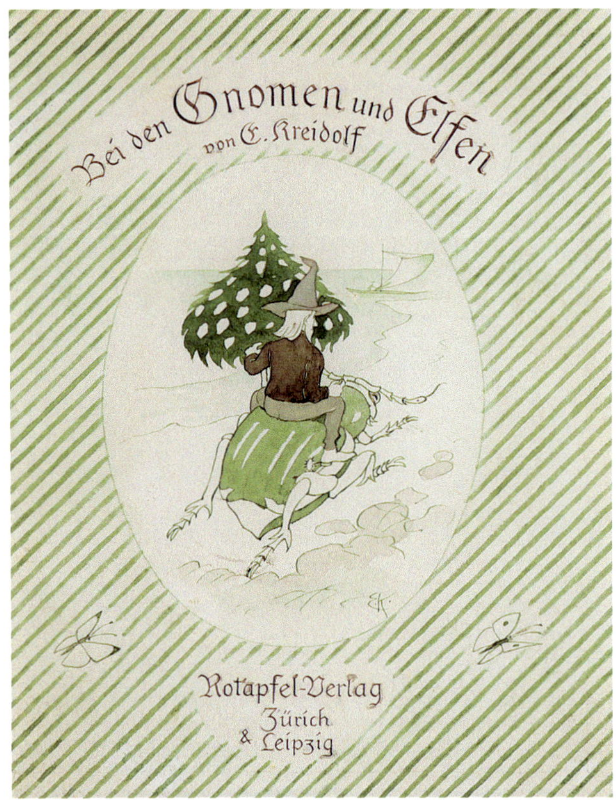

Abb. 4 Ernst Kreidolf: Einbandentwurf zur ersten Auflage.
Zu: *Bei den Gnomen und Elfen*; 1929
Tuschfeder, Aquarell auf Papier; 30,6 x 23,6 cm

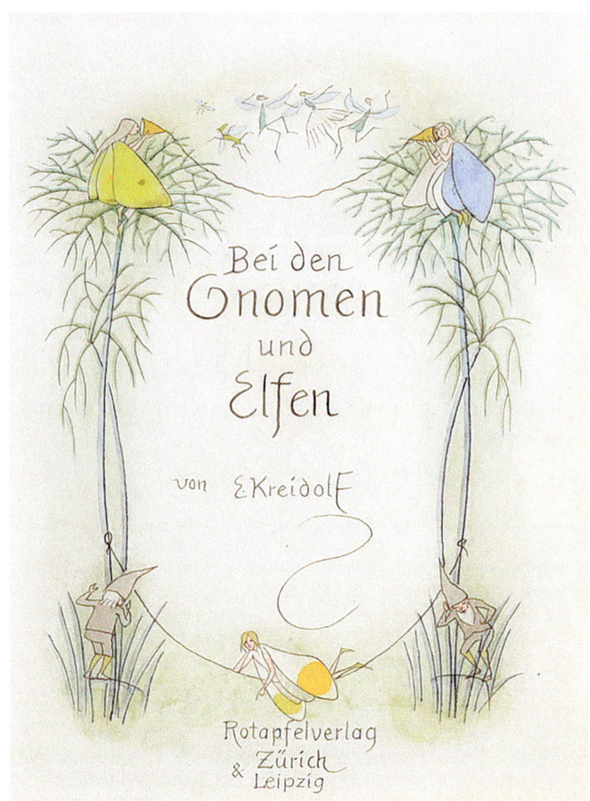

Abb. 5 Ernst Kreidolf: Einbandentwurf zur ersten Auflage.
Zu: *Bei den Gnomen und Elfen*; 1929
Tuschfeder, Aquarell auf Papier; 24,5 x 18,5 cm

liebt mich nicht".[14] Wird sie im Wappen eines Ritters getragen, bedeutet es, dass ihm eine Dame ihre Liebe bezeugt hat, was Kreidolf im Blatt *Kampfspiel* der *Blumen-Märchen* anklingen lässt: Die Ritter Schwarzdorn und Weißdorn führen auf ihren Rüstungen jeweils ein wundersames Blümchen (Abb. S. 33).
In *Elfenbesuch* ist die Knospe eines Mohns abgebildet, in dem ein weiser Zwergengreis wohnt und seinen Winterschlaf hält (Abb. S. 91). Das weiche Mohngemach des roten „Papaver somniferum" ist sein schützendes wie schlafbringendes Gehäus.[15]
Von Traum und Sehnsucht eines Elfs, der auf einem Herbstblatt dem Sternenheer entgegenschwebt, wird in *Sternenflug* berichtet: „Ist's ein Blatt, ist's ein verirrter / Unvernünftiger Schmetterling?" Weitab am Bildrand zeichnen sich, glänzend im blauen Dunst, die verschneiten Berge ab (Abb. S. 91).
Auch die vermenschlichten Schmetterlinge lässt Kreidolf wieder auftreten. Einen Kinderreim singend spielen die Falter Ordensband und Mondvögelein Ringelreihen um eine Taubnessel. Darüber kreist im grellen Sonnenlicht ein luftiger blauer Libellenschwarm (Abb. S. 82). Die schlanke Pflanze, für die Schmetterlinge ein Baum, ist Mittelpunkt und Achse zugleich Die Wahl des „Lamiums" verrät einmal mehr die erstaunliche Sachkenntnis des Botanikers und Sammlers: Diese Pflanze dient tatsächlich als Nahrung für Nachtfalter.
Elfenmahlzeit stellt vor schlichtem Hintergrund zwei elegante Tagfalter dar, den farbenprächtigen Schwalbenschwanz und die große „Apatura iris", den bläulich-violetten Schillerfalter. Sie speisen auf zierlichen goldenen Grashalmen sitzend: „Blaue Iris, / Sommergast, / Schöne Sylphe, / Halte Rast! / Über bunte Wiesen, / Blumenparadiesen, / Flogst du schillernd im Sonnenstrahl, / Komm zum süssen Honigmahl!" Die irisierenden Farben des Schillerfalters entstehen durch die besondere Mikrostruktur der Flügelschuppen, die wie kleine Prismen wirken. Daher der Beiname Iris, in der griechischen Mythologie die Göttin des Regenbogens.
Auch in *Flugpost* offenbart sich Kreidolfs profundes botanisches Wissen (Abb. S. 92). Hier ist ein Anthurium Hauptakteur

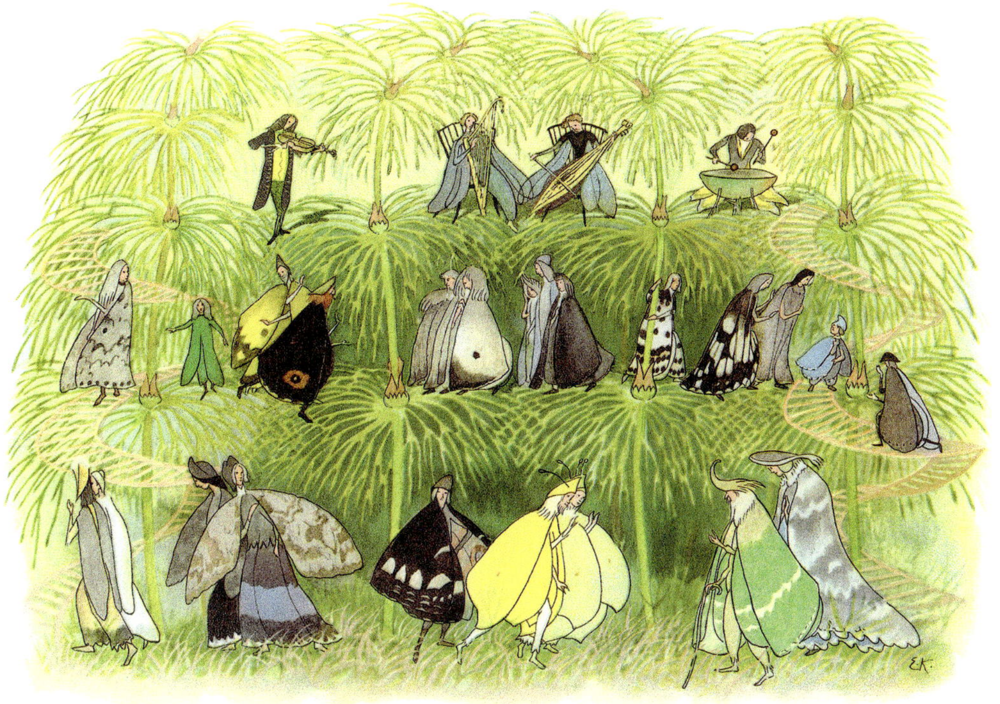

Ernst Kreidolf: Konzertpromenade. Zu: *Lenzgesind*; vor 1926
Aquarell, Gouache auf Papier; 26,5 x 34,5 cm

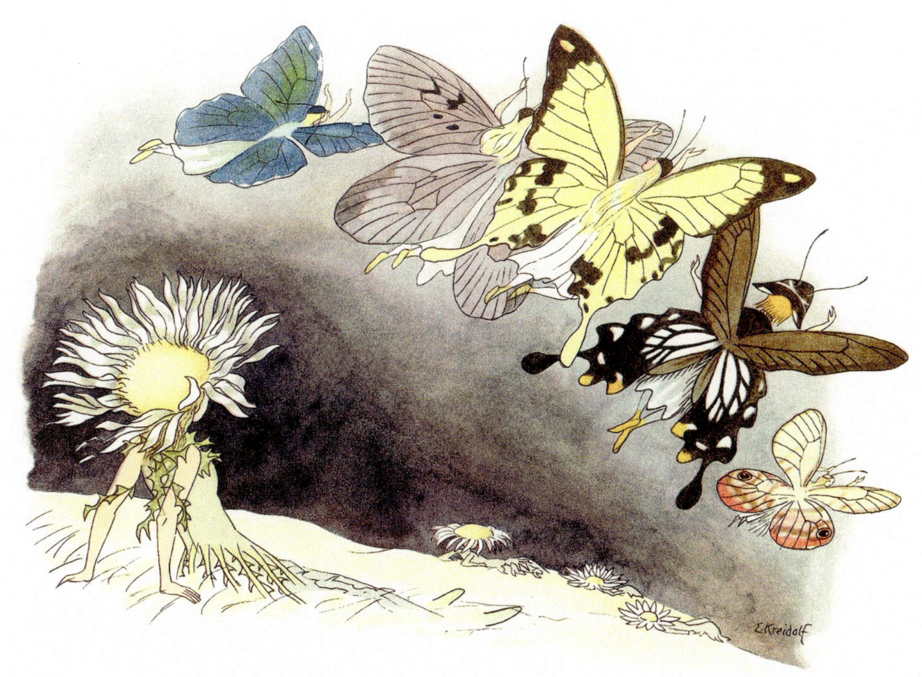

Ernst Kreidolf: Wundervögel. Zu: *Lenzgesind*; vor 1926
Tuschfeder, Aquarell auf Papier; 26,6 x 34,2 cm

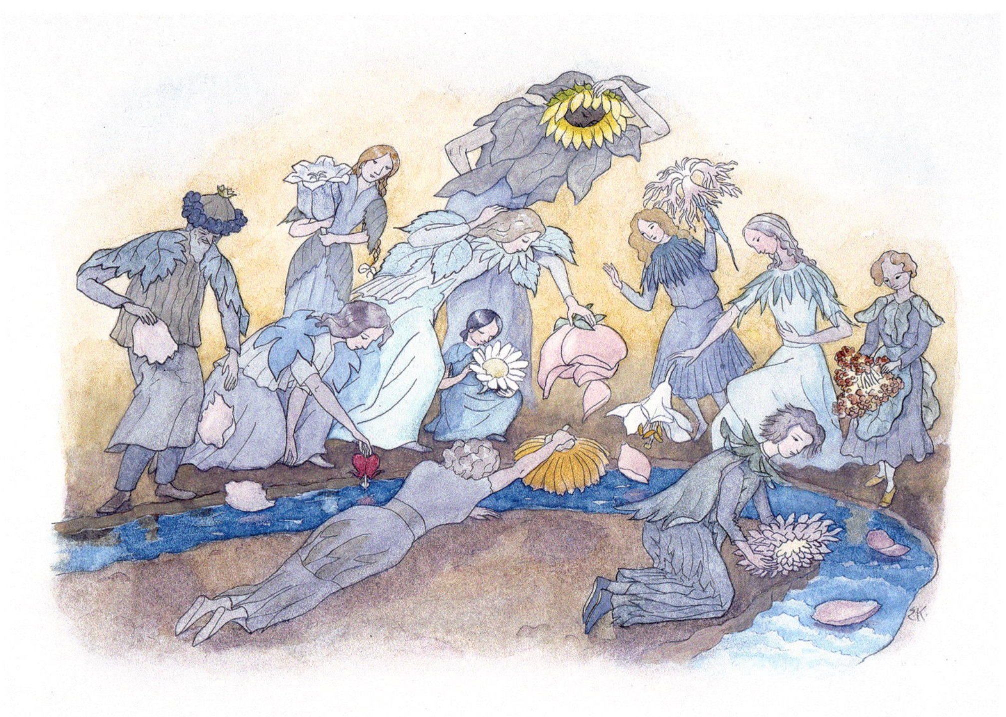

Ernst Kreidolf: Blumenopfer. Zu: *Lenzgesind*; vor 1926
Tuschfeder, Aquarell auf Papier; 26,4 x 34,2 cm

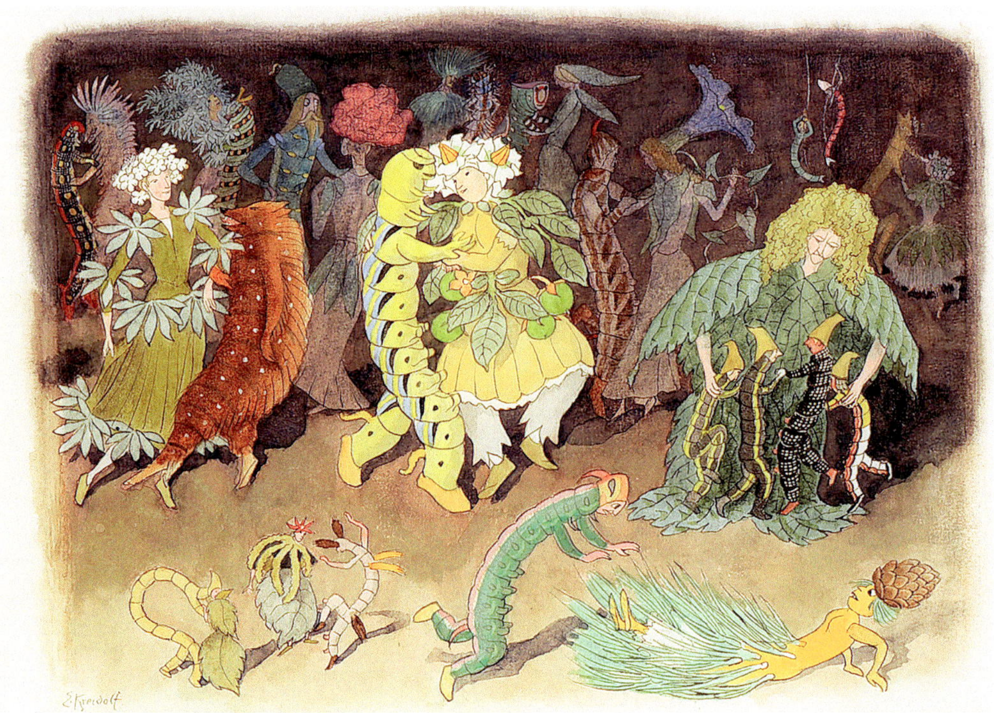

Ernst Kreidolf: Raupenball. Zu: *Lenzgesind*; vor 1926
Tuschfeder, Aquarell auf Papier; 26,5 x 34,3 cm

einer gewitzten Geschichte. Diese herzförmige rote Flamingoblume ist mit einem ausgeprägten Stempel ausgestattet. Kreidolf verwandelt die Blüte zum Hut eines zuvorkommenden Kavaliers, der eine besorgte Glockenblumendame beruhigt. Gern würde sie etwas von ihrem in der Ferne weilenden Gatten erfahren. Auf einem zierlichen Maisblatt fliegt ein Elf daher und übergibt einen lang ersehnten Brief aus Amerika – Kreidolf spielt offensichtlich darauf an, dass Mais und Flamingoblume aus Amerika stammen. Fünf Dackelhündchen komplettieren das zeichnerisch verspielte Tableau.

Im *Konzert* greift Kreidolf das Musikmotiv wieder auf, das in *Lenzgesind* als Auftakt diente (Abb. S. 92, 87). Statt einer vornehmen Aufführung in einem lauschig-grünen Auditorium finden wir hier ein Quartett von Zikaden, Hummeln und Heuschrecken, das auf einem verzweigten Heidekraut sitzend musiziert.

Das Buch endet mit dem poetischen Bild einer Nachtwache (Abb. S. 93). Im flackernden Licht einer Glühwürmchen-Laterne sitzt ein alter müder Gnom. Im Arm hält er seine Waffe – ein spitzes Löwenzahnblatt. Über ihm wölbt sich ein filigranes Rispengras, das an einen Funkenregen erinnert. Leise kriecht eine Schnecke vorbei und alles, Wächterlein, Pflanzen und Tierchen, sind in den violettblauen Widerschein des Sternenhimmels getaucht. In dieser ebenso anmutigen wie besinnlichen Szene drückt sich Kreidolfs empathisches Einfühlungsvermögen in die Natur aus, die er mit dem Blick des Malerdichters immer wieder aufs Neue in eine eigene poetische Wirklichkeit überführt.

1 Das Anthropomorphisieren von Flora und Fauna bei Grandville und Walter Crane – um nur zwei erfolgreiche Illustratoren zu nennen – bedient sich ihrer Vielfalt für politische bzw. soziale Satiren oder um etwas über den Menschen auszusagen. Trotz offenkundiger Ironie wirken diese Phantasien jedoch überladen und schnell fad. Eine unverfälschte, einfühlsamere Stimmung herrscht dagegen bei den Darstellungen von Blumen- und Pflanzenkindern bei Bilderbuchautorinnen wie Sibylle von Olfers (1881–1916) oder Elsa Beskow (1874–1953).

2 In Hoffmanns „Die Königsbraut. Ein nach der Natur entworfenes Märchen“ (1821) sind alle Gestalten Pflanzen, wohingegen zwei Menschen in „Meister Floh“ (1822) sich als einander leidenschaftlich verbundene Pflanzen entpuppen. In der romantischen Novelle „Der goldne Topf. Ein Märchen aus der neuen Zeit“ (1814) erzeugt die brünstige Liebe einer Feuerlilie eine Sippschaft skurriler Geschöpfe, Paradebeispiele einer Literatur der Phantastik.

3 Kellers Roman „Der grüne Heinrich“ (1854) ist von einem tiefgründigen Bezug zur Natur erfüllt. Landschaften, Pflanzen und Lebewesen, die wir auch in Kreidolfs Werk finden, zeugen von einer gewissen Seelenverwandtschaft beider Autoren.

4 Der italienische Gen- und Agrarwissenschaftler Giuseppe Sermonti (1925–2018) hat in seinem Werk „Fiabe dei Fiori. Misteri e indovinelli botanici“ (1992) die botanischen Grundlagen der Volksmärchen-Blumenstrukturen, Vegetationsabläufe und agronomischen Praxen untersucht. Demnach seien deren Charakteristika das getreuliche Spiegelbild der Naturerscheinungen, die der Mensch früher durchschaute und sich anverwandelte.

5 Die italienische Online-Kulturzeitschrift *Il Covile* hat Kreidolfs Werk einige Artikel gewidmet. Vgl.: *Ernst Kreidolf naturalista*. Hg. v. Marisa Fadoni-Strik und Gabriella Rouf, XVII, Nr. 457 (997), Mai 2018.

6 William Somerset Maugham, *Acque morte*. Mailand 2008, S. 11.

7 Eine mögliche Erklärung lautet: „Das breite unterste Kronblatt, die ‚Stiefmutter‘, bedeckt teilweise die seitlichen [Blütenblätter], die ‚Töchter‘, und diese wiederum die beiden obersten [Blütenblätter], die ‚Stieftöchter‘“. http://de.Wikipedia.org/:wiki/Stiefmütterchen (aufgerufen am 30.06.2019).

8 Ernst Kreidolf, *Lebenserinnerungen, Schicksalsträume*. Frauenfeld 1996, S. 109.

9 Das kleine Selbstportrait gibt Einblick in Kreidolfs Universum: Pflanzen und Insekten, die „grüne Gaben“ tragen und am Künstler vorbeiziehen. Ernst Kreidolf: *Selbstbildnis*, 1916; Aquarell auf Papier, 25,5 x 18,0 cm. In: Ausst.-Kat. *Faltertanz und Hundefest. Ernst Kreidolf und die Tiere*. Hg. v. Verein und Stiftung Ernst Kreidolf, Bern und Konstanz (Kunstmuseum Bern und Städtische Wessenberg-Galerie Konstanz), 2013, S. 122.

10 Ernst Kreidolf, *Lenzgesind*. Zürich 2016.

11 Ernst Kreidolf, *Bei den Gnomen und Elfen*. Zürich/Leipzig, 1929.

12 Roland Stark, Nachwort. In: *Ernst Kreidolf. Bei den Gnomen und Elfen*, Bern o. J., n. pag.

13 Der Originalbuchdeckel von 1929 zeigt einen Elf, der mit einem Weihnachtsbaum in der Hand auf einem Maikäfer reitet. Bei der späteren Neuausgabe wurde dieses Umschlagmotiv durch den ursprünglichen Innentitel ersetzt, eine Lösung, die bis heute beibehalten wurde. Siehe Abb. S. 86.

14 In der germanischen Mythologie ist die Blume der heidnischen Frühlingsgöttin Ostara heilig. Mit der Verbreitung des Christentums wurde das Fest, das mit dem Äquinoktium zusammenfällt, mit dem Osterfest zusammengelegt und uralte Fruchtbarkeitssymbole wie das Ei und der Osterhase wurden übernommen. Im Bild *Der Osterhase* unterhalten sich Gänseblümchen-Elfen mit einem weißen Hasen.

15 Dieses Bild könnte von Morpheus inspiriert sein. Der griechische Gott der Träume, Sohn des Hypnos und der Nacht, wird zuweilen mit Mohnblumen in den Händen dargestellt. Sein Bett soll in einer dunklen Höhle liegen. Man glaubt, der Mohn sei auch die Blume des Trostes (hier spendet der Elf Rat) und wird mit der Göttin der Erde (Demeter) assoziiert, deren Attribute Weizenähren und Mohn sind, wie sie beispielsweise im Fresko „Der Triumph des Ceres“ des italienischen Renaissancemalers Cosmè Tura im Palazzo Schifanoia von Ferrara abgebildet sind.

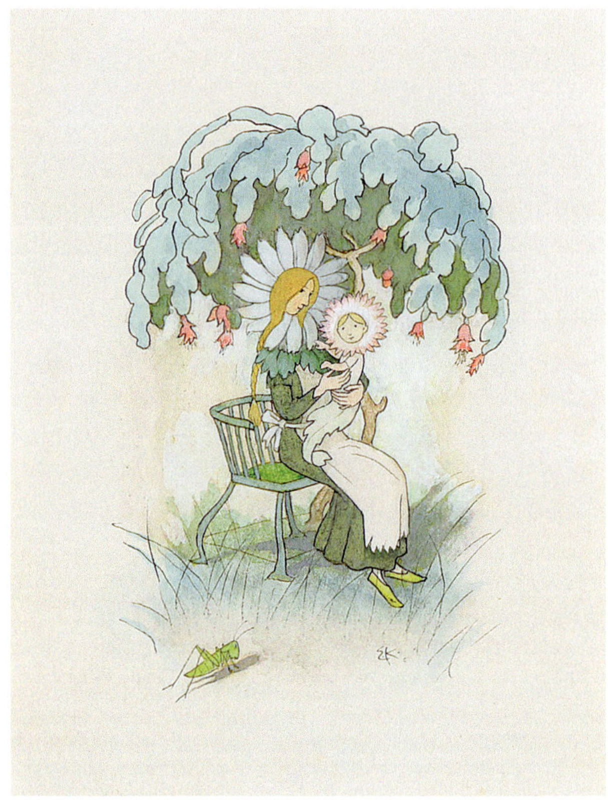

Ernst Kreidolf: Tausendschön. Zu: *Bei den Gnomen und Elfen*; vor 1929
Tuschfeder, Aquarell auf Papier; 22,1 x 17 cm

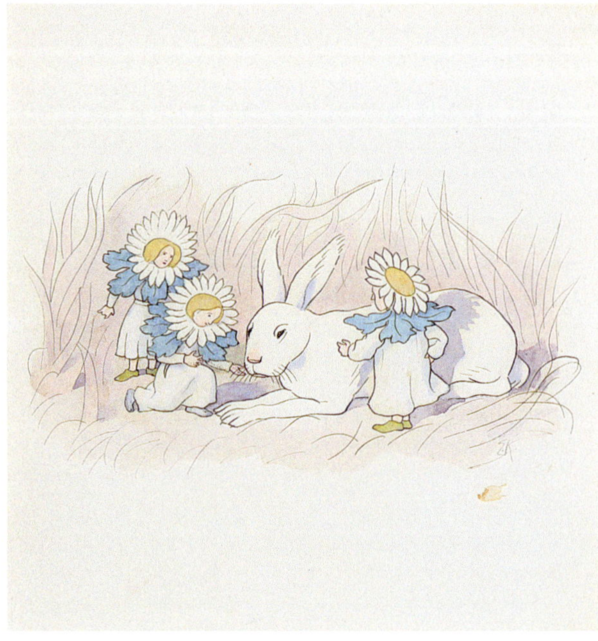

Ernst Kreidolf: Der Osterhase. In: *Bei den Gnomen und Elfen*; vor 1929
Tuschfeder, Aquarell auf Papier; 19 x 17,8 cm

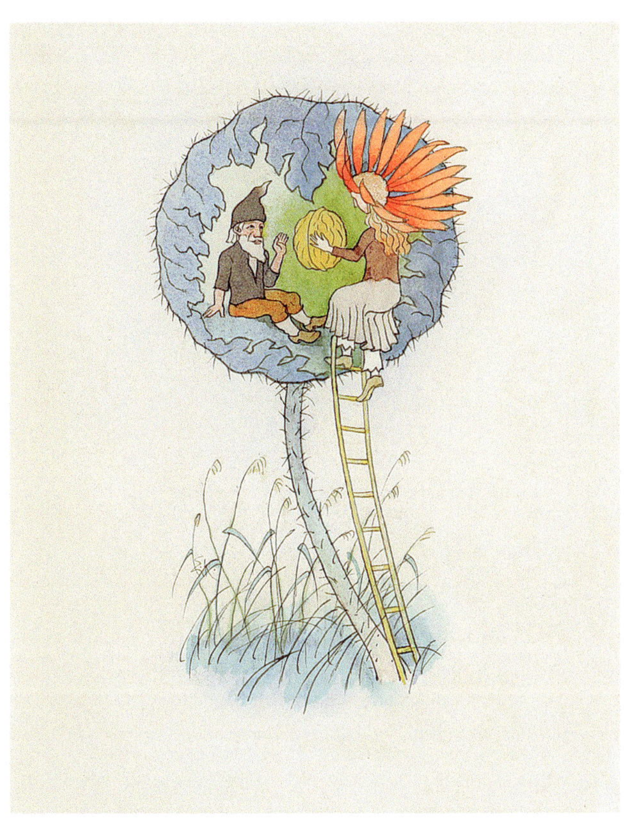

Ernst Kreidolf: Elfenbesuch. Zu: *Bei den Gnomen und Elfen*; vor 1929
Tuschfeder, Aquarell auf Papier; 23,4 x 17,8 cm

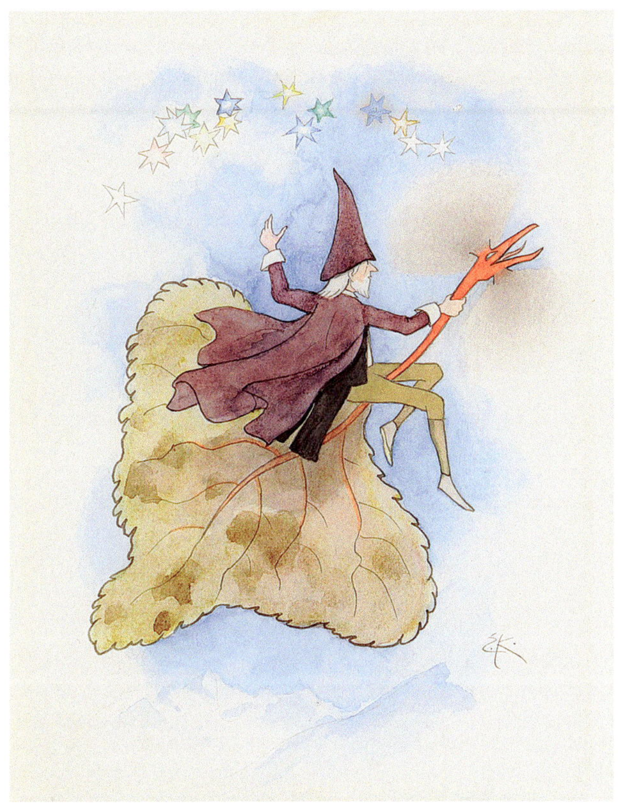

Ernst Kreidolf: Sternenflug. Zu: *Bei den Gnomen und Elfen*; vor 1929
Tuschfeder, Aquarell auf Papier; 23 x 17,7 cm

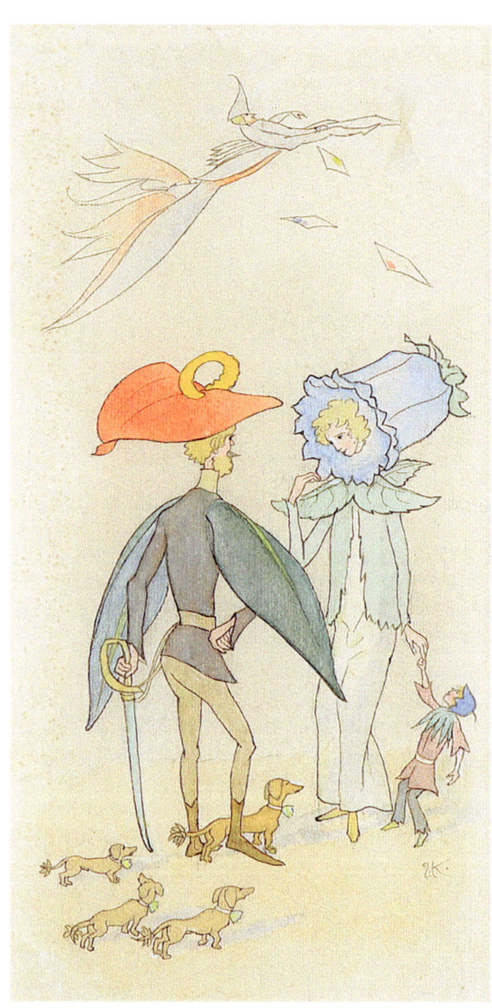

Ernst Kreidolf: Die Flugpost. Zu: *Bei den Gnomen und Elfen*; vor 1929
Tuschfeder, Aquarell auf Papier; 24 x 11,7 cm

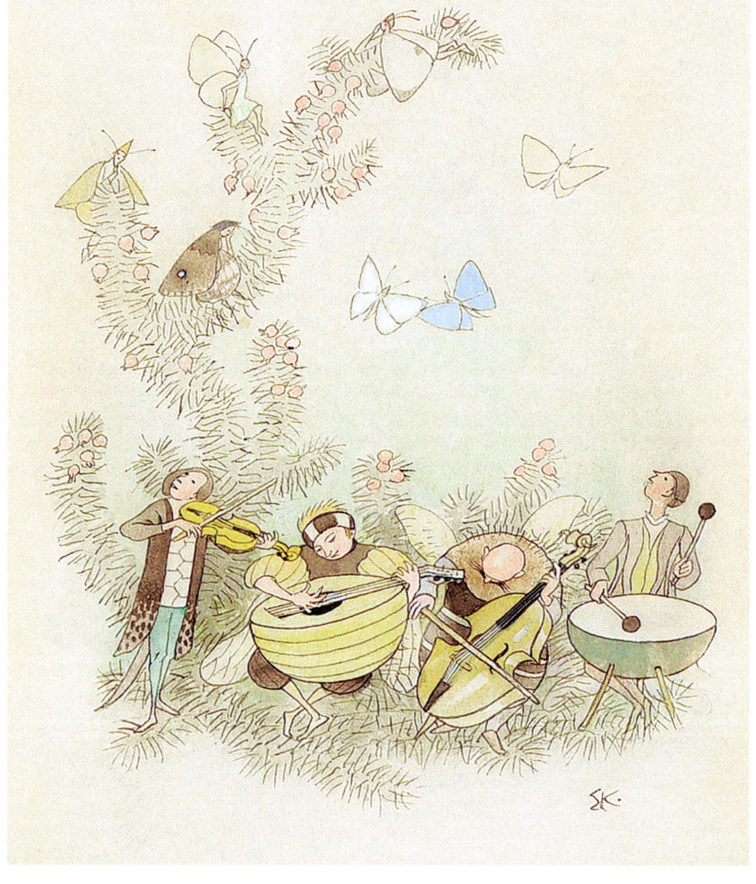

Ernst Kreidolf: Das Konzert. Zu: *Bei den Gnomen und Elfen*; vor 1929
Tuschfeder, Aquarell auf Papier; 21,8 x 16,5 cm

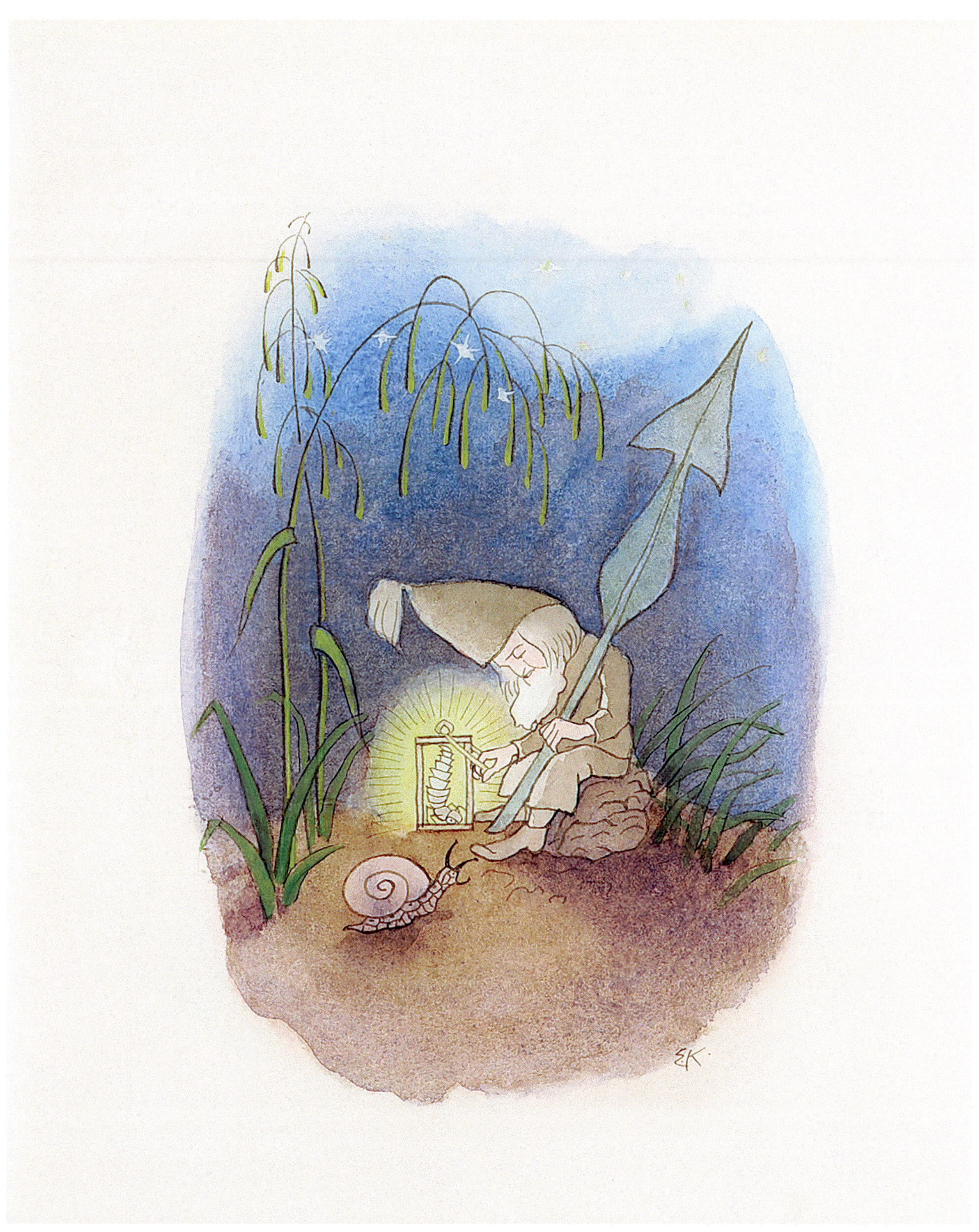

Ernst Kreidolf: Nachtwächter. Zu: *Bei den Gnomen und Elfen*; vor 1929
Tuschfeder, Aquarell auf Papier; 22,2 x 17,6 cm

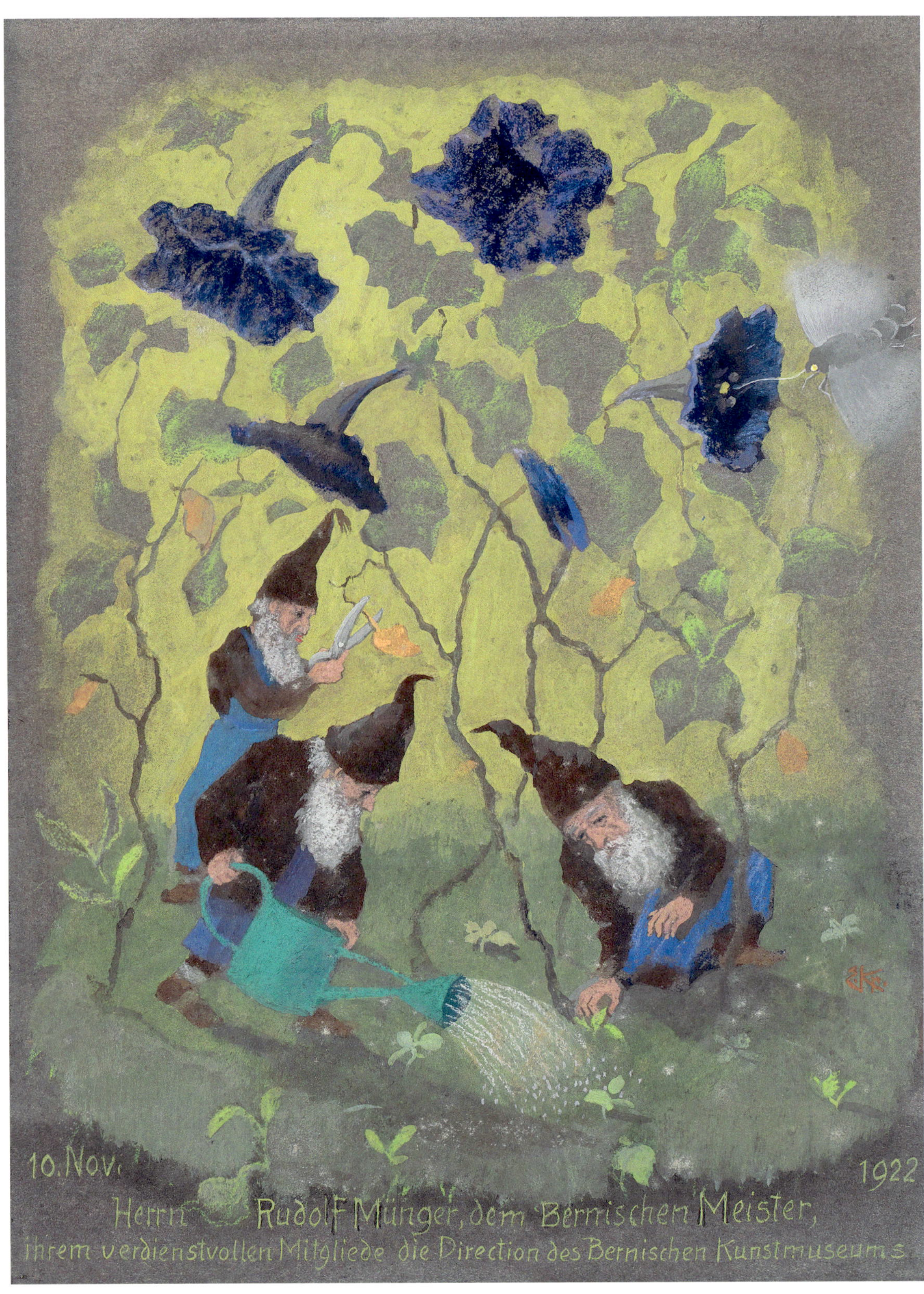

Ernst Kreidolf: Geburtstagsbild für Rudolf Münger; 1922
Kreide, Gouache auf dunklem Papier; 32,8 x 23,5 cm

Anna Lehninger

ERBSENKINDER UND HASELNUSSMÄNNLEIN. PFLANZENWISSEN UND PFLANZENPOESIE IN SCHUL- UND LESEBUCHILLUSTRATIONEN VON ERNST KREIDOLF

Am 10. November 1922 entbot Ernst Kreidolf im Namen des Bernischen Kunstmuseums dem Maler und Illustrator Rudolf Münger einen gezeichneten Bildgruß (Abb. S. 94): Auf dunklem Tonpapier sehen wir drei Zwerge bei der Pflege von Pflanzen, die in satter Gouache- und Kreidefarbe leuchten. Unterhalb der Darstellung steht: „Herrn Rudolf Münger, dem Bernischen Meister, ihrem verdienstvollen Mitgliede die Direction des Bernischen Kunstmuseums."

Wir finden in diesem Blatt zwei markante Eigenheiten des Illustrators Kreidolf vereint: einerseits seine fundierte Pflanzenkenntnis, die in Form von gründlicher Beobachtung und detaillierten Naturstudien die Grundlage seiner Darstellungen bildete, andererseits die gekonnte Verbindung mit einer phantastisch-poetischen Bildebene, in der Zwerge und Feen selbstverständlich innerhalb der realistischen Pflanzenwelt agieren. Zeitlich fällt das Blatt, das dem Datum nach als Glückwunsch zum 60. Geburtstag des 1862 geborenen Münger gedacht war, in die Mitte einer Schaffensphase von Ernst Kreidolf, die weniger seinen bis heute beliebten Bilderbüchern als vielmehr der Illustration gegenwärtig kaum mehr bekannter Schul- und Lesebücher gewidmet war. Vor allem seit seinem 1917 erfolgten, kriegsbedingten Umzug nach Bern und dem folglich verstärkten Bedarf an bezahlten Aufträgen war Kreidolf als Illustrator für andere Autoren und Autorinnen – zum Teil auch in Gemeinschaftswerken mit anderen Illustratoren und Illustratorinnen – tätig und schuf erst 1922 mit *Alpenblumenmärchen* wieder ein eigenes Bilderbuch (siehe dazu den Beitrag von Sibylle Walther).

Seit Beginn seiner Laufbahn hatte sich Kreidolf als kongenialer Illustrator fremder Texte erwiesen, zu nennen sind hier in der Frühzeit seines Schaffens Paula und Richard Dehmels *Fitzebutze* (1900) und Richard Dehmels *Der Buntscheck* (1904). Die im Folgenden versammelten Werke stammen aus der Zeit zwischen 1916 und 1934 und beleuchten diesen wenig bekannten Aspekt seiner Tätigkeit (Abb. 1). Ausschlaggebend für die Auswahl der vorgestellten Bücher ist einerseits ein substantieller Beitrag Kreidolfs zum Erscheinungsbild des jeweiligen Werks und andererseits der Schwerpunkt auf der Darstellung von Pflanzen. Wie auch in seinen eigenen Bilderbüchern gehen in den Auftragsarbeiten Phantastik und Pflanzenkunde des Naturkenners Kreidolf Hand in Hand und nehmen das vorhandene Pflanzenwissen der Leserschaft auf, spielen damit und poetisieren phantasievoll die reale Pflanzenwelt.

Mis Chindli – „kein gewöhnliches Kinderbuch"

Die früheste Illustrationsarbeit in diesem Kontext entstand für die Gedichtsammlung *Mis Chindli* der bekannten Mundartdichterin Sophie Haemmerli-Marti. 1896 erstmals erschienen, sollte die vierte Auflage nun mit Illustrationen ausgestattet werden und wurde auf Anfrage der Autorin bei Kreidolf von diesem mit Buchschmuck, bestehend aus Einband, Vorsatz und Bildern, versehen. Wie sich zeigen wird, hat Kreidolf später noch öfter für Autorinnen gearbeitet. Gemäß einem

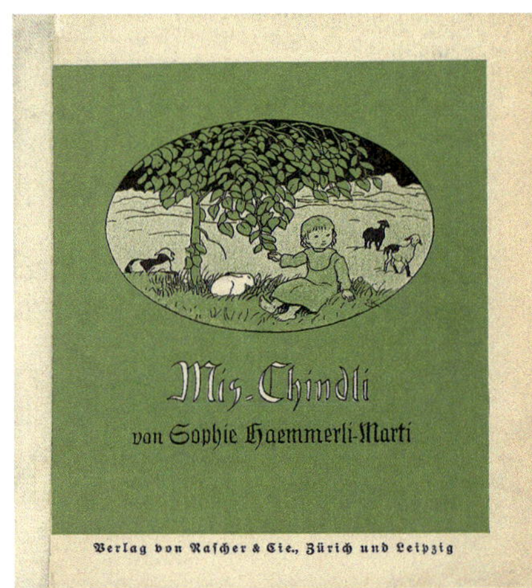

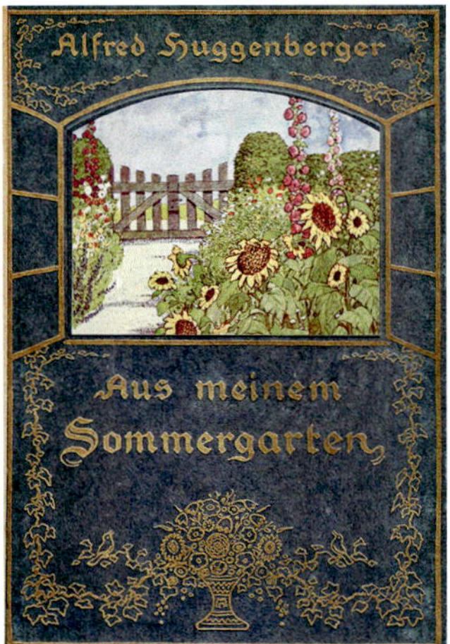

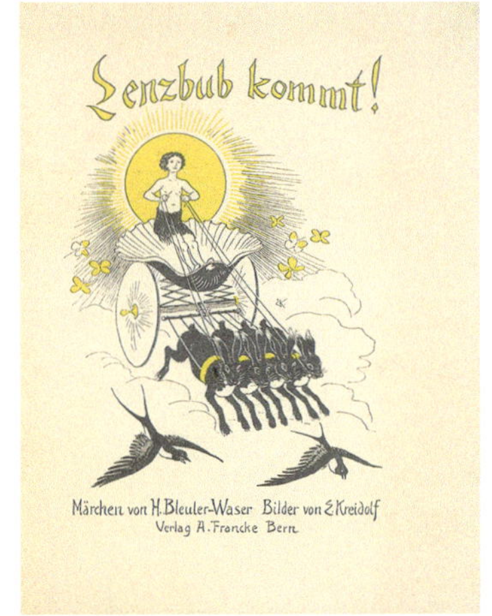

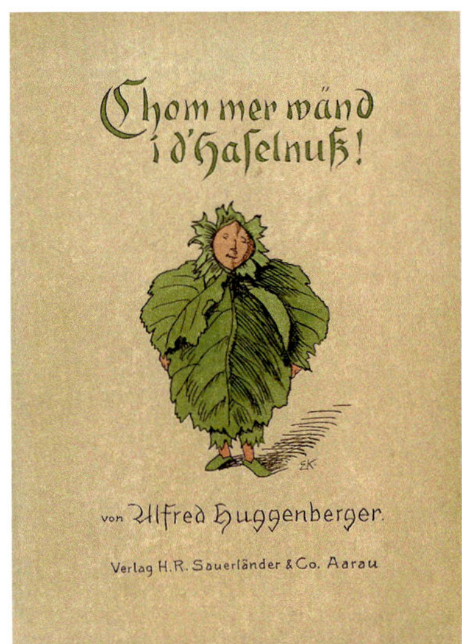

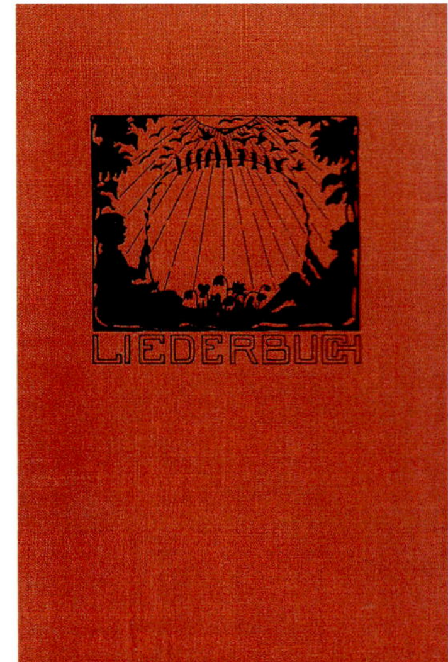

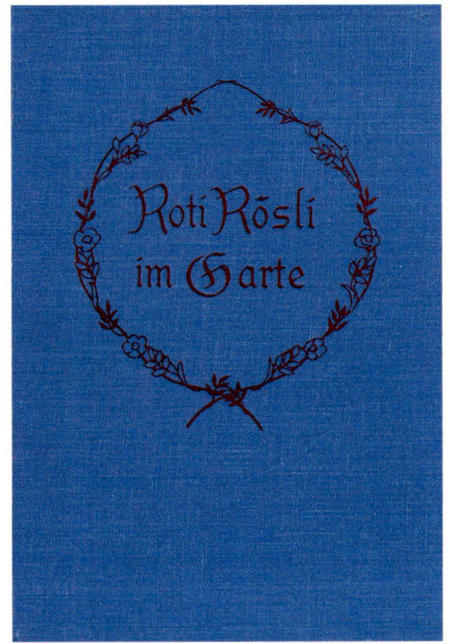

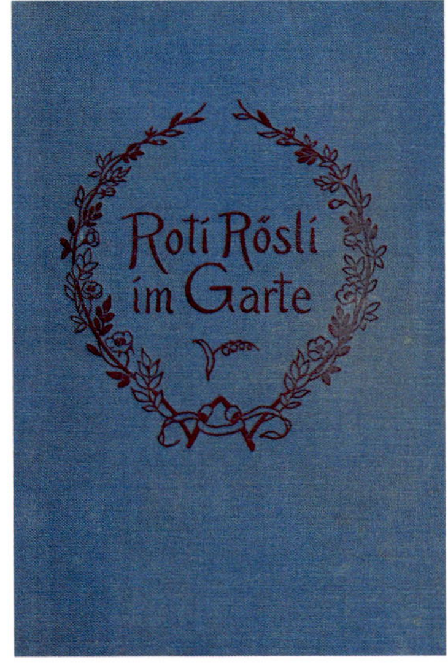

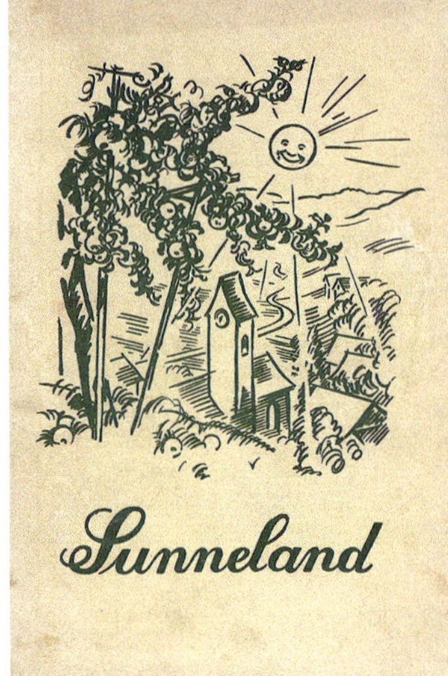

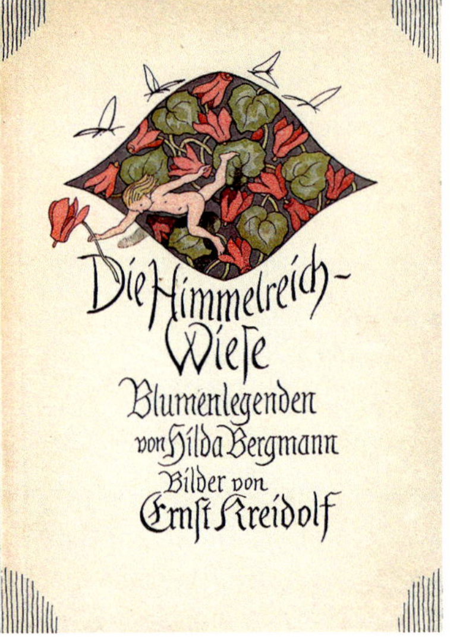

Abb. 1 Einbände der von Ernst Kreidolf zwischen 1916 und 1935 illustrierten Lese- und Schulbücher

Brief Haemmerli-Martis vom August 1915 handelte es sich bei dem Buch um „kein gewöhnliches Kinderbuch", sondern um „eine in Liedern dargestellte Geistesentwicklung."[1] Die Lieder, oder vielmehr Gedichte für junge Mütter, werden ergänzt durch Reime für Kleinkinder und Anekdoten aus dem Kinderleben („Müschterli"). In einem dieser Geschichtchen mit dem Titel „Balge" (= Schelten; Abb. 3) wird die Erziehung respektive Züchtigung des Kindes zum Thema, das gegen die strafende Hand der Mutter aufbegehrt: „I will folge – aber nume – Tue-n au nid so wüescht, Mama!" Kreidolf versah diese Zeilen mit einer Zierleiste kleiner Kinderfiguren, die munter auf Blumenstengeln klettern und schaukeln.

Es kommt einem die jahrhundertealte Pflanzenmetapher in den Sinn, welche die Erziehung der Kinder, die wie junge Pflanzen gebogen und geformt werden müssen, umschreibt. Im Neujahrsblatt der Stadtbibliothek Zürich auf das Jahr 1650 hat dies schon Conrad Meyer zu Johann Wilhelm Simlers Vers „Die lieben Kinderlein den Zweiglinen nacharten, weil sie zubiegen seind, eh sie zu alt erharten" ins Bild gebracht (Abb. 2).[2]

Ganz im Gegensatz zum konfliktgeladenen Inhalt stehen die beiden Kindlein Kreidolfs, die unbeschwert auf Blumenstengeln herumklettern und keineswegs den Eindruck machen, als würden sie sich dem Ideal der Biegsamkeit ergeben, sondern vielmehr die Pflanzen nach ihrem Willen formen und damit ihre Autarkie betonen.

In anderen Illustrationen von Ernst Kreidolf für ähnliche Publikationen wird die direkte Verbindung von Kind und Pflanze nicht derart explizit formuliert. Die enge Beziehung von Kindheit und Natur, die Unberührtheit und Authentizität des jungen menschlichen wie pflanzlichen „Gewächses", angereichert mit phantastischen Elementen vor allem für jüngere Kinder, wird aber jeweils durch die Wahl der Texte und die dazugehörigen Illustrationen suggeriert.

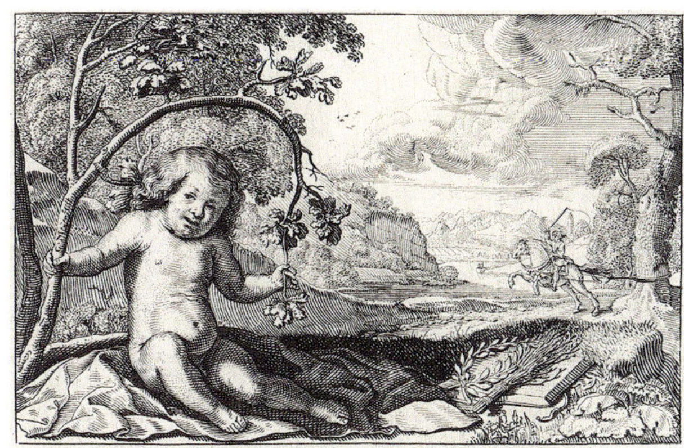

Abb. 2 Conrad Meyer, Illustration zu *Kinderzucht* ...; 1650
In: Neujahrblatt der Stadtbibliothek Zürich

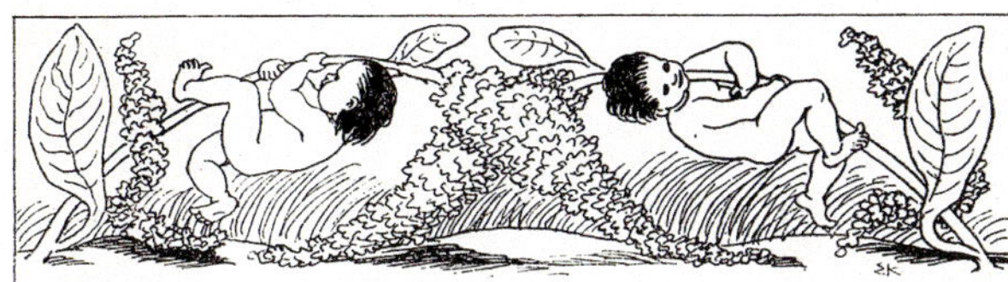

Abb. 3 Ernst Kreidolf: Illustration zu Balge
In: Sophie Haemmerli-Marti, *Mis Chindli.* Zürich 1925

In Huggenbergers Sommergarten

1917 erschien das von Alfred Huggenberger konzipierte und ausschließlich aus seinen Texten bestehende Lesebuch *Aus meinem Sommergarten. Ein Strauss für die Jungen und die jung geblieben sind* mit Bildern von Ernst Kreidolf und vier weiteren Illustratoren.[3] In schwarz-weißen Vignetten, Zierleisten, kleinformatigen Illustrationen und seitenfüllenden Tafeln werden die Prosatexte und Gedichte Huggenbergers umrahmt und in Bilder übersetzt. Kreidolf lieferte unter anderem zwei ganzseitige Tafeln zu „Die Blumen in der Fremde" und „Der Mähder". Erstere illustriert die abenteuerliche Reise dreier Blumen, an deren Ende die Einsicht steht, dass Pflanzen an ihren Standort gebunden sind und die elegant gekleideten Damen Wiesenglocke, Lichtnelke und Skabiose bei allem Fernweh an ihrem angestammten Platz bleiben müssen (Abb. 4).

Das ebenfalls von Kreidolf bebilderte Gedicht vom Mähder beschreibt den Konflikt zwischen dem „nutzlosen", wundersamen Krabbelvolk, das die Wiese belebt, und dem wirtschaftlichen Interesse des Bauern:

„Wälder sinken. In kühlen Gehegen
Wandelt auf tausend verschlungenen Wegen
Märchenvolk: viel krabbelige Dinger,
Ruppige Stelzer, beschauliche Singer,
Käfermann mit Brille und Putz,
Spaßig Gesindel, das nicht viel Nutz.
[...]

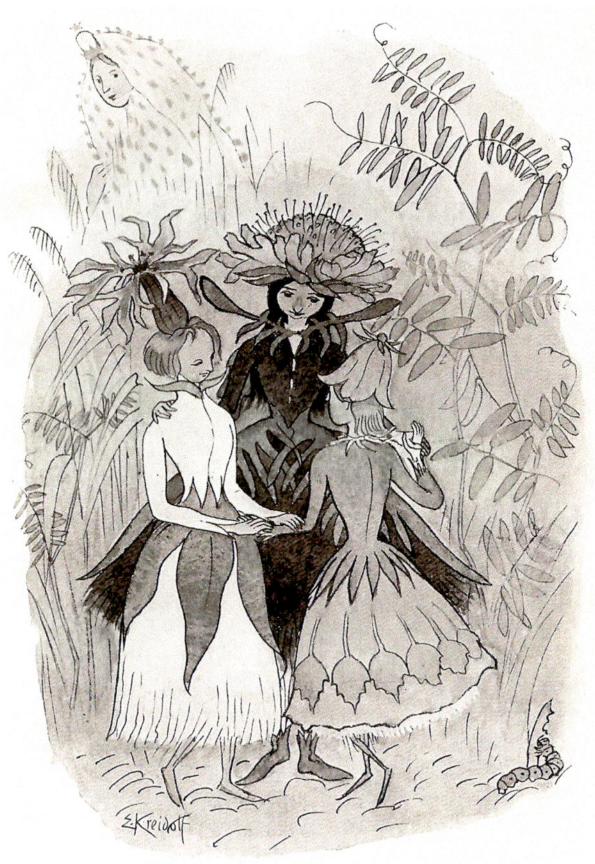

Abb. 4 Ernst Kreidolf: Die Blumen in der Fremde
In: Alfred Huggenberger, *Aus meinem Sommergarten*. Frauenfeld 1917

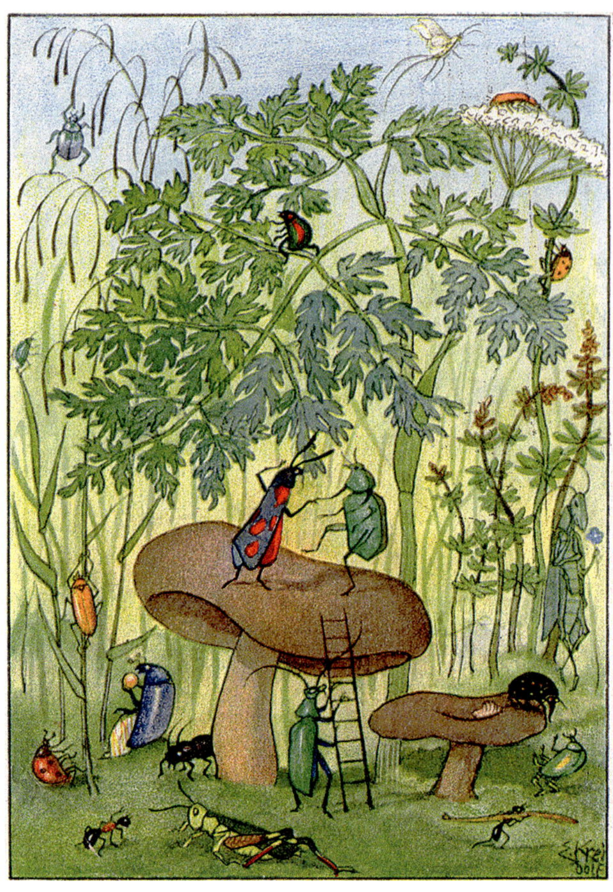

Abb. 5 Ernst Kreidolf: *Käferfest*
Postkarte; 1917

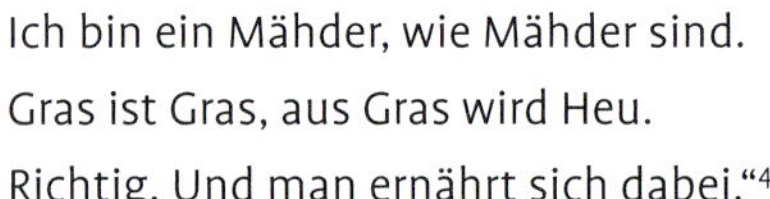

Ich bin ein Mähder, wie Mähder sind.
Gras ist Gras, aus Gras wird Heu.
Richtig. Und man ernährt sich dabei."[4]

Im Gegensatz zum Nutzdenken des Menschen zeichnet Kreidolfs Illustration botanisch akkurat wiedergegebene Wiesenblumen, Gräser und Pilze und die sich darin tummelnden phantastischen, keinem nützlichen Tun nachgehenden Geschöpfe. Da das Buch mitten im Ersten Weltkrieg erschien, hatte man vermutlich aus Kostengründen auf Farbabbildungen verzichtet. Es wurde aber von Kreidolfs *Käferfest* (Abb. 5) eine farbige Postkarte gedruckt.[5] „Ein Buch des Friedens, der Arbeit, der ernsten Lebensfreude" – so umschreibt ein Zitat aus der Zeitschrift „Der Kunstwart" auf der Rückseite der Karte Huggenbergers Werk. Auch Kreidolfs nachfolgende Illustrationen sollten dieser Haltung folgen.

Schutzengel für Blumen und Pilzhüte für Zwerge

Wenige Jahre nach dem *Sommergarten* bebilderte Kreidolf als (alleiniger) Illustrator die *Gesangsmethodik für Schule und Haus* des Schaffhauser Musikpädagogen Gustav Kugler.[6] Dabei griff er auch auf frühere Bildvorlagen zurück, so für das Lied vom Sandmännchen auf eine Illustration mit dem Titel „Die Blümlein alle schlafen", die bereits 1903 in dem Heft „Kindheit" des „Deutschen Spielmanns" Verwendung gefunden hatte.[7] Ein kleines Mädchen liegt schlafend auf einer Wiese und hält eine Blume umschlungen, während eine andere sich ihm zuneigt und ein Schutzengel mit sanftem Flügelschlag über das schlummernde Kind hinweggleitet (Abb. 6–8). In der Version für Kugler begleitet das Bild das Schlaflied vom Sandmann, dessen erste Strophe beginnt: „Die Blümlein all' schlafen schon längst im Mondenschein; Sie nicken mit den Köpfchen auf ih-

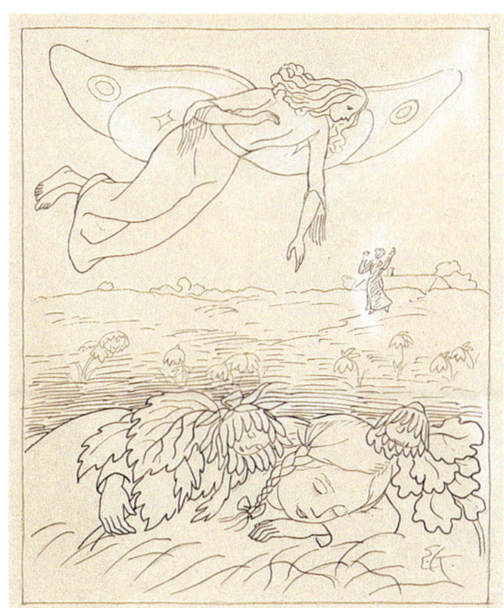

Abb. 6 Ernst Kreidolf: *Schutzengel*; vor 1921
Tuschfeder auf Papier, 16,7 x 13,5 cm

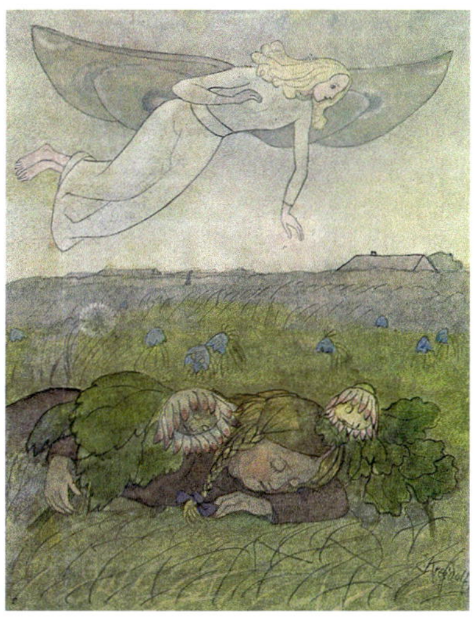

Abb. 7 Ernst Kreidolf: Die Blümlein alle schlafen
In: Gustav Kugler, *Gesangsmethodik für Schule und Haus*. Schaffhausen 1921

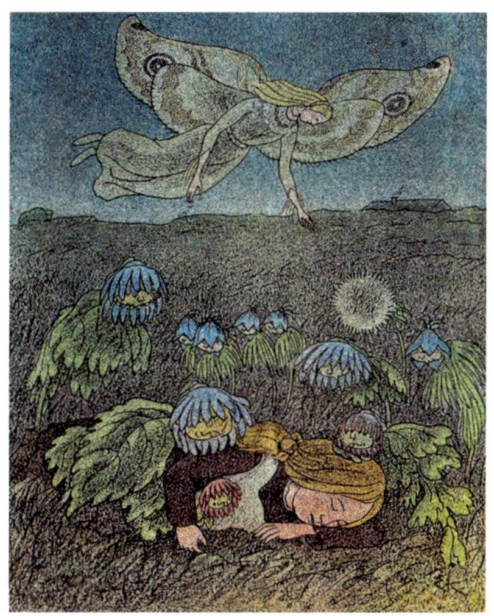

Abb. 8 Ernst Kreidolf: Goldtöchterchen
In: *Der deutsche Spielmann*. München 1911

ren Stengelein." Wie Puppenkinder behüten die Pflanzen liebevoll den Schlaf des Kindes. Das Haus im Hintergrund verweist auf die nicht fernen Eltern, gleichzeitig wird eine wesenhafte Verbundenheit des Menschenkindes mit der Pflanzenwelt suggeriert, die keines anderen Schutzes bedarf als den der Blumen und des Engels. Umfangen vom Dunkel der Nacht liegt es sicher und behütet in den Armen der Natur.

Ungefähr zur gleichen Zeit schuf Kreidolf schwarz-weiße Federzeichnungen für ein anderes Lesebuch: Verfasst hatte die 1920 erschienene, 80 Seiten umfassende Geschichtensammlung *Lenzbub kommt!*[8] Hedwig Bleuler-Waser, Gründerin des Schweizerischen Bundes abstinenter Frauen und der Zürcher Frauenbildungskurse.[9] Bei der ersten Illustration zur Erzählung „Zwerghütchen", einer Nachfolgegeschichte zu Schneewittchen und den sieben Zwergen, wird mit einem welken, fallenden Blatt die Vergänglichkeit der Pflanzenwelt sinnbildlich dargestellt. Wenige Seiten später treffen wir auf eine der bei Kreidolf eher seltenen Pilzdarstellungen, in welcher die Hüte

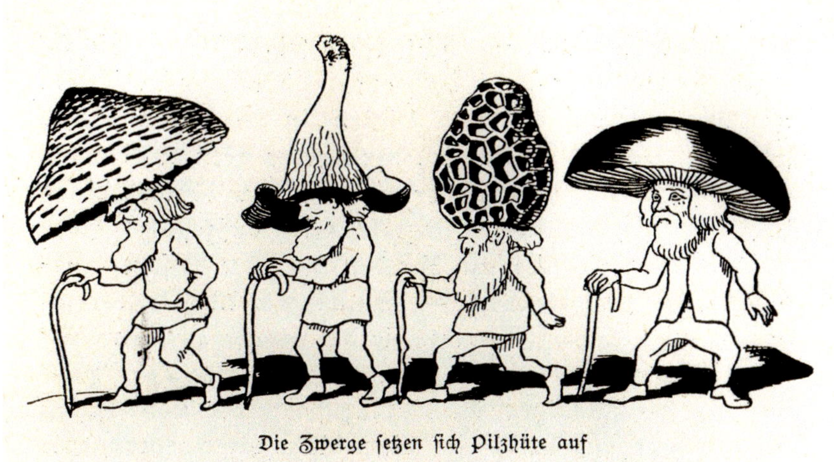

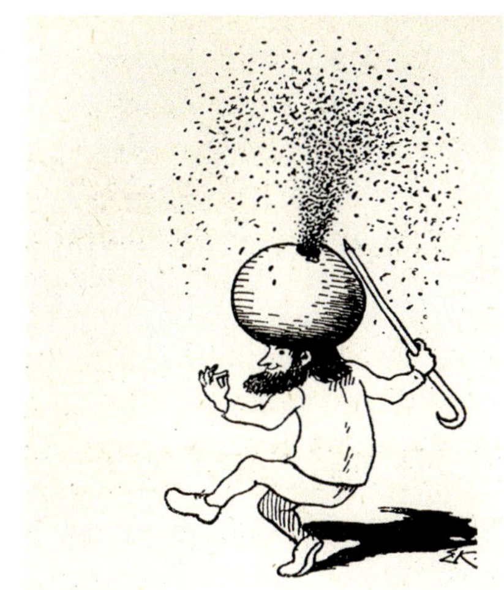

Abb. 9 Ernst Kreidolf: Die Zwerge setzen sich Pilzhüte auf
In: Hedwig Bleuler-Waser, *Lenzbub kommt!* Bern 1920

dieser zwischen Pflanze und Tier angesiedelten Lebewesen eine humoristische Deutung erfahren (Abb. 9).

Eierschwamm, Morchel und der sporensprühende Bovist sind in diesem modischen Defilee identifizierbar – Kreidolf war vertraut mit essbaren und giftigen Pilzen in Garten und Wald und kannte ihre charakteristischen Eigenschaften. Dieses Wissen transponierte er in die Präsentation der Zwergenhüte: Während vier Zwerge fortgeschrittenen Alters gemessenen Schrittes auf Spazierstöcke gestützt ihre originellen Kopfbedeckungen präsentieren, hüpft der etwas jünger wirkende Bovistträger vergnügt, durch den Seitenfalz auch räumlich von der Gruppe getrennt, hinterdrein. Statt sich würdevoll auf seinen Stock zu lehnen, nutzt er ihn, um verschmitzt lächelnd aus seinem Hut ein wahres Feuerwerk an Sporen zu zaubern. Während sich hier die Zwerge nur Pilzhüte aufsetzten, erscheinen andere Figuren im Kreidolf'schen Kosmos von oben bis unten pflanzlich eingekleidet, ja erwachsen sogar regelrecht aus dem Vegetabilen.

Haselnuss im Blätterkleid

Für *Chom, mer wänd i d'Haselnuss* aus der Feder Alfred Huggenbergers schuf Kreidolf 1924 die Umschlagzeichnung.[10] Das Haselnussmännlein verkörpert auf das Drolligste die titelgebende Pflanze (Abb. 10). In einer wenige Jahre früher gezeichneten Dame im voluminösen Blattkleid erhält das Männlein eine passende Partnerin (Abb. 11). Mit einem Blatt als Sonnenschirm und einem Hündchen an der Leine, dessen Hundemantel ebenfalls aus einem Blatt besteht, trippelt sie graziös über das Papier. Kreidolf offenbart sich in der Gestaltung des Blätterkostüms wiederum als Freund subtiler Komik, indem er der Charakteristik der Pflanze Witz und Liebreiz gleichermaßen entlockt.

Das Männlein ähnelt einem als Pflanze verkleideten Kind – Kreidolfs Gestalten haben auch immer wieder zu phantasievollen Kostümen inspiriert (Abb. 12, 13). Hier jedoch heißt der kugelige Nuss-Geselle den Leser willkommen und stimmt ihn auf den kurzweiligen Inhalt des Buches ein.

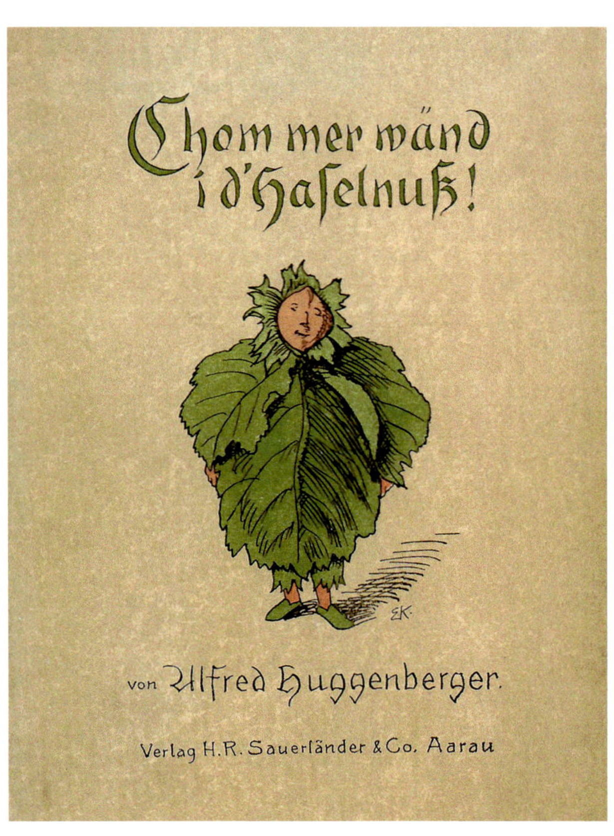

Abb. 10 Ernst Kreidolf: Einband
Zu: Alfred Huggenberger, *Chom mer wänd i d'Haselnuß!* Aarau 1924

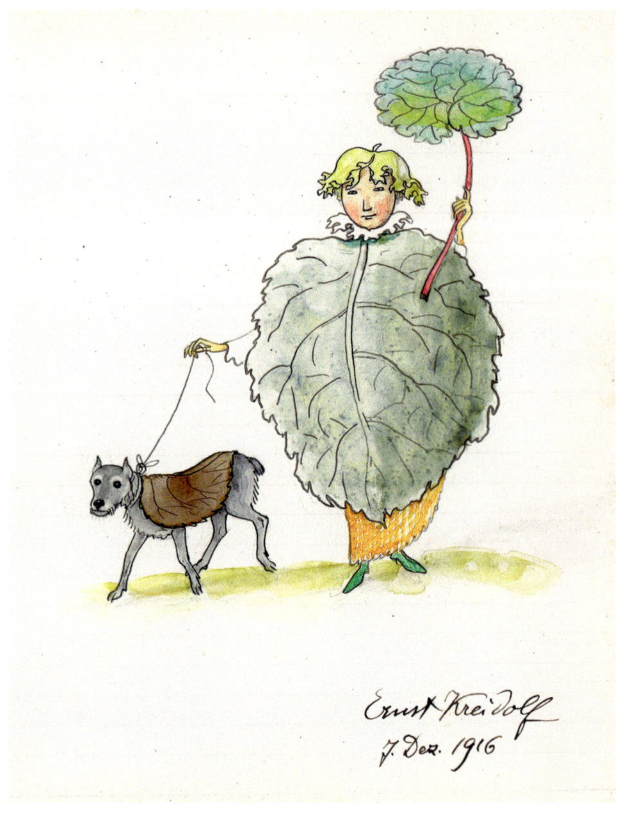

Abb. 11 Ernst Kreidolf: *Dame im Blätterkleid*; 1916
Tuschfeder, Aquarell auf Papier; 16 x 21 cm

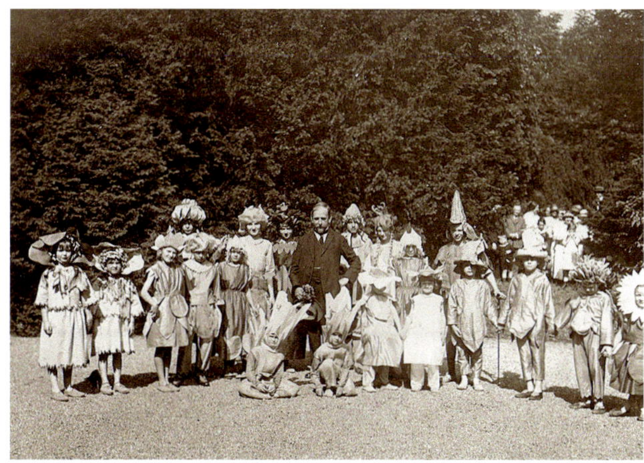

Abb. 12 Kreidolf-Blumenreigen anlässlich des 15. Jubiläums des Stiftungsfests des Schweizerischen Buchhändlervereins; 2. Juni 1924

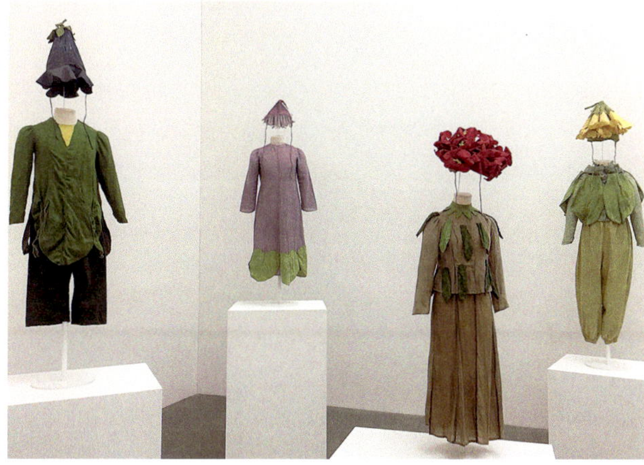

Abb. 13 Kostüme nach Kreidolfs *Alpenblumenmärchen*
Von links nach rechts: Enzian, Soldanelle, Alpenrose, Schlüsselblume
Atelier „Couture Raimonde“, Zürich; 1930/40er-Jahre

Knapp zehn Jahre später trifft man das Haselnussmännlein in einer Ausgabe der Zeitschrift „Jugendlust“ in einer dem 70. Geburtstag Kreidolfs gewidmeten Ausgabe wieder.[11] Etwas verloren steht es dort zwischen den Texten „Meine Modelle“ und „Traurige Augen“ und ist keinem der beiden eindeutig zuzuordnen. Der Rückgriff auf dieses Motiv verdeutlicht die ungebrochene Popularität des Künstlers, aber auch die Praxis, seine beliebten Bildschöpfungen immer wieder aufzugreifen.
Obwohl neben Kreidolf auch andere Künstler für Huggenbergers Werk Illustrationen, Vignetten und Zierleisten schufen, ist es doch Kreidolfs Haselnussfigur, die als naturgetreue und doch humorvolle Pflanzeninterpretation zum eigentlichen Sinnbild des Buches wurde.[12]

Fünf aus einer Hülse

1925 erschien mit *Roti Rösli im Garte* das wohl bekannteste Schulbuch, das Kreidolf diesmal als alleiniger Illustrator ausstattete (Abb. 14).[13] Die Auswahl der Texte besorgte der Berner Seminarlehrer Fritz Kilchenmann. In keinem der anderen Schul- und Lesebücher ist die Pflanzenthematik so ausgeprägt formuliert wie in diesem höchst erfolgreichen Lehrmittel. Als nach zehn Jahren die zweite Auflage erschien, wurden einige Änderungen vorgenommen: Neben der Umstellung von Fraktur- auf Antiquaschrift wurde der Umfang von 153 auf 193 Seiten erweitert, wobei einzelne Texte hinzugefügt und bearbeitet, bei den Bildern jedoch nur einzelne ausgetauscht wurden,

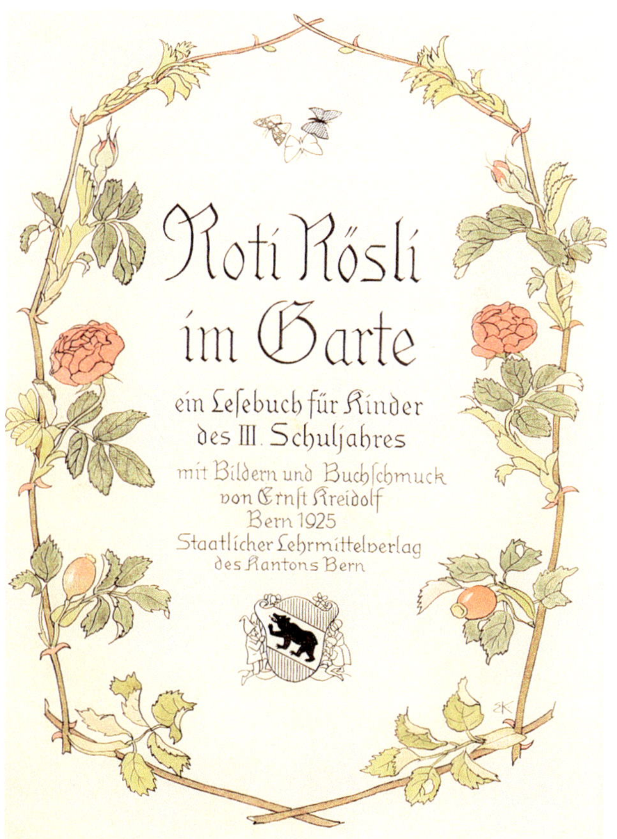

Abb. 14 Ernst Kreidolf: Titelblatt. Zu: *Roti Rösli im Garte*; 1925
Tuschfeder, Aquarell, Deckweiß auf Papier; 33 x 24,8 cm

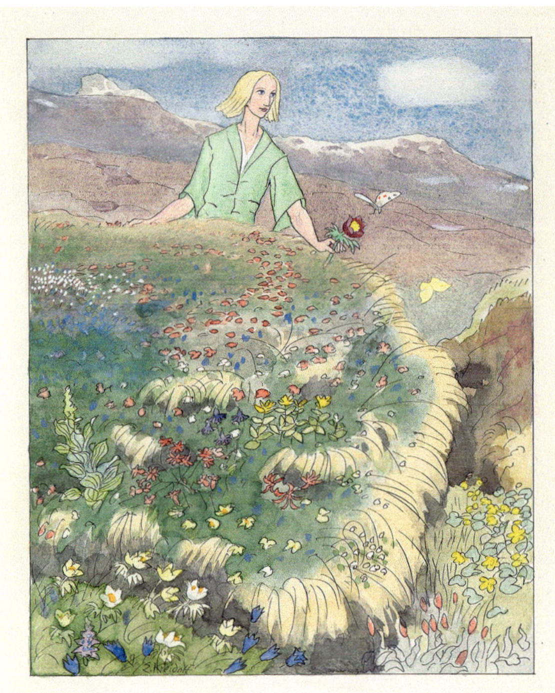

Ernst Kreidolf: Frühling. Zu: *Roti Rösli im Garte*; 1925
Tuschfeder, Aquarell auf Papier; 22,4 x 17,6 cm

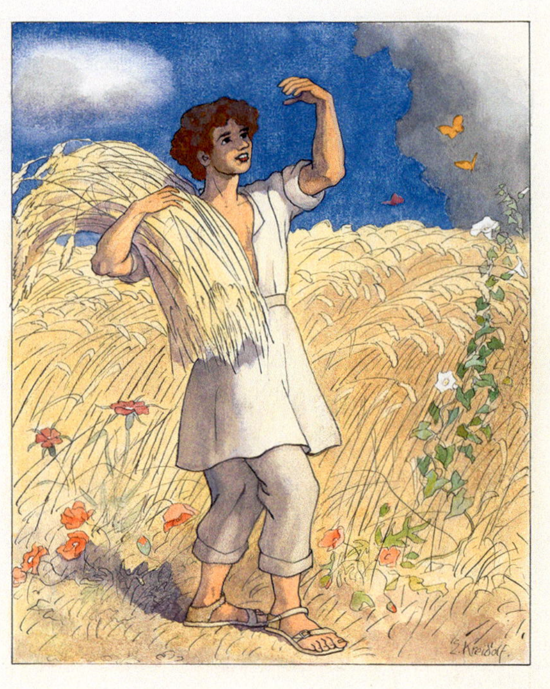

Ernst Kreidolf: Sommer. Zu: *Roti Rösli im Garte*; 1936
Tuschfeder, Aquarell, Deckweiß auf Papier; 22,1 x 17,5 cm

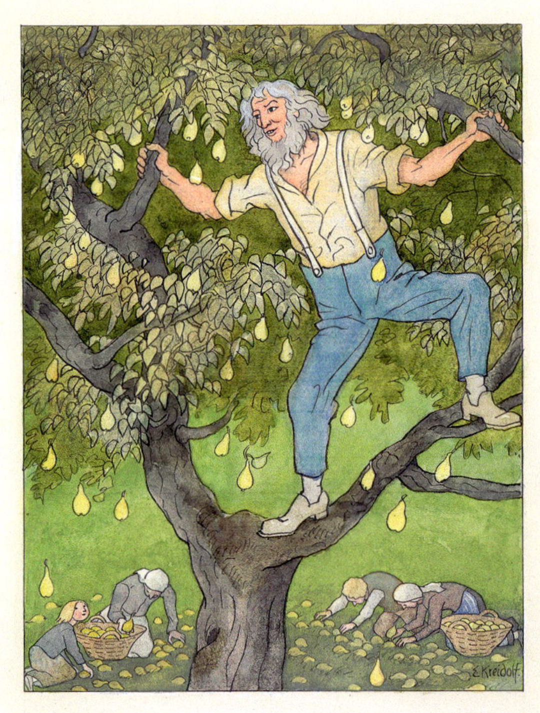

Ernst Kreidolf: Herbst. Zu: *Roti Rösli im Garte*; 1925
Tuschfeder, Aquarell, Deckweiß auf Papier; 23,5 x 17,6 cm

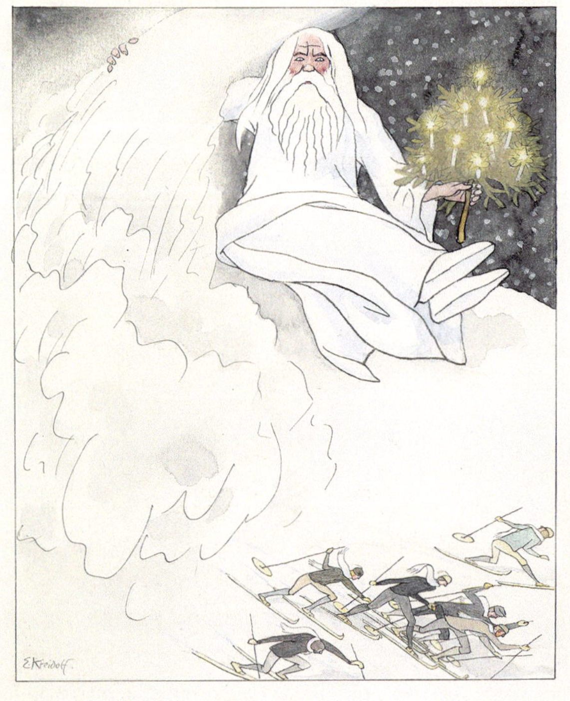

Ernst Kreidolf: Winter. Zu: *Roti Rösli im Garte*; 1925
Tuschfeder, Aquarell, Deckweiß auf Papier; 22,3 x 17,6 cm

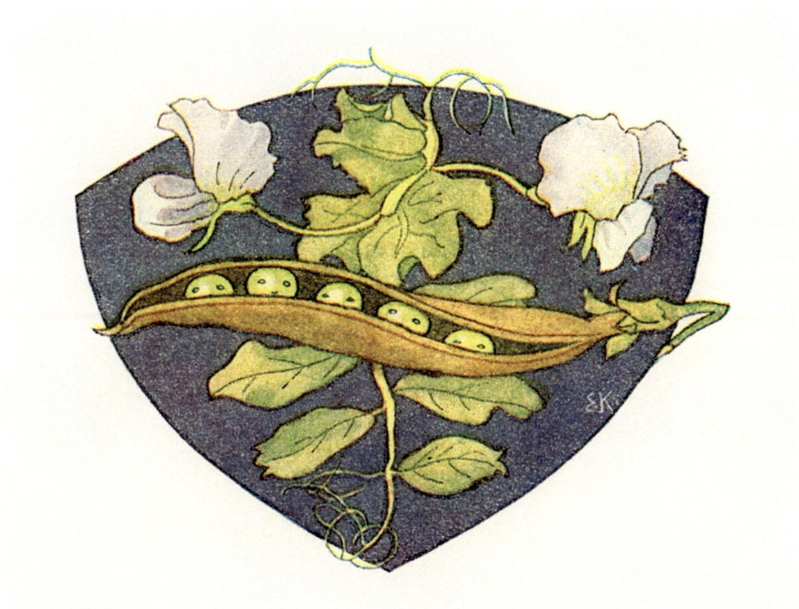

Abb. 15 Ernst Kreidolf: Fünf aus einer Hülse
In: *Roti Rösli im Garte*. Bern 1925

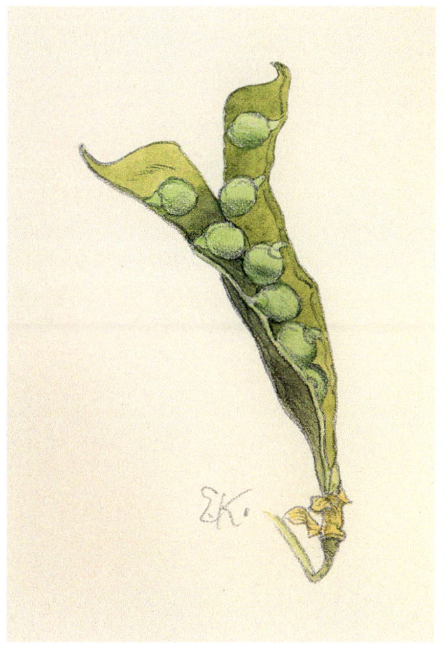

Abb. 16 Ernst Kreidolf: *Erbsenschote*; ohne Jahr
Bleistift, Aquarell auf Papier; 18 x 11,1 cm

wie der *Sommer* (Abb. S. 102) und die Gesamtbilderzahl nahezu gleich blieb. In der dritten Auflage beschränkte sich die Veränderung lediglich auf die Verbesserung der Papierqualität.

Die Bilder des Buches weisen verschiedene Formen auf: Es gibt Einzel-„Portraits" von Pflanzen, kleine Szenen mit zur Jahreszeit passenden Aktivitäten (Reigentanz, Eislauf, usw.) sowie die vier Jahreszeiten als jeweils ganzseitige Farbtafeln (Abb. S. 102). Mit ihrem Fokus auf Narration oder Dekoration unterstreichen die Illustrationen den jeweiligen Inhalt der Texte, die von Schweizer Autoren und Autorinnen wie Ida Bindschedler oder Lisa Wenger stammen, genauso wie klassische, wenn auch wenig bekannte Märchen von Hans Christian Andersen und den Brüdern Grimm, Gedichte von Richard Dehmel und Friedrich Rückert oder Texte von Hilda Bergmann, Peter Rosegger und vielen anderen.

„Fünf aus einer Hülse" ist der Titel von Andersens wenig bekannter Geschichte von fünf Erbsen, die eines Tages aus ihrer Schote purzeln und in alle Windrichtungen verstreut werden, wobei eine Erbse in der Kammer eines kranken Kindes Wurzeln schlägt. Durch den Anblick des wachsenden und blühenden Pflänzchens gesundet das kleine Mädchen und findet neue Lebensfreude – auch hier wird die oben dargestellte enge Verbindung von Kind und Pflanze thematisiert.

In einer Vignette blinzeln vor blauem Hintergrund die fünf Erbsen aus kleinen Äuglein aus ihrer Schote, um die sich dekorativ Blüten und Blätter der Pflanze ranken. Das penible Naturstudium wird in der Illustration zu einem kunstvoll durchkomponierten Gefüge aus Blüten, Schote und Blättern umgeformt, die Erbsen erhalten menschliche Züge, gleichwohl bleibt die Pflanze als solche klar erkennbar (Abb. 15, 16).

Kreidolfs Motivspektrum in der Darstellung von Pflanzen ist vielfältig und wurde von Gerte Lexow-Hahn analysiert: „Neben natürlich belassenen Pflanzen sind zwei Formen zu unterscheiden: Menschenfiguren erhalten ein Blättergewand und Blüten-Accessoires, oder die Gestik wird aus dem Pflanzlichen heraus entwickelt."[14]

In kreisrunden Bildern hat Kreidolf aus Blumen geformte Frauenfiguren wie Heckenrose und Löwenzahn an verschiedenen Stellen im Buch platziert (Abb. 17, 18). In der edlen Anmut der Heckenrose mit den Maiglöckchen in der Hand und der liebenswerten Possierlichkeit des Löwenzahnmädchens, das sich selbst seine eigene Pusteblume ist, werden die der kindlichen Leserschaft geläufigen Charakteristika der Pflanzen bildpoetisch umgedeutet und somit eine Brücke von der Natur zur Kunst geschlagen.

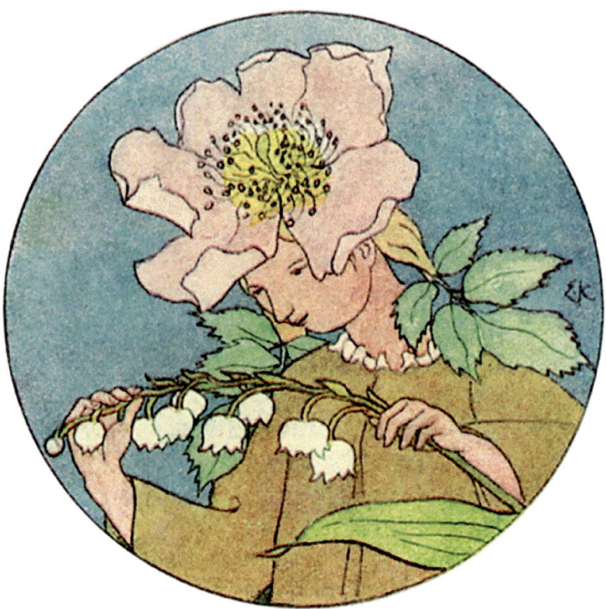

Abb. 17 Ernst Kreidolf: Roti Rösli im Garte
In: *Roti Rösli im Garte*. Bern 1925

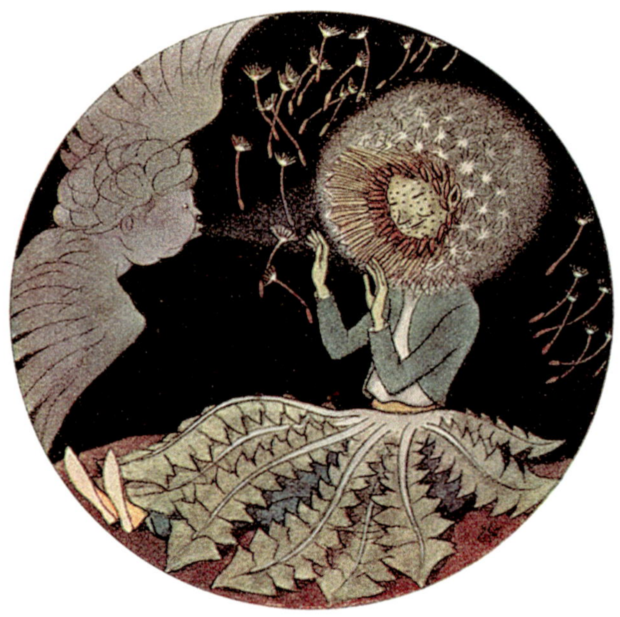

Abb. 18 Ernst Kreidolf: Rätsel
In: *Roti Rösli im Garte*. Bern 1925

Der Einsatz der Pflanzenwesen ist für Lexow-Hahn bei Kreidolf Programm: „Als eine Art Schwellenfigur, die zwischen Kind und Erwachsenen vermittelt, lässt sich Kreidolfs personifizierte Blume verstehen, wobei die ‚Komplizität mit der Natur' als Bindeglied fungiert."[15]
Die nachhaltige Wirkung von Kreidolfs Illustrationen in dieser Zeit wurde seinerzeit durch die Präsentation der Originale von *Roti Rösli* in der Ausstellung „Schule und Kunst" von 1937 im Kunstmuseum Luzern deutlich, wo sie neben anderen illustrierten Schulbüchern und Schulwandbildern – nota bene zwei Jahre nach der Gründung des Schweizerischen Schulwandbilderwerks – die Wichtigkeit einer ästhetisch anspruchsvollen Gestaltung von Lehrmitteln verdeutlichen sollten.[16] Das Schulbuch *Roti Rösli im Garte* begleitete Generationen von Berner Schülern und Schülerinnen durch ihre Primarschulzeit und wurde 1936 und 1948 in überarbeiteter Form wieder aufgelegt.

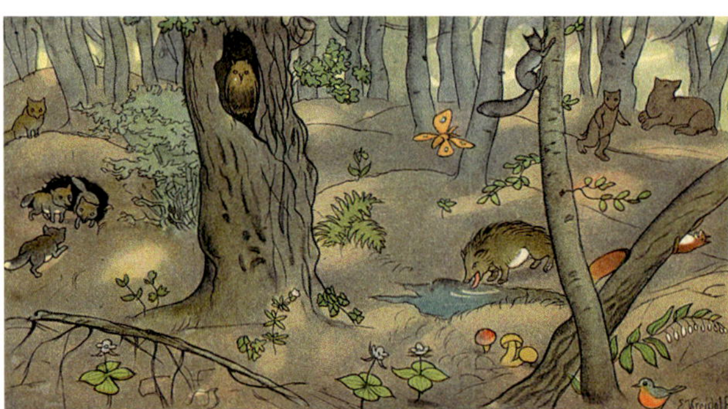

Abb. 19 Ernst Kreidolf: Der Wald
In: Ernst Kreidolf, *Schwätzchen für Kinder*. Köln 1903

Der Wald

Während Wiesen, Gärten und die Berge als Pflanzenlebensräume von Kreidolf in seinen Bilderbüchern ausgiebig erkundet wurden, erscheint der Wald selten in seinen Illustrationen. *Die schlafenden Bäume* von 1901 bilden eine Ausnahme in seinem Œuvre (siehe dazu den Beitrag von Roland Stark). In der Darstellung zum Gedicht „Der Wald" in *Schwätzchen* von 1903 (Abb. 19) überzeugt neben der streumusterartig im Bild verteilten Fauna vor allem die durch die Lichtflecken auf dem Waldboden erzeugte Stimmung, die den Wald als „großes, grünes Haus" für seine tierischen und pflanzlichen Bewohner fassbar macht.[17]
In drei Heften, die der Schweizerische Forstverein 1928 unter dem Gesamttitel „Unser Wald" dem „Schweizervolk und seiner Jugend" widmete, wird der Wald zum Bild-Programm.[18] Im Ge-

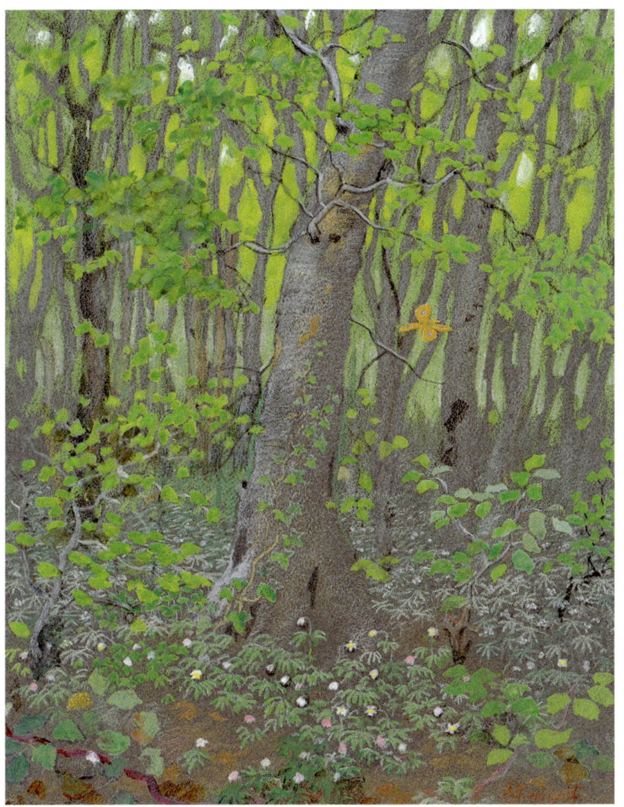

Abb. 20 Die Zeichnung erschien als Titelblatt des dritten Heftes *Unser Wald*; 1928
Ernst Kreidolf: Der Wald; ohne Jahr
Aquarell, Kreide auf dunklem Papier; 24,5 x 18,5 cm

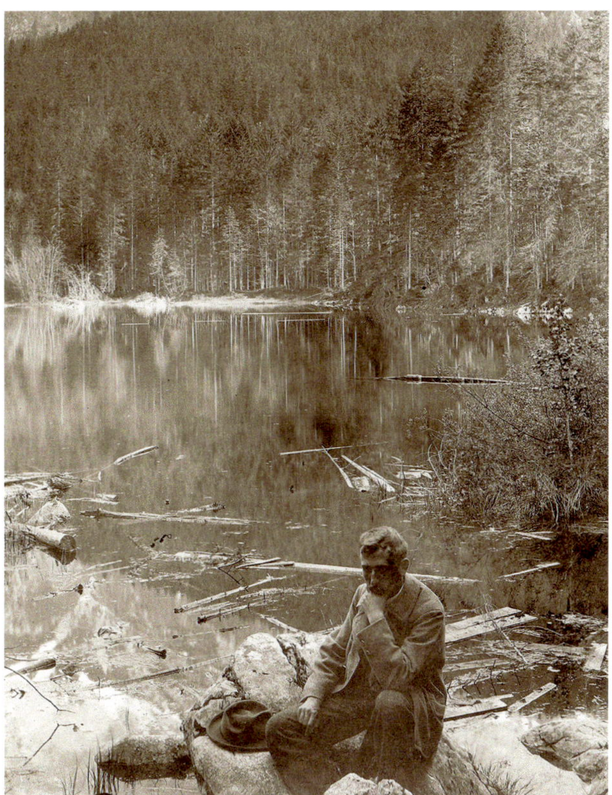

Abb. 21 Ernst Kreidolf am Frillensee; um 1895

leitwort wurde die Zielsetzung des „Büchleins" benannt: „Das Werden und Wachsen, das Leben und Weben in seinen grünen Hallen schildern, und erzählen von fruchtbringender Arbeit im Dienste unseres Landes, seiner Volkswirtschaft und Kultur. Wiedergeben auch, was in alter und neuer Zeit der Wald dem Dichter, der Dichter uns gab."[19] In den Texten von so unterschiedlichen Autoren wie Johann Baptista Bavier, Alfred Huggenberger, Joseph von Eichendorff, Paul Gerhard oder Nikolaus Lenau wird der Wald als Sehnsuchtsort, als Inspirationsquell und gleichzeitig als Raum für forstwirtschaftliche Nutzung geschildert.

Vier farbige Kunstbeilagen von Ernst Kreidolf – in Kreide auf dunklem Papier gezeichnete Einblicke in Wälder zu verschiedenen Jahreszeiten – bilden neben dem Buchschmuck des Berner Illustrators Paul Boesch und Ansichten und Luftaufnahmen von Wäldern verschiedener Photographen das Bildprogramm dieser Schriften, die sich in Inhalt und Gestaltung an ein jugendliches Lesepublikum richten. Mit markantem Strich, in kräftigen Farben und atmosphärisch passend zu den Texten stellt Kreidolf uns einen dichten, grünen Wald mit einem einsamen gelben Schmetterling vor Augen. Landschaften wie diese kannte er von seinen eigenen, oft ausgedehnten Wanderungen (Abb. 20, 21).

Herbstzeitlose auf der Wiese

Mitte der 1930er-Jahre entstanden die beiden letzten Schul- bzw. Lesebücher, die Ernst Kreidolf illustrierte: *Sunneland* weist wie *Roti Rösli* eine Einteilung nach Jahreszeiten auf.[20] Während aufgrund der wirtschaftlichen Situation in vielen Schulbüchern die Zahl der Farbabbildungen reduziert wurde, stattete der Kanton Thurgau sein Lesebuch für die dritte Klasse eigens mit „einige[n] duftige[n] Blumenbildchen von Kreidolf"[21] aus. Da

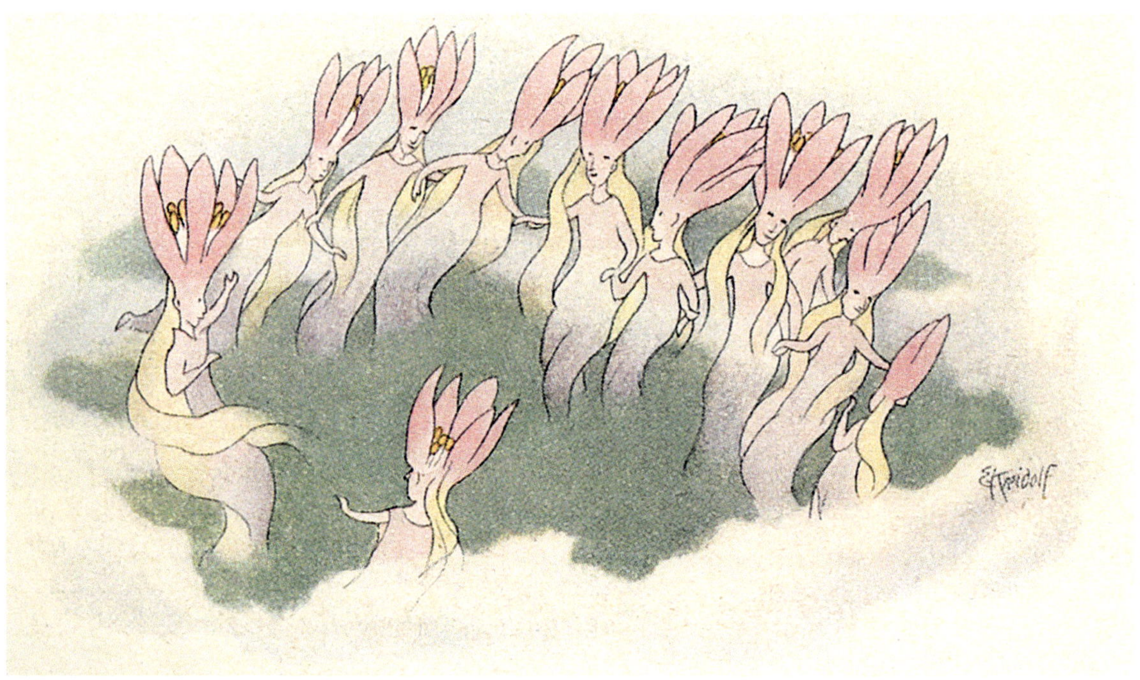

Abb. 22 Ernst Kreidolf: Die letzten Wiesenblumen
In: *Sunneland, Lesebuch für das 3. Schuljahr*. Frauenfeld 1934

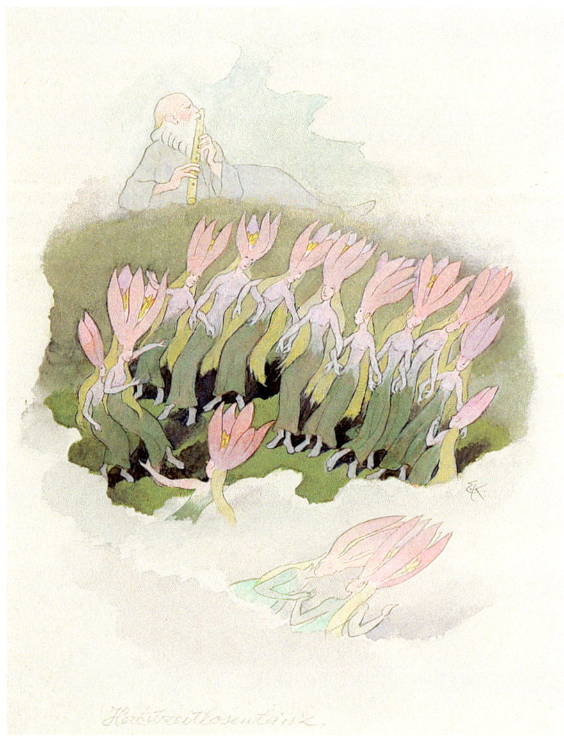

Abb. 23 Ernst Kreidolf: Herbstzeitlosentanz. Aus der Folge *Andacht & Tanz*; ohne Jahr; Tuschfeder, Aquarell auf Papier; 25,7 x 19,8 cm

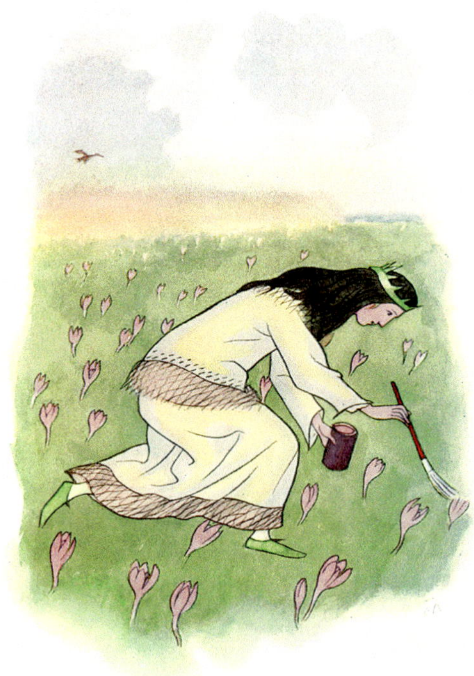

Abb. 24 Ernst Kreidolf: Wie die Herbstzeitlose giftig wurde
In: Hilda Bergmann, *Die Himmelreichwiese*.
Erlenbach-Zürich 1935

schaukelt ein Kornblumenkind fröhlich auf der „Himmelsschaukel“ und repräsentiert die unbekümmert-freudige Seite des Blumendaseins, dort erheben sich, umweht von Nebelschwaden, die Herbstzeitlosen als ätherische Wesen mit hoch aufragenden Blütenkronen aus einer Wiese (Abb. 22). Auch in seinem unpublizierten Werk *Andacht & Tanz* hat Kreidolf die Herbstzeitlose dargestellt, sie hier jedoch mit Wurzelfüßen fester an die Erde gebunden (Abb. 23).

Ein Jahr nach *Sunneland* erschien das Buch *Die Himmelreichwiese* der österreichischen Schriftstellerin Hilda Bergmann mit zwölf Illustrationen von Ernst Kreidolf.[22] Bergmann veröffentlichte in den 1930er- und 1940er-Jahren einige Gedichte und Erzählungen in Schweizer Illustrierten wie „Am häuslichen Herd“ und „Die Berner Woche in Wort und Bild“, bevor sie 1938 nach Schweden emigrierte.[23] In der zweiten Auflage von *Roti Rösli im Garte* war sie mit der Blumengeschichte „Herzblume“ vertreten gewesen, die auch in ihrer 1935 erschienenen Geschichtensammlung publiziert ist. In der *Himmelreichwiese* wird mäandernd zwischen antiker Metamorphose und göttlichem Wunder die Herkunftsgeschichte von einem Dutzend heimischer Blumen erzählt – von Frauenschuh und Herzblume, oder davon, „wie die Herbstzeitlose giftig wurde“ (Abb. 24). Die Autorin schrieb Kreidolf eine Karte aus dem Böhmerwald, direkt von der „Himmelreichwiese meiner Kindheit und sie ist ganz so, wie Sie sie dargestellt haben: der Blick durch die Bäume auf das blühende Eiland im blaudunklen Wald!“[24] Die Aufladung der naturgetreuen Darstellung der Natur und Pflanzenwelt mit dem Phantastischen bestimmt auch die Geschichte der Herbstzeitlosen. Die Wiesenfee bemalt, von der Morgenröte beschienen, emsig die in großer Zahl verstreut auf einer Wiese stehenden Blumen mit deren charakteristischer zartvioletter Farbe.

Die Vorstellung eines die Natur einfärbenden Gestalters erschien bereits in der oben genannten Gesangsmethodik von Kugler. Hier schüttelt der Herbst, personifiziert als stattlicher Mann, die gefärbten Blätter vom Baum – „Jetzt chunt de Herbst und malet“.[25]

Abgesehen von der Herbstzeitlose treten selten giftige oder stachelige Pflanzen in den beschriebenen Büchern in Erscheinung – kratzbürstige Disteln, Unkraut oder gar Tod bringende Pflanzen passten wohl nicht in das Konzept erzieherisch motivierter Lesestoffe. Inwieweit Kreidolf bei den Schul- und Lesebüchern ein pädagogisches Programm für seine Bilder vorgegeben war – Fritz Kilchenmann und Gustav Kugler waren die einzigen aktiven Lehrer in der Herausgeberschaft –, oder ob er frei von Vorgaben gestalten konnte, ist nicht belegt. Inhaltlich und methodisch war für Schweizer Schulbücher dieser Zeit ein heimatkundlich-kindertümlicher Rahmen abgesteckt. Gefragt war Kreidolf jedoch vor allem aufgrund seiner bekannten, unverwechselbaren Bildsprache, die zweifellos als besonders geeignet für die visuelle Gestaltung der Lehrbücher galt. Und tatsächlich sollten sich Kreidolfs phantasievolle Schöpfungen dem Bildgedächtnis von Generationen Schweizer Kinder nachhaltig einprägen.

1 Brief von Sophie Haemmerli-Marti an Ernst Kreidolf, 25. August 1915, Burgerbibliothek Bern, Nachlass Ernst Kreidolf, N Kreidolf 17.22 (35).

2 Conrad Meyer, Kinderzucht so von der wiegen her angehebt werden, Neujahrsblatt. Hg. v. der Stadtbibliothek in Zürich, an der Burger Bibliothek, 1650.

3 Alfred Huggenberger, *Aus meinem Sommergarten. Ein Strauss für die Jungen und die jung geblieben sind.* Bilder und Zeichnungen von Karl Itschner, Ernst Kreidolf, Otto Marquard, Rudolf Münger und Lore Rippmann. Frauenfeld 1917. 2. veränderte Auflage 1919.

4 Der Mähder, ebd., S. 58.

5 „Ein Jugendbuch oder ‚Geschichten von Blumen, Tieren und Menschen'". In: Rea Brändle und Mario König, *Huggenberger. Die Karriere eines Schriftstellers.* Thurgauer Beiträge zur Geschichte, 148/149 für die Jahre 2011 und 2012. Frauenfeld 2012, S. 149–157, hier S. 154.

6 Gustav Kugler, *Liederbuch für Schule und Haus. Obligatorisches Lehrmittel für die Kantone Schaffhausen und Thurgau.* Einlagebilder von Ernst Kreidolf, Deckenbild von Paula Petraschke. Schaffhausen 1921. 2. Aufl. 1923, 3. Aufl. 1924, 4. Aufl. 1926, 5. Aufl. 1928, 6. Aufl. 1932, 7. Aufl. 1935.

7 *Der deutsche Spielmann.* Bd. 1, *Kindheit. Des Kindes kleine und große Welt, seine Lust und sein Leid.* Gesammelt von Ernst Weber, Bildschmuck von Ernst Kreidolf. München 1911, S. 19.

8 Hedwig Bleuler-Waser, *Lenzbub kommt! Vom Werden und Vergehen, Märchen, die geschehen.* Bilder von Ernst Kreidolf. Bern 1920.

9 Regula Ludi, „Hedwig Bleuler-Waser", https://hls-dhs-dss.ch/de/articles/009272/2002-11-06/ (abgerufen am 19.9.2019).

10 Alfred Huggenberger, *Chom mer wänd i d'Haselnuss. Öppis zum Spiele, Ufsäge und Verzelle für di jung Welt.* Zeichnungen von Emil Bollmann, Ernst Kreidolf, Oswald Saxer, Ernst E. Schlatter und Hans Witzig, Entwurf des Vorsatzes von Siegfried Stoeckli. Aarau 1924.

11 *Jugendlust, Halbmonatsschrift mit Kunstbeilagen*, hg. v. Bayerischen Lehrerverein, Nürnberg, 58. Jg., H. 20, 16. Juli 1933, S. 310.

12 Huggenberger hatte das Haselnussmännchen von Beginn an als farbiges Bild für den Umschlag im Sinn. Vgl. Brief von Alfred Huggenberger an Ernst Kreidolf, 23. August 1924, Burgerbibliothek Bern, Nachlass Ernst Kreidolf, N Kreidolf 17.24 (49).

13 *Roti Rösli im Garte. Ein Lesebuch für Kinder des III. Schuljahres.* Bilder und Buchschmuck von Ernst Kreidolf. Bern 1925. 2., veränderte Aufl. 1936. 3. Aufl. 1948.

14 Gerte Lexow-Hahn, Blumenreigen im Kinderbuch. In: *Femme fleur. Anthropomorphe Pflanzendarstellungen in der Graphik vom 15. Jahrhundert bis zur Gegenwart.* Ausst.-Kat. Zürich (Graphische Sammlung der ETH Zürich) 1997, S. 74–80, hier S. 75.

15 Lexow-Hahn 1997 (wie Anm. 14), S. 76.

16 Vgl. Zeitungsausschnitte mit Ausstellungs-Besprechungen im Stadtarchiv Luzern: D18/264, KGL Ausstellungs-Besprechungen 1936/1937/1938. Siehe auch: *H. B. Wieland. Schule und Kunst.* Ausst.-Kat. Luzern (Kunstmuseum) 1937, S. 11, Nr. 47, 51–56.

17 Ernst Kreidolf, *Schwätzchen für Kinder.* Köln 1903, S. 15.

18 *Unser Wald. Dem Schweizer Volk und seiner Jugend gewidmet vom Schweizerischen Forstverein.* Schweizerischer Forstverein. Zwölf Tafeln, vier Kunstbeilagen von Ernst Kreidolf, Buchschmuck von Paul Boesch, Heft 1: „Im Dienste der Heimat", Heft 2: „Hege und Pflege", Heft 3: „In Sturm und Stille". Bern 1928.

19 Wie Anm. 18, S. 3.

20 *Sunneland. Lesebuch für das 3. Schuljahr.* Im Auftrag des Erziehungsdepartementes bearbeitet von Otto Fröhlich und Otto Hälg, unter Mitwirkung der Lehrmittelkommission der Unterstufe, Bilder: Ernst Kreidolf und Arnold Schär. Frauenfeld 1934.

21 Karl Schöbi, Das Schulbuch. In: *Schweizer Schule*, 22 Jg., H. 17, 1. Sept. 1937, S. 806–812, hier S. 806.

22 Hilda Bergmann, *Die Himmelreichwiese.* Bilder von Ernst Kreidolf. Zürich-Leipzig 1935.

23 Susanne Blumesberger, Hilda Bergmann. In: *biografiA. Lexikon österreichischer Frauen.* Hg. v. Ilse Korotin, Bd. 1, Wien 2016, S. 269 f.

24 Karte von Hilda Bergmann an Ernst Kreidolf aus Prachatitz, 17.VI.1931, Burgerbibliothek Bern, Nachlass Ernst Kreidolf, N Kreidolf 17.4 (31).

25 Kugler 1921, Mittelstufe, zwischen Seite 22 und 23.

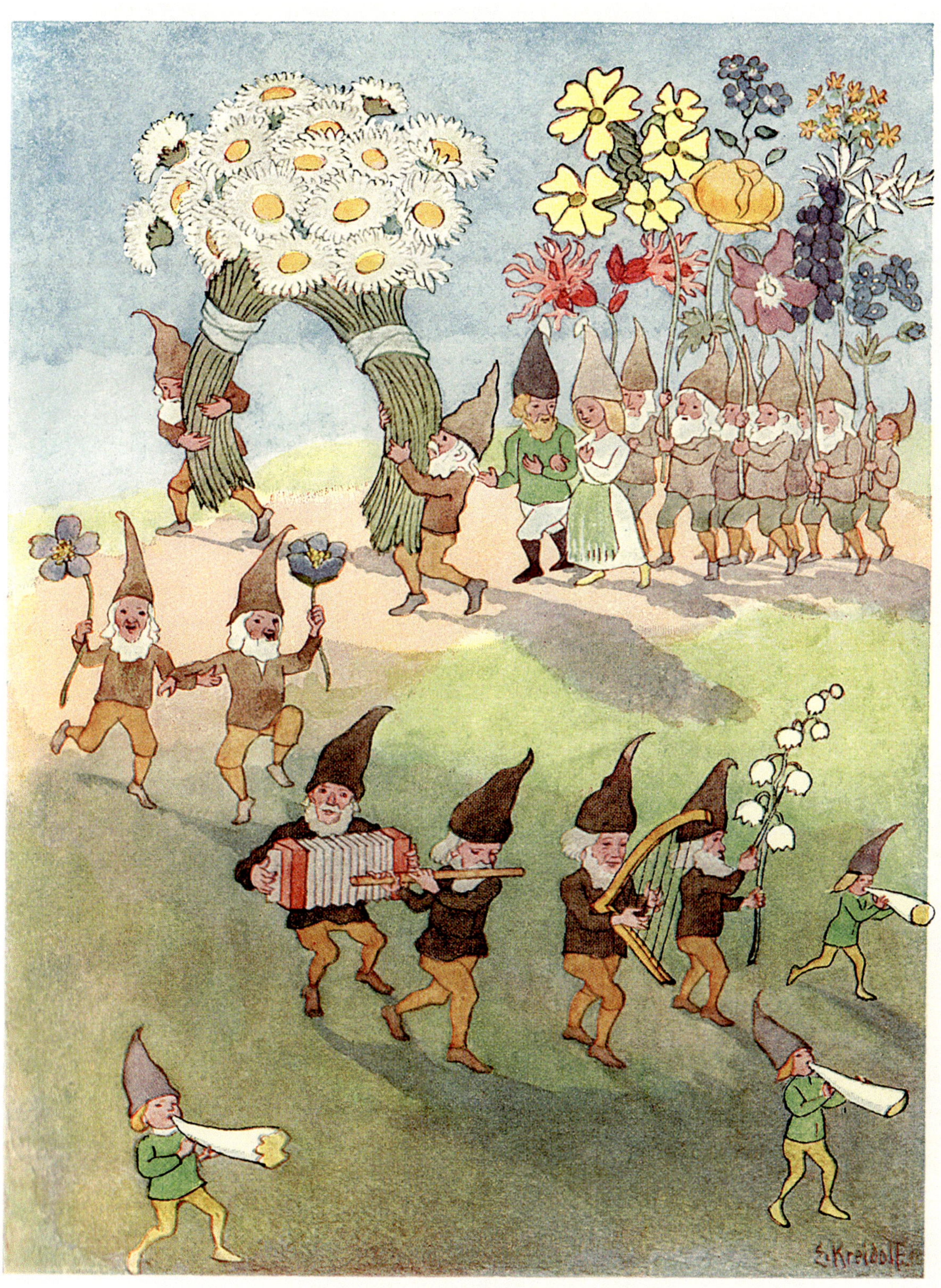

Ernst Kreidolf: Du liebe Herr Maie, du machst is viel Freud.
In: Gustav Kugler. *Gesangsmethodik für Schule und Haus*. Schaffhausen 1921

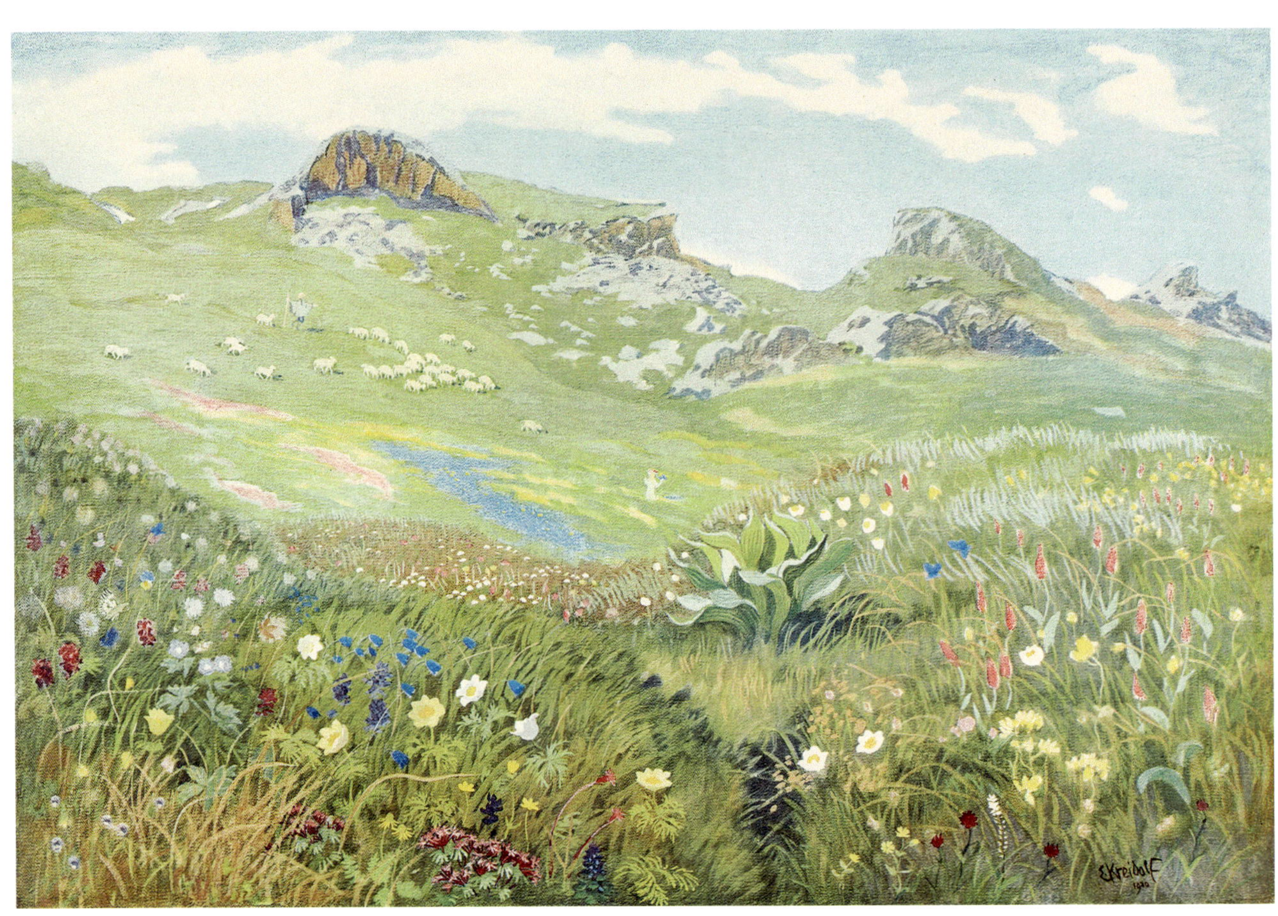

Ernst Kreidolf: Frühling in den Bergen; 1920
Offsetlithographie; 74 x 92 cm

BLUMENKONZERT

Mondlicht schwimmt um den Berg, da erwacht es auf schimmernder Alpe,
Kreidolf steht auf dem Plan, lächelnd erhebt er den Stock,
zart erweckt er die ersten, die schwingenden Täktlein, die läuten
mit der Glöcklein Gefrans, Soldanellen zumal.
Schlüsselblumen erheben sich höher auf steiferern Röhren,
schütteln ihr ganzes Geläut: golden träumt es ins Tal!
Kohlröslein, das brummelt aus schwarz überpurpurten Mündchen,
Knabenkräuter mit Schall setzen dazu den Diskant.
Aber wie sumsen die Gräser und sirren mit windigen Rispen,
und wie quakt von des Bachs Breite Ampfer herauf!
Hauswurz mischt sich darein: sie sendet aus kräuselndem Röschen
ein rotsterniges Lied an die Sterne hinauf.
Steinbrechs, dreizehn Geschwister, gar zierliche Kräuter, die Mündlein
stecken ihnen im Gras, flöten den Spinnweb darein.
Aber Alpenklee, kämmig, das schmettert den fleischroten Hahnsruf
frech und laut in die Nacht; hörst Du's, Peter im Mond?
Und ihn stimmen hinunter die Bässe der borstigen Disteln,
und die tupft mit dem Stab Kreidolf deutend hinab.
Alle ruft er jetzt auf zu dem einen, ganz herrlichen Tonsturm:
Arve selber, hochweit, braust vom Brünnstein herab!

Eduard Reinacher (1892–1968)
In: Bodenseebuch 1927, S. 16

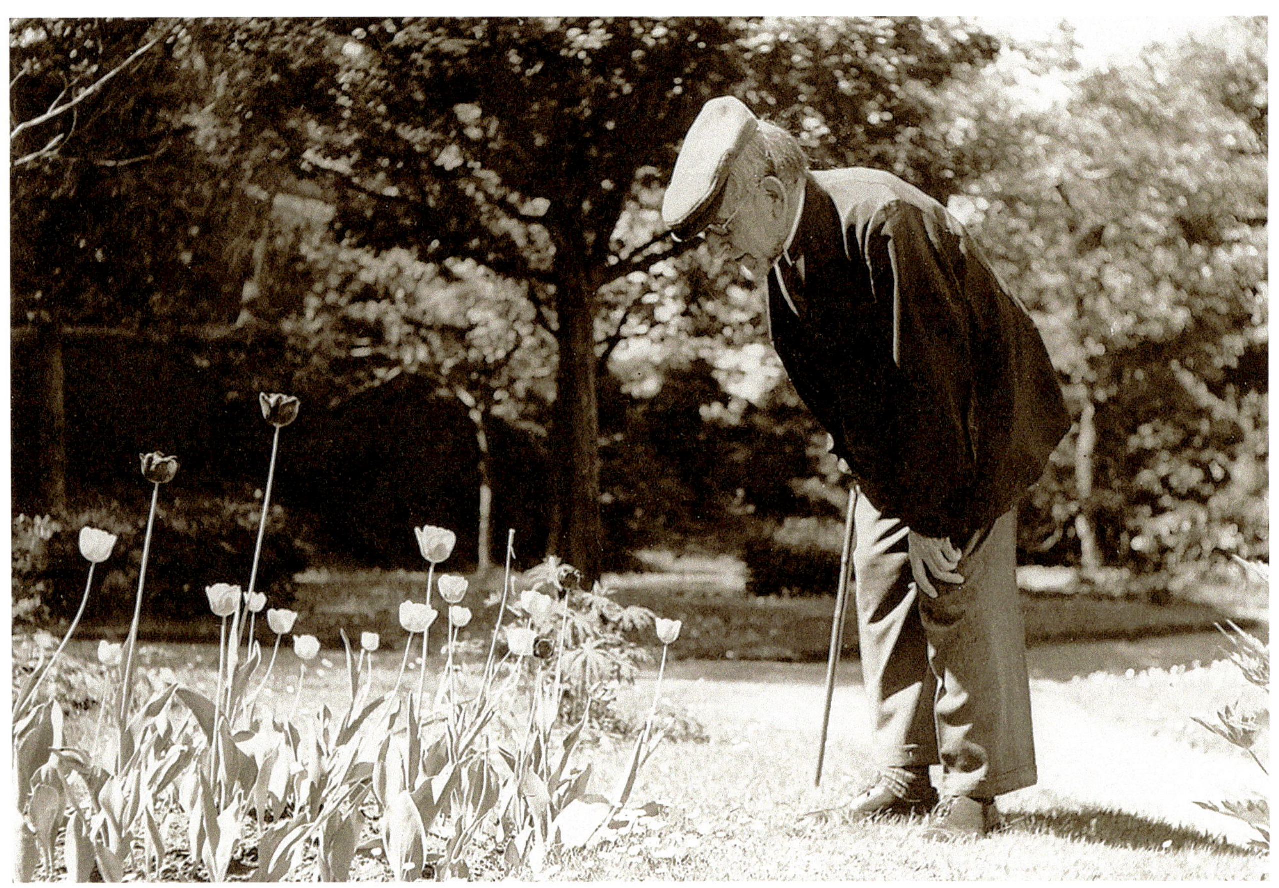

Ernst Kreidolf beim Betrachten von Tulpen; 1940er-Jahre

BIOGRAPHIE ERNST KREIDOLF

Konrad Ernst Theophil Kreidolf wurde am 9. Februar 1863 in Bern geboren. 1868 übersiedelte die Familie nach Konstanz, wo der Vater ein Spielwarengeschäft eröffnete. Kreidolf wuchs jedoch bei den Großeltern im nahe gelegenen schweizerischen Tägerwilen auf. 1879 begann er eine Lithographenlehre in der Lithographischen Anstalt J. A. Pecht in Konstanz und nahm nebenher Zeichenunterricht. Nach dem Abschluss der Lehrzeit 1882 blieb Kreidolf noch ein Jahr als Gehilfe in der Druckerei, um seine Eltern nach dem Konkurs des Geschäftes zu unterstützen. Der Verkauf seiner Lithographie *Tägerwilen* schuf den finanziellen Grundstock für eine künstlerische Ausbildung. Von 1883 bis 1885 besuchte Kreidolf die Kunstgewerbeschule in München und arbeitete nebenher als lithographischer Zeichner. Erst beim zweiten Versuch gelang ihm 1887 die Aufnahme an die Münchner Kunstakademie. Nebenher besuchte er die private Kunstschule von Paul Nauen. In München befreundete er sich u. a. mit den Schweizer Künstlern Cuno Amiet, Wilhelm Balmer und Albert Welti.
1888 wurde Kreidolf in die Malklasse von Ludwig von Loeffz aufgenommen, musste das Studium jedoch im Winter 1889 aus gesundheitlichen Gründen unterbrechen. Er zog sich für sechs Jahre nach Partenkirchen zurück. Dort entstanden vor allem Phantasiebilder mit sagenbezogenen und märchenhaften Motiven.
Zwischen 1890 und 1896 erteilte Kreidolf der Erbprinzessin Marie von Schaumburg-Lippe Unterricht in Landschaftsmalerei. 1892/93 hatte er eine erste Ausstellung im Kunstverein München. 1894 malte er auf Anregung von Ferdinand Avenarius Aquarelle zu dem späteren Bilderbuch *Blumen-Märchen*, die 1897 in der Galerie Arnold, Dresden, ausgestellt wurden und das Interesse verschiedener Verlage erregten. Doch erst ein Darlehen der Fürstin von Schaumburg-Lippe ermöglichte 1898 die Publikation des Buches im Kommissionsverlag Piloty & Loehle mit den von Kreidolf selbst lithographierten Bildern.
Das Buch wurde positiv aufgenommen und der Kunsthistoriker Josef August Beringer machte den Dichter Richard Dehmel auf Kreidolf aufmerksam. In der Folge kam es zur Zusammenarbeit für den Versband *Fitzbutze* von Paula und Richard Dehmel, der 1900 mit den Illustrationen von Kreidolf im Insel-Verlag erschien. Der Verleger Hermann Schafstein (ab 1904 Schaffstein) gewann Kreidolf in der Folge für seinen Kinder- und Jugendbuchverlag und band ihn exklusiv an sich. Nacheinander erschienen Kreidolfs berühmte Bilderbücher – 1901 *Die schlafenden Bäume*, 1902 *Die Wiesenzwerge* und 1903 *Schwätzchen für Kinder*. 1904 war Kreidolf maßgeblich am *Buntscheck*, einem Sammelbuch für Kinder von Richard Dehmel, beteiligt, 1905 kamen *Alte Kinderreime* heraus, 1908 die *Sommervögel* und 1911 *Der Gartentraum*.
Kreidolf lebte weiterhin in München und trat 1904 der Vereinigung „Die Walze“ bei – ein Zusammenschluss Schweizer Künstler, dem nahezu alle in München lebenden helvetischen Maler und Graphiker angehörten. Bereits 1901 wurde er Mitglied im Bund zeichnender Künstler. 1905 unternahm er eine Studienreise nach Italien, 1906 hatte er eine große Ausstellung im Künstlerhaus Zürich. Neben seinen Bilderbuchillustrationen malte Kreidolf Landschaften, Portraits und Bilder mit spirituellen Themen.
1917 kehrte er kriegsbedingt in die Schweiz zurück und ließ sich in Bern nieder. Wilhelm Fraenger verfasste die erste Monographie über ihn. In St. Moritz lernte Kreidolf Emil Roniger kennen, der wenig später den Rotapfel-Verlag gründete und sein neuer Verleger wurde. Zwischen 1920 und 1935 erschienen zahlreiche weitere Bilderbücher nahezu im jährlichen Rhythmus: *Blumen · Ritornelle* (1920), *Alpenblumenmärchen* (1922), *Ein Wintermärchen* (1924), *Lenzgesind* (1926), *Das Hundefest* (1928), *Bei den Gnomen und Elfern* (1929), *Grashupfer* (1931), *Aus versunknen Gärten* (1932) und *Die Himmelreichwiese* (1935).
1922 wurde Kreidolf Mitglied der Berner Kunstgesellschaft und der Kommission für Neuerwerbungen des Kunstmuseums Bern. 1923 hatte er eine große Einzelausstellung im Kunsthaus Zürich, 1933 eine umfangreiche Retrospektive in der Kunsthalle Bern und erhielt den Ehrendoktor der Universität Bern. 1955 wurde ihm der Jugendbuchpreis der schweizerischen Lehrerschaft zugesprochen. Ernst Kreidolf starb am 12. August 1956 in Bern.

Der schriftliche Nachlass von Ernst Kreidolf wird in der Burgerbibliothek Bern verwahrt, seinen künstlerischen Nachlass betreut das Kunstmuseum Bern als Depositum des Vereins Ernst Kreidolf (www.kreidolf.ch).

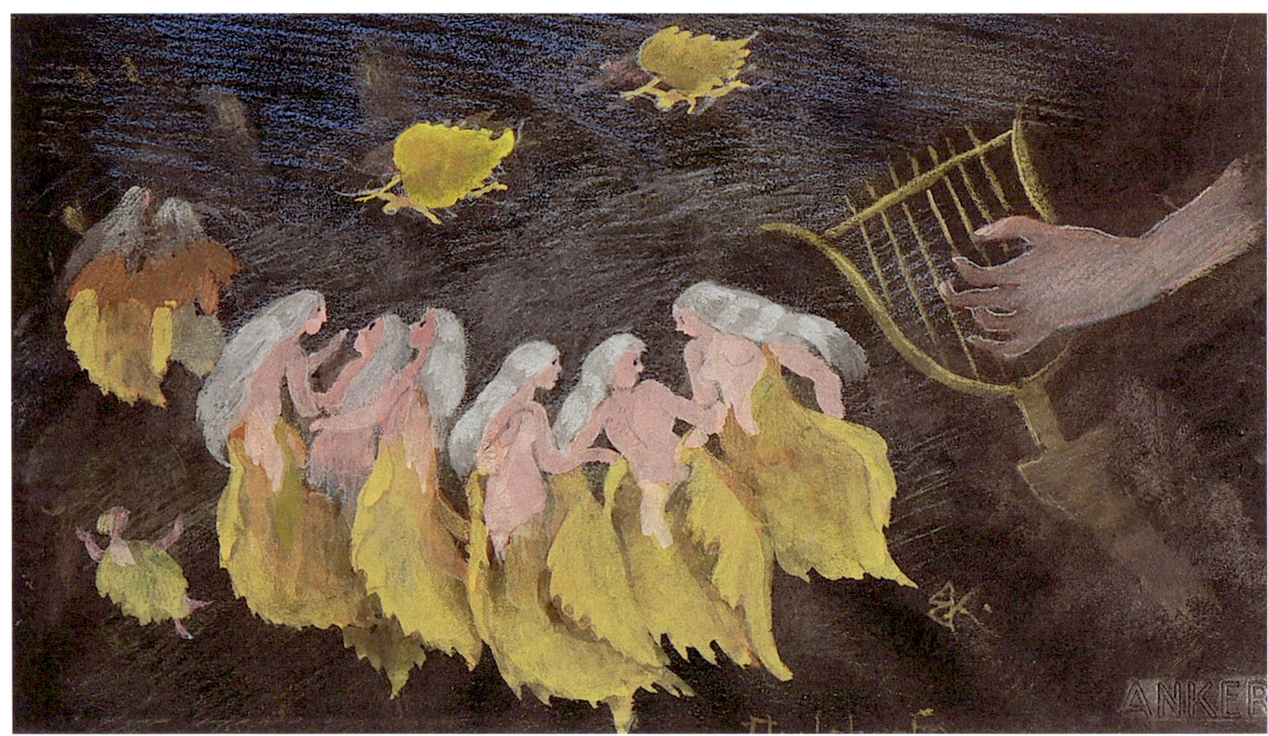

Ernst Kreidolf: Andacht und Tanz, Äolsharfe; ohne Jahr
Farbstift, Farbkreide, Aquarell, Deckfarbe auf schwarzem Papier; 16,3 x 27,1 cm

Leihgeber

Bern: Archiv Ernst Kreidolf
Bern: Bundesamt für Kultur
Bern: Burgerbibliothek Bern
Bern: Kunstmuseum Bern
Konstanz: Städtische Wessenberg-Galerie
München: Staatliche Graphische Sammlung
Tägerwilen: Gemeinde Tägerwilen

sowie einige Privatpersonen, die nicht genannt werden möchten

BILDNACHWEIS

Bern: Archiv Ernst Kreidolf, S. 4, 48, 51, 54, 60, 96, 97 (Abb. 3), 98, 99 (Abb. 7–9), 100 (Abb. 10), 101 (Abb. 12), 103 (Abb. 15, 17–19), 105 (Abb. 21), 106 (Abb. 22, 24), 109, 112, 116

Bern: Eigentum der Schweizerischen Eidgenossenschaft, Bundesamt für Kultur, Bern, S. 20, 27–33 (Blumenmärchen), S. 64 (Bundeskunstsammlung, Landsitz Lohn, Kehrsatz), Photograph: Matthias Bill, Belp

Bern: Kunstmuseum Bern, S. 62, 68–77

Bern: Militärpostkartensammlung der Bibliothek am Guisanplatz, S. 61

Konstanz: Städtische Wessenberg-Galerie Konstanz, S. 10 (Abb. 1), 110

München: Staatliche Graphische Sammlung München, S. 34, 37–38, 42–47

Tägerwilen: Gemeinde Tägerwilen, S. 14

Privatbesitz, S. 105 (Abb. 20), 101 (Abb. 13), 118

Zürich: Zentralbibliothek Zürich, Graphische Sammlung, S. 97 (Abb. 2)

Zürich: Zentralbibliothek Zürich, Handschriftenabteilung und Fotoarchiv Jeck, Reinach, S. 59. Photograph: Lothar Jeck

Alle anderen abgebildeten Werke befinden sich als Depositum des Vereins Ernst Kreidolf im Kunstmuseum Bern.

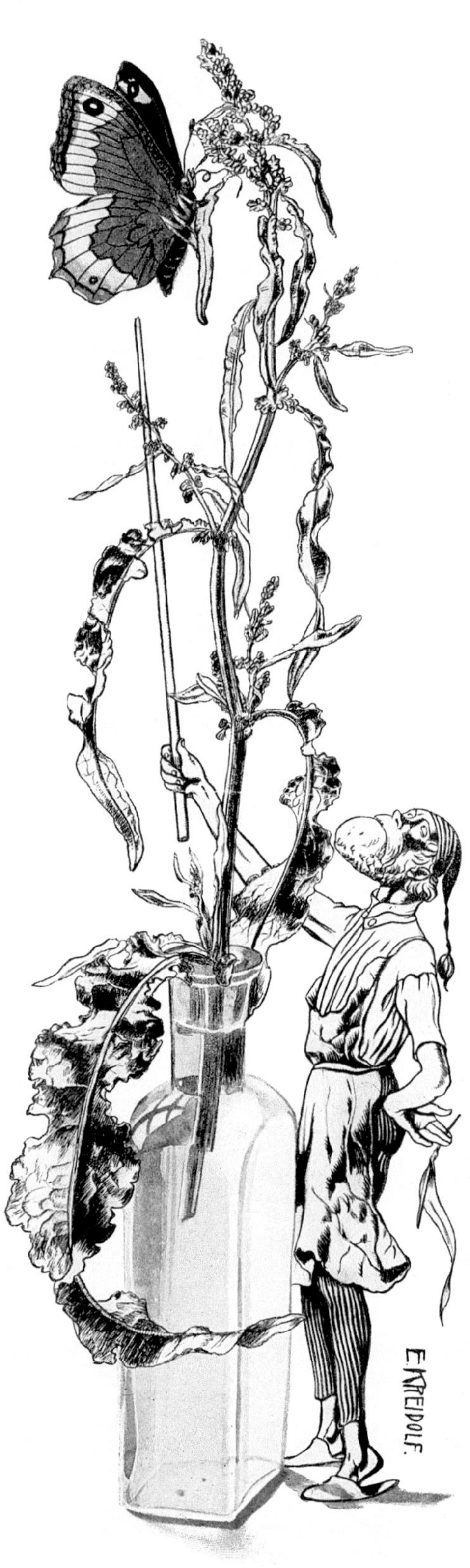

Ernst Kreidolf: *Zwerg mit Vase, Pflanze und Schmetterling*; ohne Jahr
Tuschfeder, laviert auf Papier; 18 x 7 cm

DIE AUTORINNEN UND AUTOREN

Marisa Fadoni-Strik

Marisa Fadoni-Strik studierte Moderne Sprachen und Literaturen an der humanistischen Fakultät der Universität Florenz. Sie unterrichtete Französisch und Italienisch an verschiedenen Florentiner Gymnasien. Aktuell ist sie freie Mitarbeiterin der Online-Kulturzeitschrift „Il Covile". Für den Bereich „Il Covile dei Piccoli" arbeitet sie seit 2014 mit Gabriella Rouf am Projekt „Kulturgut Bilderbuch" des deutschen Sprachraums mit Übersetzungen aus Werken von Wilhelm Busch, Heinrich Hoffmann, Ernst Kreidolf, Lothar Meggendorfer und anderen.

Anna Lehninger

Geboren 1979 in Wien. Diplomstudium der Kunstgeschichte an der Universität Wien, Promotion an der Universität Bern. Seit 2009 Mitarbeiterin an verschiedenen Erschließungs- und Forschungsprojekten sowie Ausstellungen zu Outsider Art, Kinder- und Jugendbuchillustration und historischer Kinderzeichnung.

Eduard Reinacher

Geboren 1892 in Straßburg, gestorben 1968 in Stuttgart-Bad Cannstatt. Reinacher studierte in Straßburg Philosophie, musste das Studium jedoch kriegsbedingt abbrechen. Später war er als Journalist und Schriftsteller tätig; er lebte eine Zeit lang am Bodensee, bevor er sich 1923 dauerhaft in Stuttgart niederließ.

Gabriella Rouf

Gabriella Rouf ist Übersetzerin, Essayistin und Redakteurin der italienischen Online-Kulturzeitschrift „Il Covile". Sie hat sich im Fachgebiet Kinderliteratur und -Illustration spezialisiert und ist mit Marisa Fadoni-Strik Herausgeberin des Projekts „Kulturgut Bilderbuch." In diesem Rahmen wurde eine umfangreiche Auswahl aus dem Werk Ernst Kreidolfs erstmals auf Italienisch übersetzt und veröffentlicht.

Barbara Stark

Geboren 1959 in Kassel. Lehre als Verlagsbuchhändlerin. Studium der Kunstgeschichte sowie der Neuen Deutschen und Mittelhochdeutschen Literatur in Heidelberg. 1987–1994 Mitarbeiterin an der Galerie der Stadt Sindelfingen. Promotion. Seit 1994 Leiterin der Städtischen Wessenberg-Galerie Konstanz und seit 2013 Präsidentin des Vereins Ernst Kreidolf. Zahlreiche Veröffentlichungen zur Kunst des 19. und 20. Jahrhunderts.

Roland Stark

Geboren 1933 in Kassel. Studium der Wirtschaftswissenschaften. Promotion. 1959 bis 1998 in Industrie und Handel tätig, danach Verfasser von Büchern, Aufsätzen und Vorträgen zur Kinder- und Jugendliteratur, zur Buchkunst und bildenden Kunst sowie Kurator von Ausstellungen in Deutschland und der Schweiz.

Marianne Wackernagel

Geboren 1967 in Basel. Studium der Kunstgeschichte sowie der Neuen Deutschen und Mittelhochdeutschen Literatur in Basel. 1994–1999 Mitarbeiterin am Kupferstichkabinett Kunstmuseum Basel. 1999–2011 Lektorin für Kunst- und Kulturgeschichte in einem Wissenschaftsverlag, 2011-2016 Verlagsleitung. 2017 Gründung des Colmena Verlags in Basel. Seit 2017 Leiterin der Graphischen Sammlung Kunstmuseum Bern. Kuratorin von Ausstellungen, Publikationen v. a. zur Kunst des 20. Jahrhunderts und der Gegenwart.

Sibylle Walther

Geboren 1964 in Genf. Studium in Lausanne, Rom und London. 2001 Promotion zur italienischen Buchmalerei des Mittelalters. Diverse Publikationen zur mittelalterlichen Kunst sowie zum Werk von Ernst Kreidolf und zeitgenössischen Künstlern im Raum Bern. Kuratorin verschiedener Ausstellungen. Seit 2008 Leitung des Archivs Ortsgeschichtliche Sammlung in Köniz (CH) und Kunstvermittlung im Zentrum Paul Klee, Bern.

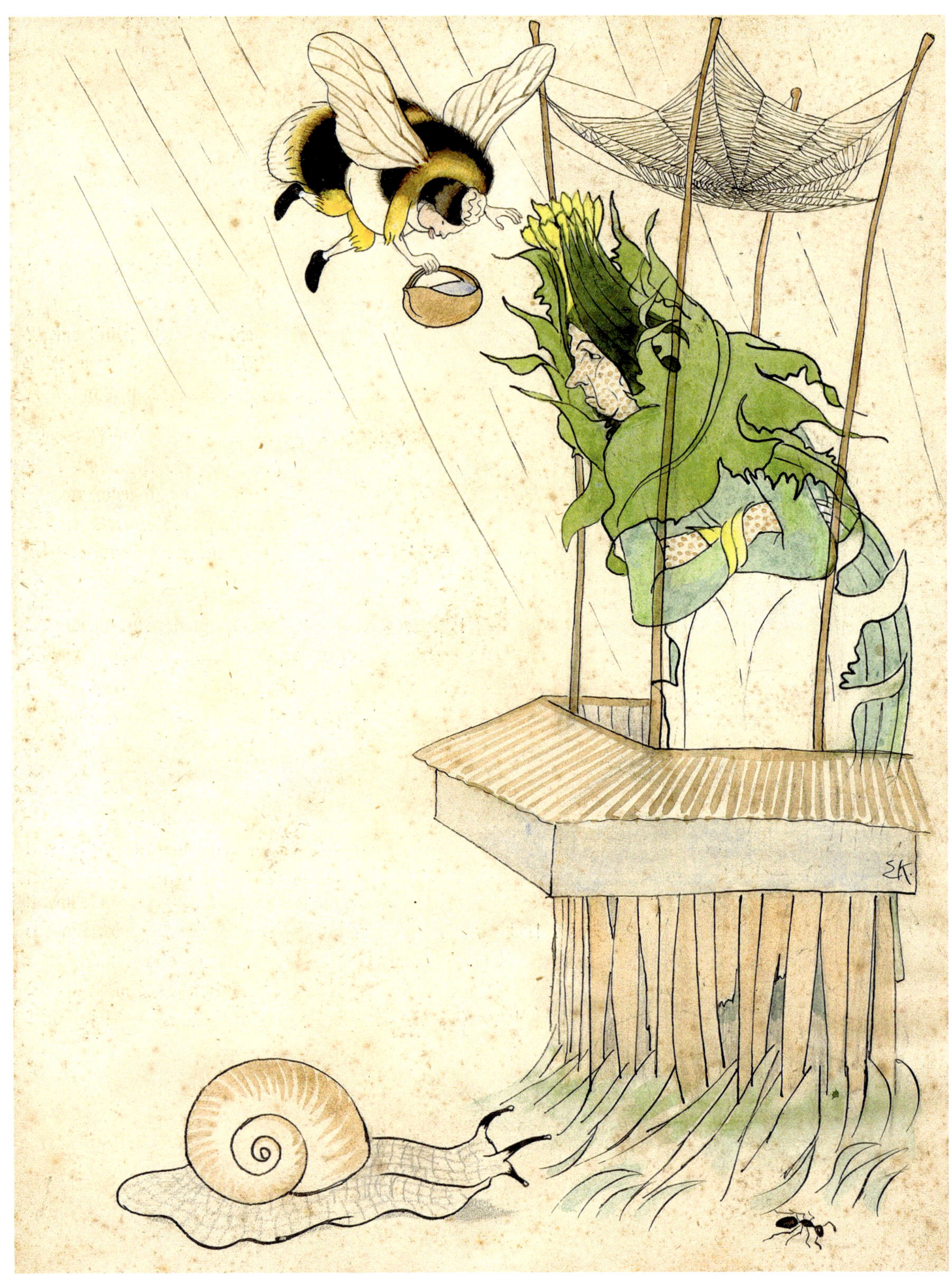

Ernst Kreidolf: Schlecht Wetter. Zu: Richard Dehmel (Hg.), *Der Buntscheck. Ein Sammelbuch herzhafter Kunst für Ohr und Auge deutscher Kinder*. Köln 1904
Bleistift, Tuschfeder, Aquarell auf Papier; 26,3 x 19,4 cm

IMPRESSUM

Der Katalog erscheint anlässlich der Ausstellung
„Wachsen – Blühen – Welken. Ernst Kreidolf und die Pflanzen“
im Kunstmuseum Bern (4. September 2020 – 10. Januar 2021)
und in der Städtischen Wessenberg-Galerie Konstanz (29. Januar 2021 – 11. April 2021).

Für die freundliche Unterstützung der Ausstellung in Bern und Konstanz danken wir:

Kanton Bern

Credit Suisse

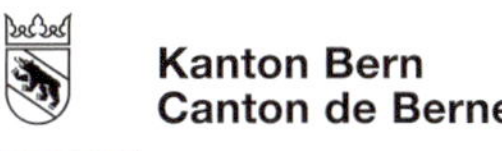

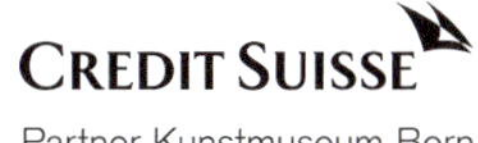

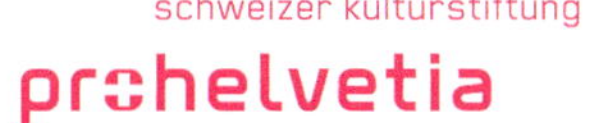

Ruth & Arthur Scherbarth Stiftung
Susann Häusler-Stiftung
Gesellschaft zu Ober-Gerwern

Herausgeber
Verein Ernst Kreidolf, Bern

Konzeption von Ausstellung und Katalog
Anna Lehninger, Barbara Stark, Marianne Wackernagel, Sibylle Walther

Redaktion
Franziska Deinhammer, Barbara Stark

Reproduktion und Gestaltung
Anja Schneidenbach, Michael Imhof Verlag

Lektorat
Dorothée Baganz, Michael Imhof Verlag

Covergestaltung
Siegrun Nuber, Konstanz (bbv-design.com)

Druck
Grafisches Centrum Cuno GmbH & Co. KG, Calbe

Michael Imhof Verlag GmbH & Co. KG
Stettiner Straße 25; D-36100 Petersberg
Tel. 0661 29 19 166-0; Fax 0661 2919 166-9
info@imhof-verlag.de; www.imhof-verlag.de

Printed in EU
ISBN 978-3-7319-1025-1

ERNST KREIDOLF – DIE BILDERBÜCHER

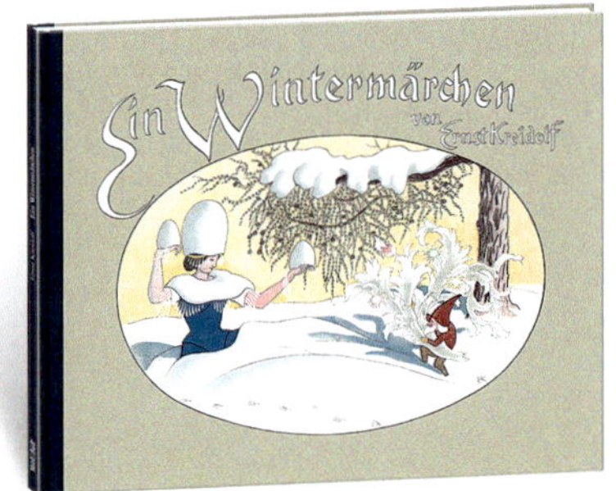

Ein Wintermärchen
ISBN: 978-3-314-10379-7

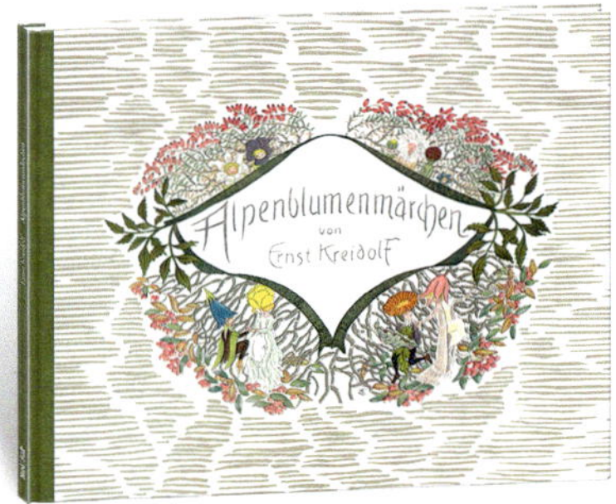

Alpenblumenmärchen
ISBN: 978-3-314-10368-1

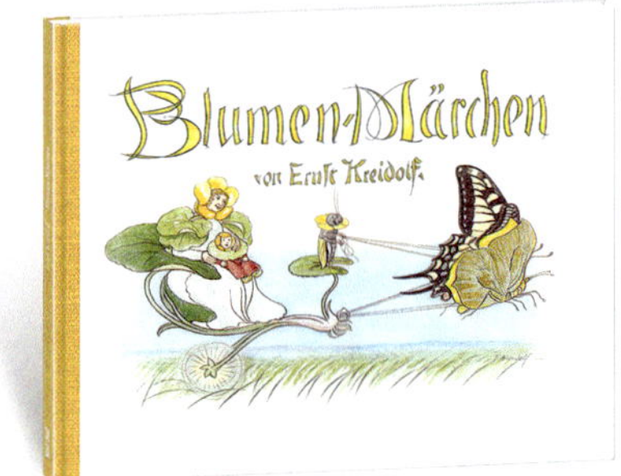

Blumen-Märchen
ISBN: 978-3-314-10369-8

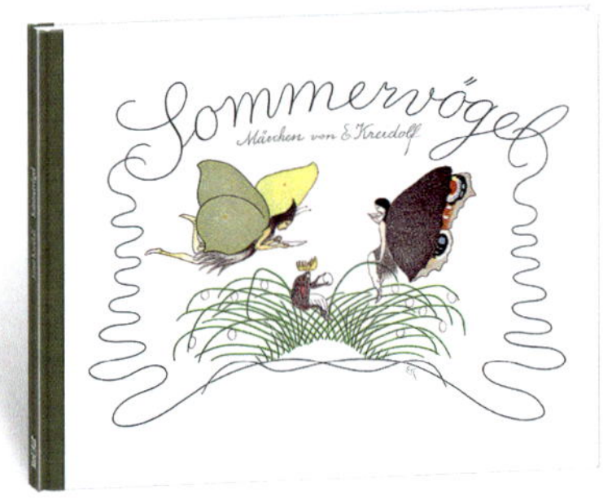

Sommervögel
ISBN: 978-3-314-10377-3

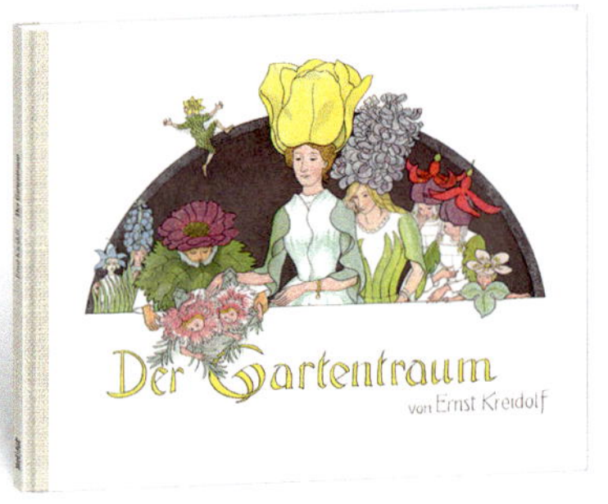

Der Gartentraum
ISBN: 978-3-314-10371-1

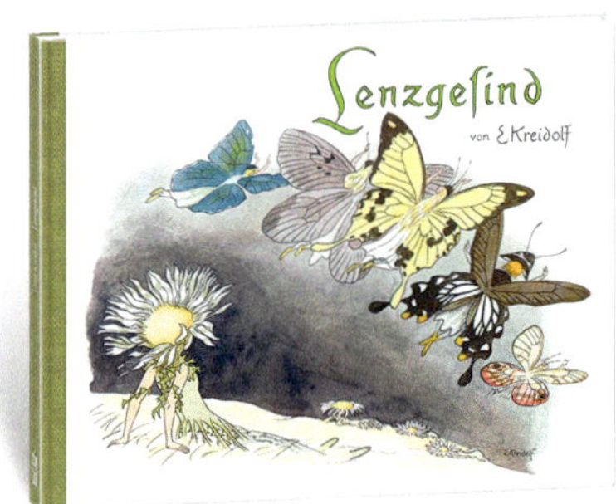

Lenzgesind
ISBN: 978-3-314-10375-9

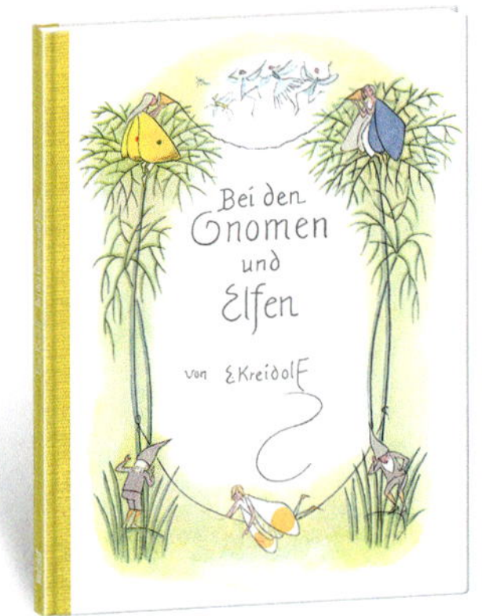

Bei den Gnomen und Elfen
ISBN: 978-3-314-10372-8

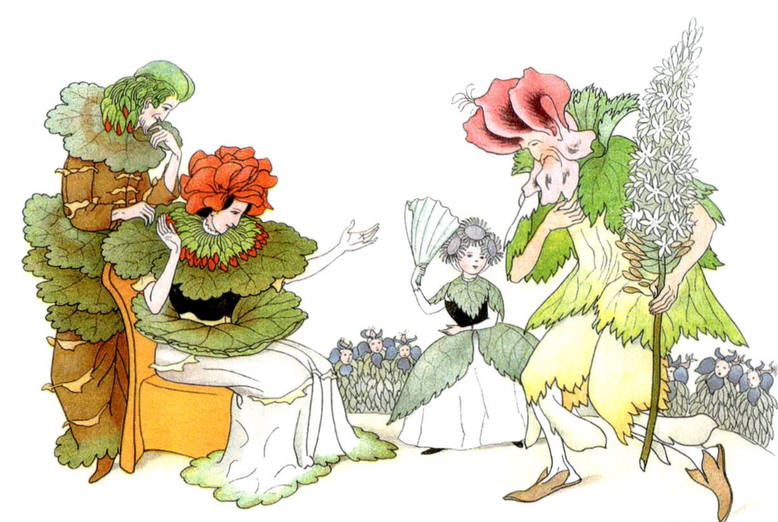

Erschienen im NordSüd Verlag, erhältlich im Buchhandel

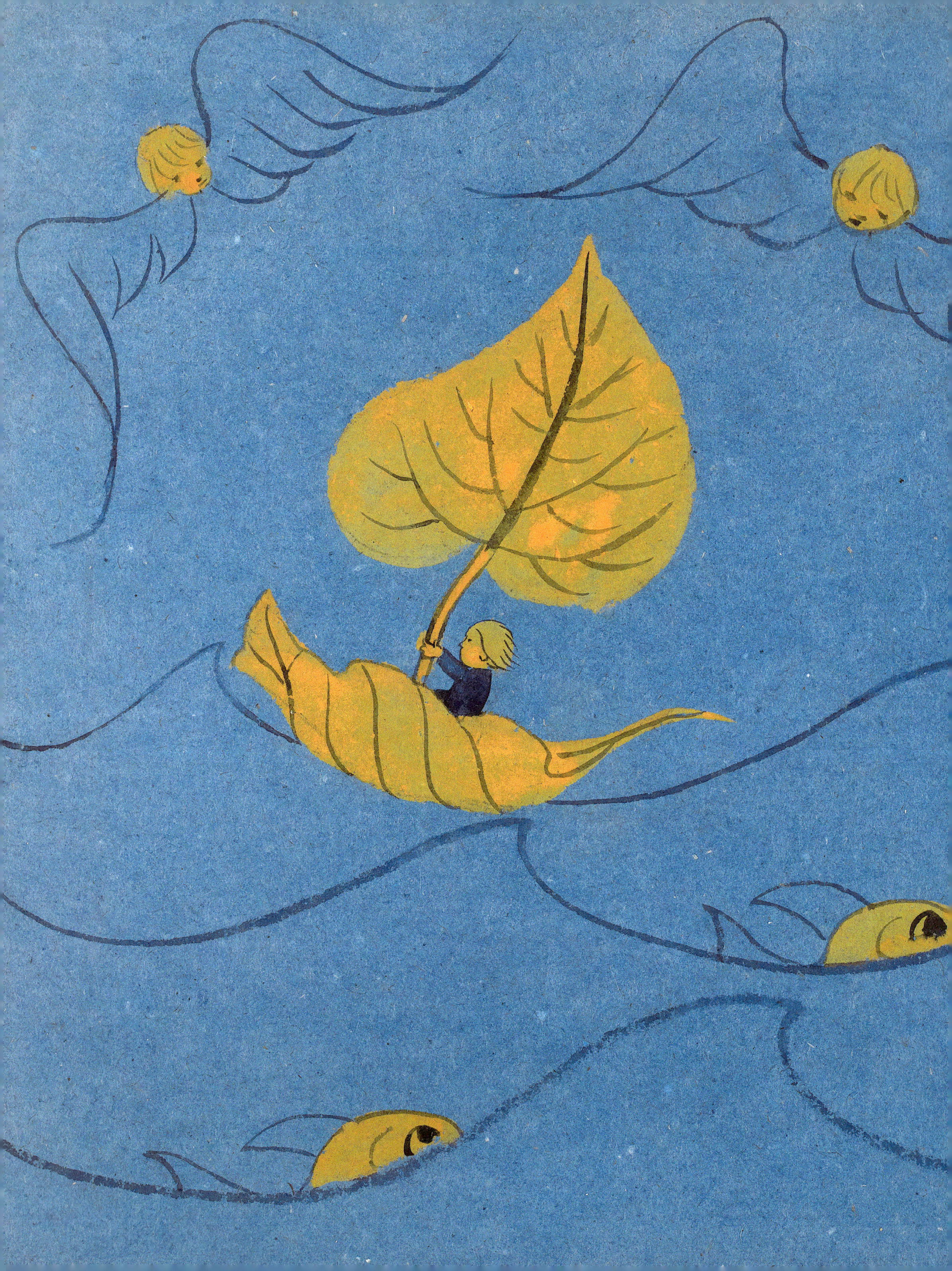